# 中国黑色金属商品期货市场信息效率及信息溢出效应研究

曹婷婷 著

CO

HC NOx

中国农业出版社

北 京

图书在版编目（CIP）数据

中国黑色金属商品期货市场信息效率及信息溢出效应研究／曹婷婷著. —北京：中国农业出版社，2023.8
ISBN 978 - 7 - 109 - 30970 - 8

Ⅰ.①中…　Ⅱ.①曹…　Ⅲ.①黑色金属－期货市场－市场信息－研究－中国　Ⅳ.①F752.66

中国国家版本馆 CIP 数据核字（2023）第 147469 号

中国农业出版社出版

地址：北京市朝阳区麦子店街 18 号楼
邮编：100125
责任编辑：姚　佳　　文字编辑：王佳欣
版式设计：杨　婧　　责任校对：吴丽婷
印刷：北京中兴印刷有限公司
版次：2023 年 8 月第 1 版
印次：2023 年 8 月北京第 1 次印刷
发行：新华书店北京发行所
开本：700mm×1000mm　1/16
印张：13
字数：247 千字
定价：78.00 元

本书获得山东省社会科学规划研究重点项目（17BJJJ09）资助

　　商品期货市场作为重要的风险规避场所，在资本市场发达国家起源较早，期货交易及其市场是由生产商、需求方和中间商在规避价格波动风险、响应获利机会时自发倡导、组织而产生的，属于诱致性制度变迁的产物。中国的商品期货市场起步较晚，是适应市场经济发展需要，从宏观政策角度出发组织形成的市场，属于强制性制度变迁的产物。在实践领域，黑色金属商品期货代表了中国特色的金融创新在衍生品领域的巨大成功，但相对于农产品、有色金属等传统商品期货品种而言，黑色金属商品期货上市时间较晚，学术界对其关注和研究不足。商品期货市场作为金融市场的重要组成部分，已有文献主要是针对股指期货、有色金属、贵金属、农产品期货等领域的研究，难以形成对中国特色的衍生品市场效率问题的全面探析。

　　基于此，本书从钢铁产业链的视角出发，将与钢铁产业链相关的八个商品期货品种——螺纹钢、线材、热轧卷板、铁矿石、焦煤、焦炭、硅铁、锰硅纳入一个系统性的研究框架。从时间和空间两个视角，对黑色金属商品期货的信息效率、期货与现货之间的均值溢出效应、黑色金属商品期货与现货市场之间的波动溢出效应、黑色金属商品期货各品种之间的波动溢出效应、黑色金属商品期货市场与其他商品期货市场之间的波动溢出效应、黑色金属商品期货与相关证券市场板块之间的市场联动效应进行全面、系统性地分析和实证检验。最后，对比夜盘交易制度推出前后，中国黑色金属商品期货市场信息效率及溢出效应的变化，以探索夜盘交易制度给黑色金属商品期货市场带来的改变。

　　首先，在黑色金属商品期货市场信息效率的考察部分。本书基于在金融市场领域具有重要地位的"分形市场理论"，利用经典的重标极差分析法（R/S法），对螺纹钢、热轧卷板、线材、铁矿石、焦炭、焦煤、硅铁和锰硅期货的市场信息效率进行考察。通过对 Hurst 指数、分形维度、长记忆特征的非循环周期长度分别进行精确计算，揭示黑色金属商品期货市场价格对过去信息的反馈机制；并得出黑色金属商品期货价格均具有显著的分形特征，价格波动服从分形布朗运动，今天或者未来的价格变动与初始状态之间并非相对独立而是相关的结论。其中，螺纹钢、热轧卷板、线材、焦煤、焦炭、硅铁、锰硅七个钢材商品期货品种，价格波动均具有趋势性、持续性和长记忆特征，期货价格的变化在前期状态的基础上增加与延续，可能呈现持续上涨、持续下跌或持续横盘的态势。与之形成鲜明对比的是，铁矿石期货，与钢材期货相比其价格波动表现出"均值回复"的特征，铁矿石价格序列存在内在的均衡机制。目前，有关中国黑色金属商品期货市场分形特征的研究还处于起步阶段，本书运用"分形市场假说"所提供的信息特征，具体地应用于黑色金属商品期货市场风险管理和套期保值等金融实践，无疑具有相当重要的参考意义。

其次，基于持有成本理论，综合运用向量误差修正模型且基于状态空间视角，通过协整检验、脉冲响应、方差分解、IS 信息份额模型和卡尔曼滤波算法，由短期到长期、由静态扩展到动态视角，从期货与现货市场价格发现贡献程度的角度，对黑色金属商品期现货市场之间的均值溢出效应进行实证分析。研究结果表明，无论从短期信息冲击的反应视角还是从长期均衡的角度，螺纹钢、热轧卷板、铁矿石、焦炭、硅铁、锰硅期货市场已经具备较强的价格发现功能；然而，线材和焦煤期货市场暂时不具备价格发现功能；并从交易制度设计和建设等方面，为我国黑色金属商品期货提高定价效率提出对策建议。

再次，关于黑色金属商品期货与金融市场其他领域波动溢出效应方面。本书运用 DCC‑GARCH 和 BEKK‑GARCH 模型相结合的方法，从黑色金属商品期货与现货之间、黑色金属商品期货各个品种之间、黑色金属商品期货与其他板块商品期货之间、黑色金属商品期货与证券市场相关板块之间这四方面对黑色金属商品期货市场的波动溢出效应进行全面分析刻画。结果表明，铁矿石期货和现货之间、热轧卷板期货和现货之间、螺纹钢期货和现货之间波动溢出效应显著，然而线材期货和现货之间的波动溢出程度微弱。螺纹钢、热轧卷板、线材、铁矿石、焦煤、焦炭期货两两之间存在双向的波动溢出关系。黑色金属商品期货与有色金属商品期货之间存在显著的双向波动溢出效应；而黑色金属商品期货与贵金属商品期货之间，仅存在黑色金属商品期货对贵金属期货的单向波动溢出效应；黑色金属商品期货与能源类商品期货之间，黑色金属商品期货与化工商品期货之间，仅存在能源类商品期货、化工商品期货对黑色金属商品期货的单向波动溢出关系。黑色金属商品期货与证券市场相关板块之间的波动溢出效应方面，得出黑色金属商品期货与钢铁板块股票指数之间、黑色金属商品期货与家用电器板块指数之间，分别存在显著的双向波动溢出效应；存在黑色金属商品期货对房地产板块股票价格指数的单向波动溢出；存在黑色金属商品期货对建筑材料板块指数的单向波动溢出效应；存在黑色金属商品期货对机械设备板块指数的单向波动溢出效应。

最后，本书将夜盘交易制度推出前后黑色金属商品期货市场的信息效率及信息溢出效应进行了对比。其结果显示，夜盘交易制度明显地改善了螺纹钢、热轧卷板期货的信息效率和均值溢出效应，同时二者之间的波动溢出及联动在夜盘上市以后得到加强。究其原因，夜盘交易制度使得螺纹钢、热轧卷板期货的交易量显著增大，投资者对螺纹钢、热轧卷板期货的参与程度提高，明显改善螺纹钢、热轧卷板期货市场的活跃程度；市场活跃度的提升，使得螺纹钢、热轧卷板期货的流动性显著提升，有利于市场信息更充分地进行传导，显著降低信息不对称的程度，从而改善其信息效率，提高二者在价格发现功能中的贡献度。螺纹钢、热轧卷板期货交易活跃程度的提升和流动性的改善，增强了二者之间的联动性，二者在夜盘交易制度上市后的价格波动幅度有所增大，这将有效增强二者之间的波动溢出效应。与之形成鲜明对比的是，焦煤和焦炭期货作为黑色金属商品期货板块中成交量较小的品种，夜盘交易制度的推出并没有使其成交量、流动性和波动性显著增大，因而其信息效率、均值溢出效率和波动溢出效率并没有因夜盘交易制度的上市而显著改变。

对中国的黑色金属商品期货市场信息效率及溢出效应做全方位的考察，有利于深入挖掘黑色金属商品期货市场各品种之间的内在关联性和黑色金属商品期货市场与金融市场其他领域的关联性，厘清黑色金属商品期货市场与外部金融市场的风险传导路径和机制，为防范化解期货市场的风险，以及防止风险的传染扩散具有重要的意义，这将为我国衍生品市场领域的后续研究提供理论参考。通过对我国黑色金属商品期货市场信息效率和信息溢出效应的研究，能够较为清晰、系统地刻画出我国黑色金属商品期货市场的发育情况，帮助金融监管部门、钢铁产业链从业者和期货市场参与者了解我国黑色金属商品期货市场的运行规律，对解决我国商品期货市场存在的矛盾和问题，制定金融衍生工具领域的创新和发展战略，具有重要的实践指导作用。

著 者

2022 年 6 月

# 第 1 章 绪 论

## 1.1 研究背景

在世界经济发展的历史长河中，商品期货是商品货币化、金融化的重要方式，是优化资本配置的重要手段之一。通过市场参与者的理性预期，商品期货价格能够对其价格产生影响的各种因素进行充分融合，对市场的供求情况进行准确且真实的反映，从而能够预示该产品未来的价格变动趋势，商品期货市场具有优化资源配置、保障市场稳定，维护国民经济安全的重要功能。商品期货市场作为金融市场的重要组成部分，在发达国家兴起较早，已经发挥着金融市场"晴雨表"式的重要作用，对国民经济的发展有着极其重要的影响。

与发达国家相比，我国的商品期货市场起步较晚，但是在习近平新时代中国特色社会主义经济思想的指导下，我国在探索适合国情的、具有中国特色的商品期货市场体系方面，走在了世界的前沿。被誉为"现代金融学之父"的诺贝尔经济学奖得主罗伯特·默顿（Robert Merton）曾由衷地称赞说："中国人在设想适应中国国情的新合约品种方面，一直是富有令人惊奇的创新精神的。"[1]

### 1.1.1 中国特色社会主义思想指导金融实践

现代金融理论是现代化经济体系理论的重要组成部分，从现代金融理论的角度来看，经济发展和金融发展相辅相成、相互促进。首先，在经济活动货币化和金融化程度不断提升的当今时代，经济发展对金融的发展起着基础性和决定性的基石作用，经济活动的繁荣是金融市场质性和量性发展的现实需求；其次，金融系统所具有的流动性、降低交易成本、转移降低风险等功能，使得金融系统在为经济发展提供量性金融资源的同时，也通过质性金融资源的供给对经济的持续、健康、稳定发展以及经济效率的改进，发挥着举足轻重的能动作用[2]。

习近平总书记在党的十九大报告第五部分"贯彻新发展理念，建设现代化经济体系"中曾明确指出，"要着力加快建设现代金融"[3]。党的十九大报告中

---

① 国泰君安钢材期货研究中心编著：《钢材期货投资手册》，上海财经大学出版社，2011 年。
② 杨凤华：《经济发展与金融发展相互作用关系的一般分析》，《南通大学学报·社会科学版》，2012 年第 1 期，第 113 - 120 页。
③ 习近平：《决胜全面建成小康社会夺取新时代中国特色社会主义伟大胜利——在中国共产党第十九次全国代表大会上的报告》，人民出版社，2017 年。

也明确提出，"要深化金融体制改革，增强金融服务实体经济的能力"①。习近平总书记在 2017 年 7 月召开的第五次全国金融工作会议上强调，"金融是实体经济的血脉，为实体经济服务是金融的天职，是金融的宗旨，也是防范金融风险的根本举措"②。经济发展的需求和水平决定着金融的发展方向，决定着金融行业的发展水平和程度；金融是经济活动顺利进行的润滑剂和基本条件。习近平总书记关于金融发展的重要论述涵盖了"金融是现代经济的核心""金融活，经济活""金融要为实体经济服务"等内容（邹新月等，2018）。

中国金融市场是全球金融体系中最具有增长潜力的一极，以习近平新时代中国特色社会主义经济思想为指导，以服务实体经济为主题宗旨，引导金融回归服务实体经济的本源，是中国金融市场开展创新活动的行为准则，在此基础上将中国金融市场发展成国际金融中心，是我国构建现代金融体系的必然要求和题中之义。

### 1.1.2 中国钢铁产业在经济转型背景下亟须避险工具

#### 1. 投资主导型经济下中国钢铁产业蓬勃发展

改革开放以来，我国经济长期保持高速增长，传统的依靠投资拉动的经济发展模式带动了中国钢铁产业的快速发展。据"钢之家"网站统计，1980—2012 年，中国的平均投资率为 40.9%，比美国高 23.6%、比日本高 16.1%、比德国高 20.2%、比法国高 22.2%、比英国高 24.2%、比韩国高 11.5%；32 年间，中国粗钢的累计消费量高达 69.68 亿吨，是美国的 1.9 倍、日本的 2.7 倍、德国的 5.7 倍、法国的 12.5 倍、英国的 14.7 倍、韩国的 6.7 倍③。庞大的需求量促进了中国钢铁制造产业的蓬勃发展，我国粗钢和钢材产量连年保持高速增长，2005—2021 年中国粗钢、钢材年产量见表 1-1。

表 1-1　2005—2021 年中国粗钢、钢材年产量

| 年份 | 粗钢年产量（亿吨） | 粗钢年产量同比增速（%） | 钢材年产量（亿吨） | 钢材年产量同比增速（%） |
|---|---|---|---|---|
| 2005 | 3.49 | 28.31 | 3.78 | 18.13 |
| 2006 | 4.19 | 20.06 | 4.69 | 24.07 |
| 2007 | 4.89 | 16.71 | 5.66 | 20.68 |
| 2008 | 5.00 | 2.25 | 6.05 | 6.89 |

① 人民日报：《服务实体经济防控金融风险深化金融改革 促进经济和金融良性循环健康发展》，《人民日报》，2017 年 7 月 16 日第 1 版。
② 《十九大报告辅导读本》编写组：《党的十九大报告辅导读本》，人民出版社，2017 年。
③ 数据来源：上海期货交易所发布的《钢材市场基础知识与概况》。

（续）

| 年份 | 粗钢年产量<br>（亿吨） | 粗钢年产量<br>同比增速（％） | 钢材年产量<br>（亿吨） | 钢材年产量同<br>比增速（％） |
|---|---|---|---|---|
| 2009 | 5.68 | 13.60 | 6.94 | 14.71 |
| 2010 | 6.27 | 10.39 | 8.03 | 15.71 |
| 2011 | 6.96 | 11.00 | 8.86 | 10.34 |
| 2012 | 7.17 | 3.02 | 9.56 | 7.90 |
| 2013 | 7.79 | 8.65 | 10.82 | 13.18 |
| 2014 | 8.23 | 5.65 | 11.25 | 3.97 |
| 2015 | 8.04 | −2.31 | 10.35 | −8.00 |
| 2016 | 8.08 | 0.50 | 10.48 | 1.26 |
| 2017 | 8.71 | 7.80 | 10.46 | −0.19 |
| 2018 | 9.28 | 6.54 | 11.06 | 5.74 |
| 2019 | 9.96 | 7.33 | 12.05 | 8.95 |
| 2020 | 10.53 | 5.72 | 13.25 | 9.96 |
| 2021 | 10.03 | −4.75 | 13.37 | 0.91 |

数据来源：国家统计局。

如表 1-1 所示，2005、2006 和 2007 年粗钢年产量增幅分别达到 28.31％、20.06％和 16.71％；钢材年产量增幅分别达到 18.13％、24.07％、20.68％。"十一五"时期，我国粗钢产量保持高速增长，由 3.49 亿吨增长到 6.27 亿吨，年均增长 14.26％。2010 年，钢铁工业实现工业总产值 7 万亿元，占全国工业总产值的 10％；资产总计 6.2 万亿元，占全国规模以上工业企业资产总值的 10.4％，为建筑、机械、汽车、家电、造船等行业以及国民经济的快速发展提供了重要的原材料保障[①]。中国钢铁产量连续多年保持增长，并且常年位居世界钢铁产量第一，2018 年中国钢材年产量占全球钢铁产量的半壁江山，2020 年中国粗钢产量 10.53 亿吨，首次突破 10 亿吨大关。

**2. 钢材价格波动频繁、剧烈**

钢铁是关系国计民生的重要工业原材料，受上游铁矿石、焦炭等原材料成本价格影响，下游房地产、基础建设和制造业等行业需求影响，以及宏观经济形势、国家宏观调控政策、国际经济政治局势等多种因素冲击，钢材价格波动较为频繁、剧烈（图 1-1）。

---

① 数据来源：上海期货交易所发布的《钢材市场基础知识与概况》。

图 1-1　2007—2022 年中国钢材价格走势

由图 1-1 可以看到，近年国内钢材价格大幅震荡，2006 年 2 月，国内主要市场 20 毫米三级螺纹钢平均价格约为 3 103 元/吨，到 2008 年 6 月价格上涨到 5 865 元/吨，涨幅高达 89%；2008 年国际金融危机爆发，钢材价格出现恐慌性暴跌，到 2008 年 10 月，20 毫米三级螺纹钢的平均价格最低跌至 3 709 元/吨，与当年 6 月份最高价格相比，跌幅高达 36.8%。2011 年以后，受国内经济结构调整、经济整体增速放缓、铁矿石及焦炭价格大幅波动影响，国内钢材价格经历了冰火两重天的不同境遇。2011 年年初至 2015 年年底，钢材价格一路下跌，跌幅接近 70%。随后，2016 年起，钢材价格却急转直上，从低点大幅反弹，2021 年 5—9 月钢材价格更是突破 6 000 元/吨的高位。在钢材价格大涨大跌的行情下，钢材终端用户饱受价格大幅波动带来的困扰，钢铁生产企业既无法控制生产成本，又无法锁定生产利润。

**3. 众多的钢铁产业链企业亟须避险工具**

我国的钢铁生产企业地域分布不均衡，其中华北、东北地区是我国主要的线材、热轧卷板等的生产地区，而由于华东和华南地区的经济发展较快，成为钢材的主要需求地，导致钢材的供需存在地域上的差异和不均衡；同时，由于每年冬季东北、西北、华北地区气候寒冷，房地产和基础建设施工工地停止施工，当地实际需求大幅减少甚至季节性停滞，导致钢材的产销存在着时间上的连续性生产与阶段性需求之间的矛盾。为了化解供需时空结构的不均衡，钢厂一般会采取两种方式消化产量：一是北材南下，将华北、东北地区生产的钢材发往华东以及华南等主要需求市场。二是冬储，钢厂和钢贸商在冬季钢材价格较低时囤积库存，到第二年的春季、夏季等需求旺盛的季节再高价卖出，以赚取价差利润。

　　我国钢铁的供需结构存在空间和时间二元维度的不均衡，导致钢材价格季节性波动明显，钢材价格长期处于大幅波动中，使得钢铁行业的利润周期波动较大，给钢铁企业及下游实体企业的稳定经营造成了巨大的冲击。如何有效地规避钢材价格大幅波动给生产经营带来的不可预测的风险，如何锁定原料采购成本、确保企业的生产经营利润、提高行业竞争力，是钢铁生产企业需要重点研究解决的问题。此时，市场亟须一种有效的价格风险管理工具，为钢铁生产企业、钢材下游需求企业提供套期保值服务，以规避价格频繁性、周期性波动的风险。

　　钢材供需地域上和时间上的不均衡，催生出众多钢铁贸易和物流企业，钢材贸易行业的特点主要表现在三个方面：第一，钢铁贸易行业从业企业数目众多、规模普遍偏小，主要以民营中小企业为主，行业竞争较为激烈。第二，钢材贸易企业的功能相对比较单一，在钢材贸易和流通领域的企业中，真正可以在行业中发挥领头羊作用的企业不多，整个市场是一种相对比较分散的状态，市场竞争未达到一定的集中度。第三，钢材贸易企业的经营方式、服务对象基本上大体相同，面对同样的市场、同样的客户，基本用同样的方式和手段竞争，同质化问题严重。面对钢材价格的剧烈波动，钢材贸易流通领域也亟须有效的价格风险对冲工具和机制，以帮助众多的贸易商规避钢材价格剧烈波动的风险。

### 1.1.3　中国特色金融创新在钢铁产业链展开实践

#### 1. 黑色金属商品期货陆续上市

　　为了帮助钢铁生产企业、钢材贸易企业、钢材下游需求企业规避钢材及原材料价格频繁波动的风险，在贯彻落实金融创新服务实体经济的方针指引下，中国特色社会主义金融创新在钢铁产业链展开实践。自 2009 年 3 月螺纹钢期货和线材期货成功登陆上海期货交易所，2011—2013 年大连商品交易所推出钢材原材料焦炭、炼焦煤、铁矿石期货，到 2014 年上海期货交易所推出结构钢材品种热轧卷板期货、郑州商品交易所推出硅铁期货和锰硅期货两个铁合金商品期货，直到 2019 年上海期货交易所推出不锈钢商品期货，中国的黑色金属商品期货目前已形成从产业链上游原材料（铁矿石、焦炭、焦煤期货）到中游合金添加剂（硅铁和锰硅期货）再到钢材成材（螺纹钢、线材、热轧卷板、不锈钢期货）全产业链的期货品种（表 1-2）。

表 1-2　黑色金属商品期货品种上市明细

| 上市时间 | 上市交易所 | 上市品种 | 类型 |
| --- | --- | --- | --- |
| 2009 年 3 月 27 日 | 上海期货交易所 | 螺纹钢期货、线材期货 | 钢材成材 |
| 2011 年 4 月 15 日 | 大连商品交易所 | 焦炭期货 | 生铁原材料 |

（续）

| 上市时间 | 上市交易所 | 上市品种 | 类型 |
|---|---|---|---|
| 2013 年 3 月 22 日 | 大连商品交易所 | 炼焦煤期货 | 焦炭原材料 |
| 2013 年 10 月 18 日 | 大连商品交易所 | 铁矿石期货 | 生铁原材料 |
| 2014 年 3 月 21 日 | 上海期货交易所 | 热轧卷板期货 | 钢材成材 |
| 2014 年 8 月 8 日 | 郑州商品交易所 | 硅铁期货（硅铁合金） | 炼钢添加剂 |
| 2014 年 8 月 8 日 | 郑州商品交易所 | 锰硅期货（锰硅合金） | 炼钢添加剂 |
| 2019 年 9 月 25 日 | 上海期货交易所 | 不锈钢期货 | 钢材成材 |

对于中国商品期货市场甚至整个资本市场而言，黑色金属商品期货的出现代表着具有中国特色社会主义市场经济鲜明色彩、根据中国产业经济实际情况和特色进行金融实践和创新的巨大成功，黑色金属商品期货，在我国金融创新领域具有里程碑式的重要意义。基于此背景，开展对黑色金属商品期货市场领域的研究，具有重要的理论和现实意义。

**2. 黑色金属商品期货已占据我国乃至全球衍生品市场重要地位**

黑色金属商品期货依托中国雄厚的钢铁制造业产业实力，房地产、基础建设和制造业等钢材产业链下游领域的庞大需求体量，逐渐成为中国商品期货市场领域最受关注、成交规模和持仓规模最庞大的商品期货品种。上海期货交易所螺纹钢期货以 18.68 亿手的双边成交量，一举跃升为 2016 年全球金融衍生品市场交易量最大的衍生品，超过了利率、外汇等全球广泛关注的金融衍生品成交量。在 2016 年全球衍生品成交量统计中，大连商品期货交易所的铁矿石期货，以 6.85 亿手的双边成交量位居全球衍生品交易量排行榜第 12 位，成为全球最大的铁矿石衍生品交易市场。2016 年，黑色金属商品期货全年双边成交量高达 28.27 亿手，占中国商品期货成交量的 34.32%，双边成交金额高达 90.74 万亿元人民币，占中国商品期货成交金额的 25.57%，首次超过传统的农产品、有色金属、能源化工板块的商品期货，成为中国商品期货领域最活跃的期货板块。2021 年全球金属商品期货和期权成交量排名前 20 位中，上海期货交易所的螺纹钢期货和热轧卷板期货分别位列第一位和第三位，大连商品交易所的铁矿石期货位列第四位，硅铁期货、硅锰期货、不锈钢期货均在成交量前 20 位排名当中（表 1-3）。

表 1-3 2021 年全球金属期货和期权成交前 20 位排名

| 排名 | 合约 | 交易所 | 2021 年成交量（手） | 同比变化（%） |
|---|---|---|---|---|
| 1 | 螺纹钢期货 | 上海期货交易所 | 1 311 973 420 | 79.21 |
| 2 | 白银期货 | 上海期货交易所 | 462 915 212 | −35.21 |

（续）

| 排名 | 合约 | 交易所 | 2021 年成交量（手） | 同比变化（%） |
|------|------|--------|-------------------|--------------|
| 3 | 热轧卷板期货 | 上海期货交易所 | 441 431 834 | 168.03 |
| 4 | 铁矿石期货 | 大连商品交易所 | 348 824 050 | −38.72 |
| 5 | 镍期货 | 上海期货交易所 | 344 331 160 | −4.23 |
| 6 | 铝期货 | 上海期货交易所 | 262 915 740 | 148.67 |
| 7 | 硅铁期货 | 郑州商品交易所 | 190 482 392 | 203.86 |
| 8 | 黄金期货 | 伊斯坦布尔交易所 | 187 114 386 | −32.03 |
| 9 | 锰硅期货 | 郑州商品交易所 | 160 992 252 | 77.73 |
| 10 | 锌期货 | 上海期货交易所 | 138 682 510 | 14.94 |
| 11 | 精炼白银期货 | 莫斯科交易所 | 134 756 684 | 0.50 |
| 12 | 铜期货 | 上海期货交易所 | 128 214 310 | 12.15 |
| 13 | 黄金期货 | 纽约商品交易所 | 116 929 994 | −25.17 |
| 14 | 铝期货 | 伦敦金属交易所 | 115 340 678 | −7.01 |
| 15 | 黄金期货 | 莫斯科交易所 | 96 932 170 | 47.55 |
| 16 | 徽银期货 | 印度多种商品交易所 | 94 715 858 | −1.28 |
| 17 | 黄金期货 | 上海期货交易所 | 90 824 322 | −13.34 |
| 18 | 不锈钢期货 | 上海期货交易所 | 80 936 144 | 273.62 |
| 19 | 优等铜期货 | 伦敦金属交易所 | 59 382 804 | −8.94 |
| 20 | 锡期货 | 上海期货交易所 | 54 024 818 | 102.88 |

数据来源：FIA，https://www.fia.org/。

目前，黑色金属商品期货因其成交量巨大，市场关注度高，流动性良好，期货和现货之间的联动紧密，黑色金属产业链期货在中国金融衍生品创新实践中取得了巨大的成功，已经在中国商品期货市场占据重要位置，成为钢铁产业链生产经营者必不可少的套期保值、规避风险的有效工具，也成为钢铁产业链上必不可少的重要环节。

## 1.2 研究的目的及意义

### 1.2.1 研究的目的

期货市场的信息效率是指市场价格对各种信息吸收和反映的程度，如果期货市场价格能够充分反映影响价格的各种相关信息，市场就是有效率的。信息溢出效应，是指期货品种在自身具有信息效率的基础上，期货品种的私有信息和期货市场所蕴含的共同信息，溢出到相关市场领域，进而对相关市场的价格产生影响的现象。信息效率是期货市场价格能否反映期货品种自身背后所蕴含的各种因素的信息,是期货品种在自身的现货标的基础上的信息表达效率;信息溢出效应是期货品种自身的价格背后蕴含的共同信息和私有信息向周边市场散发、传导的过程。信息效率和信息溢出效应是金融市场非常重要的概念,它们反映了市场对信息做出反应并进行处理的效率,以及在价格形成过程中的效率,信息效率和信息溢出效应二者相结合,能够全方位地衡量期货市场价格背后的信息能量。信息效率和信息溢出效应的高低,是衡量期货市场是否有效运行、是否能够充分发挥其价格发现和风险规避等基本功能的基础,是期货市场信息有效传播,实现资源优化配置的基础。

对于中国商品期货市场来说,黑色金属商品期货的产生代表着中国特色的金融创新实践,它的上市在完善中国衍生品市场过程中具有重要意义。在中国金融创新不断深入,金融衍生工具不断丰富发展,中国商品期货市场进入创新发展并深化服务实体经济时期的大背景下,中国黑色金属产业链期货是中国衍生品创新领域的一大亮点,是深度服务钢铁产业链的基础上,结合中国国情推出的中国特色商品期货品种。黑色金属板块商品期货在过去十几年发展历程中,交易规模、市场关注度等方面已逐渐超过传统的农产品、有色金属、能源化工类商品期货,成为商品期货领域关注度极高的"明星"。黑色金属商品期货作为钢铁产业从上游原材料到成材的全产业链期货品种,其上市以来是否已经具备一定的信息效率和信息溢出效应?是其发挥价格发现、风险规避效用的基石。

基于此,本书在表象之外去粗取精、去伪存真,运用计量经济学的定量分析方法,实证检验中国黑色金属商品期货的信息效率,研究黑色金属商品期货市场与现货市场、相关的商品期货市场和股票市场之间的信息溢出效应,这些问题的研究具有重要的理论意义和现实意义。

## 1.2.2 研究的理论意义

期货市场的信息效率及信息溢出效应是衡量期货市场成熟度的重要标准,也是期货市场领域乃至整个金融市场领域一直探讨的热门、核心话题。罗伯茨(1959)提出,信息有效性,即指市场价格对信息的反应灵敏程度,决定了市场功能的有效性,期货市场发挥其功能的基础是期货市场是信息有效市场。期货市场的信息有效,将会促进期货市场价格发现等功能的实现;如果期货市场反应信息的灵敏度不够,不是信息有效市场,期货市场的价格发现等功能效率将被削弱或者得不到有效实现。期货市场只有在信息有效性的基础上发挥了其功能有效性,才能被称作是成功的期货市场。期货市场的信息溢出效应,是指一个市场的信息溢出到相关市场领域,进而对相关市场的价格产生联动或者引导影响的现象,信息溢出效应是金融市场领域非常重要的一个现象,它反映了市场对信息做出反应并进行处理的效率,以及在价格形成过程中的效率。参阅前人研究的文献可以发现，不同的学者对这一问题的研究角度各异：有的学者从期货市场与现货市场之间的信息传递角度考察期货市场的信息效率及信息溢出效应，有的学者从不同期货品种之间的信息溢出及引导关系角度来考察期货市场的信息效率及信息溢出效应，还有的学者从中美期货市场之间同品种不同市场之间的信息溢出效率角度入手。

从国内外关于这一问题的研究文献来看，针对信息效率和信息溢出效应的研究都主要集中在股票市场领域，由于黑色金属商品期货市场上市时间较晚，对黑色金属商品期货市场的研究较少，现有研究也大多是从股票市场照搬过来，缺乏针对性。在这样的背景下，有几个方面的问题值得探讨：中国黑色金属商品期货市场内的信息效率表现如何？黑色金属商品期货市场的信息是否能够有效地向周围外部市场发散。本书在对前人研究成功详细梳理的基础上，首先，基于撼动有效市场理论的金融市场重要理论——分形市场理论的假设和基础上，对黑色金属商品期货市场的信息效率进行衡量；随后，从黑色金属商品期货市场与现货市场之间的价格引导和信息溢出、黑色金属商品期货品种之间的引导关系和波动溢出关系、黑色金属商品期货市场与中国其他商品期货市场之间的波动溢出和引导关系、黑色金属商品期货市场和中国股票市场相关板块之间的信息传导四个维度，对黑色金属商品期货市场的信息溢出效应进行全面考察；最后，基于夜盘交易制度这一中国商品期货市场特有的交易制度视角，对比夜盘交易制度上市前后，黑色金属商品期货市场的信息效率及溢出效应的变化，并从成交量、流动性、波动性三个角度，尝试对夜盘上市前后黑色金属商品期货市场信息效率及溢出效应产生差异的原因进行分析。

对中国的黑色金属商品期货市场信息效率及溢出效应进行全方位的考察。这有利于深入挖掘黑色金属商品期货市场各品种之间的内在关联性和黑色金属商品期货市场与金融市场其他领域的关联性，厘清黑色金属商品期货市场与外部金融市场的风险传导路径和机制，为防范化解期货市场的风险，以及防止风险的传染扩散有着十分重要的意义，以期为中国衍生品市场领域的后续研究提供理论性和系统性的参考。

## 1.2.3 研究的实践意义

与西方发达国家成熟的金融衍生品市场相比，国内商品期货市场起步较晚。但近几年，伴随着中国金融市场创新的不断深化，国内商品期货市场规模持续迅速扩容，面对实体经济越来越强烈的风险管理需求，中国商品期货市场服务实体经济的能力不断增强。在此背景下，螺纹钢、线材、热轧卷板等黑色金属产业链期货的上市，成为钢铁产业链企业寻求价格风险管理的有效工具。同时，铁矿石、焦炭、炼焦煤等钢铁工业原材料商品期货的上市，为中国争夺工业原材料国际定价权提供了重要途径。从 2009 年螺纹钢、线材期货上市至今，中国的黑色金属商品期货市场已经历了十几年的发展历程，在不断地规范发展中运行良好，参与者众多，吸引了大批产业客户，目前已经形成了螺纹钢、热轧卷板、不锈钢、铁矿石、焦煤、焦炭期货六大成交量大、市场关注度高的成熟品种，黑色金属商品期货已经进入了量变到质变的关键期，可以在更高层次上服务国民经济，满足企业的风险管理需求。

运用计量经济学的研究方法，借助实证分析工具，对黑色金属商品期货市场的信息效率及信息溢出效应进行客观、深入的论证研究，对于完善黑色金属商品期货市场相关制度安排，充分发挥其价格发现和风险规避的基本功能，维护金融衍生品市场的安全，具有重要指导意义。通过对中国黑色金属商品期货市场信息效率和信息溢出效应的研究，能够较为清晰、系统地刻画中国黑色金属商品期货市场的发育情况，帮助金融监管部门、钢铁产业链从业者和期货市场参与者了解中国黑色金属商品期货市场的运行规律，对解决中国商品期货市场存在的矛盾和问题，制定金融衍生品领域的创新和发展战略，具有重要的指导作用。

## 1.3 研究内容与研究方法

### 1.3.1 研究内容

本书拟从黑色金属商品期货市场的信息效率出发，在检验信息效率的基础上，对黑色金属商品期货的信息溢出效应进行验证。

**1. 关于黑色金属商品期货市场信息效率的研究**

本书计划基于分形市场理论，利用重标极差分析法（R/S法）计算 Hurst 指数，对螺纹钢、热轧卷板、线材、铁矿石、焦炭、焦煤、硅铁和锰硅期货的市场信息效率进行考察，揭示黑色金属商品期货市场价格对过去信息的反馈机制，该方法能够从分形时间序列中区分出随机时间序列，所需的假设条件较少，结果较稳定。

**2. 关于黑色金属商品期货市场的信息溢出效应的实证研究**

期货市场的信息溢出效应，是指信息在期货与现货市场、其他期货市场以及其他金融市场之间的传递可以被观察和刻画出来，在期货市场中表现在均值溢出效应和波动溢出效应两个方面。

首先，均值溢出效应的研究。均值溢出效应，即期货前期价格或者回报的变化对其他市场所产生的影响，它反映的是价量关系的传递，具有正负之分。本书基于期货市场持有成本理论，综合运用向量误差修正模型和状态空间视角，通过协整检验、脉冲响应、方差分解、IS 信息份额模型和卡尔曼滤波算法，由短期到长期并扩展到动态视角，对黑色金属商品期货市场不同品种的期现货市场之间的均值溢出效应进行探究，从期货与现货市场价格发现贡献程度的视角，对黑色金属商品期货市场的价格发现功能进行考察和对比。

其次，波动溢出效应的研究。波动溢出效应是指由于投资者投资行为的改变，一个市场的波动会传到其他市场，此模型可以描述价格波动和信息传播之间的关系，因此找到了一个较好的角度来研究信息传播与价格发现问题，并能够分析不同市场之间的信息传递和波动影响过程。在波动溢出效应研究的方法上，通常采用 DCC - GARCH 和 BEKK - GARCH 模型进行这方面的实证分析与检验。本书从黑色金属商品期货品种与对应现货之间、黑色金属商品期货内部不同品种之间、黑色金属商品期货和其他商品期货板块之间、黑色金属商品期货和相关产业股票市场之间，这四个维度对黑色金属商品期货市场的价格波动溢出关系进行分析。

第一，黑色金属商品期货和对应现货之间波动溢出效应研究。运用 DCC - GARCH 和 BEKK - GARCH 模型，分析黑色金属商品期货品种与各自对应的现货市场之间的波动溢出效应及溢出效应方向。

第二，黑色金属商品期货内部不同品种之间的价格波动溢出效应。运用 DCC - GARCH 和 BEKK - GARCH 模型，分析黑色金属商品期货市场内部螺纹钢、热轧卷板、铁矿石、焦炭、炼焦煤之间的引导关系和波动溢出关系，从中发现黑色金属商品期货品种之间，原料和成材之间的价格引导和传递关系。

第三，黑色金属商品期货与其他商品期货板块之间的波动溢出效应。运用 DCC - GARCH 和 BEKK - GARCH 模型，分析黑色金属商品期货与中国的有色金属商品期货、贵金属商品期货、能源类商品期货和化工商品期货之间的波动溢出关系，发现中国衍生品市场不同商品期货板块之间的互动。

第四，黑色金属商品期货对相关产业股票市场的溢出效应。运用 DCC - GARCH 和 BEKK - GARCH 模型，分析螺纹钢期货对中国证券市场钢铁行业、房地产行业、机械制造行业、汽车行业、家用电器等钢铁产业链下游行业的股票价格指数的波动溢出效应，通过建立黑色金属商品期货市场和股票市场之间的关联关系以期探究黑色金属商品期货市场和股票市场之间的关系。

**3. 夜盘交易制度与信息效率和信息溢出效应**

夜盘交易制度自 2014 年在中国商品期货市场推出，作为推动国内商品期货市场与国际商品期货市场接轨的一项重要交易制度创新，虽然已经有大量财经报道认为其对加快我国商品期货市场的国际化进程及提升国际定价影响力有积极意义，但目前学术界却较少从定量分析角度来研究夜盘交易制度启动对商品期货市场运行效率的影响。本书运用重标极差分析法（R/S 法）计算 Hurst 指数，考察夜盘交易制度上市前后黑色金属商品期货市场的信息效率变化情况；运用共同因子模型分析法（IS 模型和 PT 模型），对夜盘交易制度对黑色金属商品期现货市场之间的均值溢出效应进行定量分析；运用复杂网络模型对黑色金属商品期货市场与资本市场其他领域的波动溢出效应进行考察，以期为商品期货市场交易制度创新这一问题的研究提供思路。

### 1.3.2　研究方法

（1）在计算信息效率时，基于分形市场理论，利用经典的分形市场特征的计算方法——重标极差分析法（R/S法）计算 Hurst 指数，并对黑色金属商品期货不同品种的长记忆性非循环周期的长度进行了度量。

（2）在计算均值溢出效应时，基于商品期货市场持有成本理论，综合运用向量误差修正模型和状态空间视角，通过协整检验、脉冲响应、方差分解、IS信息份额模型和卡尔曼滤波算法，由短期到长期并扩展到动态视角，对黑色金属商品期货市场的价格发现贡献度进行实证测度。

（3）在计算黑色金属商品期货市场的波动溢出效应时，运用 DCC - GARCH 模型计算波动率之间的相关系数来体现市场之间联动效应，运用 EKK - GARCH 模型对具体的两个市场之间的波动溢出效应方向进行探究，通过这两种 GARCH 族模型的结合，对黑色金属商品期货市场的波动溢出效应进行全面分析。

（4）对比分析法。在考察夜盘交易制度与黑色金属商品期货市场的信息溢出效应时，将时间序列分为夜盘上市前后做对比，运用 R/S 分析法、IS 模型和 PT 模型、复杂网络模型，对夜盘上市前后黑色金属商品期货市场的信息效率及溢出效应进行对比。

## 1.4　研究的创新之处

### 1.4.1　选题方面的特色

作为重要的风险规避场所，期货交易及其市场的形成在许多资本市场发达的国家是由生产商、需求方和中间商在规避价格波动风险、响应获利机会时自发倡导、组织的，属于诱致性制度变迁下的产物；而中国的期货市场是适应市场经济发展需要，从宏观政策角度出发组织形成的市场，属于强制性制度变迁的产物[①]。由于商品期货在中国起步较晚，学术界对此领域关注不足，已有文献主要是对股指期货、有色金属、贵金属、农产品期货等的研究。虽然在实践领域，黑色金属商品期货代表了中国特色的金融创新在衍生品领域的实践，但相对于农产品、有色金属等传统商品期货品种而言其上市时间较晚，学术界对其关注和研究甚少。同时在已有成果中，由于在样本选取、基本假设和方法上的差异，往往得出片面、不成体系、相互矛盾的结果，难以形成对中国黑色金

---

① 林毅夫著：《关于制度变迁的经济学理论：诱致性变迁与强制性变迁》，上海三联书店出版社，2004 年。

属商品期货市场效率全面、系统性的共识。

自 2009 年螺纹钢、线材期货上市以来，黑色金属商品期货市场建立已有十几年的时间，目前黑色金属商品期货已形成从成材到原料全产业链期货品种体系，黑色金属商品期货上市以后在中国商品期货市场中占据重要地位，是中国金融创新在衍生品领域的重要实践，黑色金属商品期货的交易量巨大、市场高度活跃、投资者参与度高，已成为全球最活跃的金属商品期货。但由于我国的商品期货市场起步较晚，黑色金属商品期货市场上市时间较短，目前国内系统性地对黑色金属商品期货市场进行实证研究的相关论文较少；同时由于黑色金属商品期货市场为中国特色商品期货板块，国外黑色金属商品期货市场的构建均不成功，国外学术界也鲜有对中国黑色金属商品期货市场的研究。本书主要贡献在于基于钢铁产业链的视角，将与之相关的期货品种——螺纹钢期货、线材期货、热轧卷板期货、铁矿石期货、焦煤期货、焦炭期货、硅铁期货、锰硅期货全部纳入黑色金属商品期货框架下，对中国的黑色金属商品期货市场的信息效率和价格发现功能进行系统、全面研究，以期为这一领域的后续研究提供理论和系统性的参考。

### 1.4.2 研究角度全面系统

以往对中国商品期货市场信息效率及溢出效应的研究，散见于文献当中，研究往往仅从单一角度，研究具有局部性和片面性，且以往研究主要针对商品期货市场中单一品种。本书将贯穿钢铁产业链上、下游的相关期货品种全部纳入分析框架，从价格对信息反应延时间轴传递的效率、期货与现货价格的均值溢出关系、黑色金属商品期货与外部资本市场的波动溢出关系三个视角，从时间序列的一阶矩建模和二阶矩建模两个维度，利用多种实证方法，对中国黑色金属商品期货市场的信息效率及溢出效应进行全面系统研究。

### 1.4.3 研究方法方面的新意

在黑色金属商品期货市场均值溢出效应研究方法上，基于持有成本理论，构建期货与现货价格、信息的分析框架，进行金融时间序列的一阶矩建模。在协整检验的基础上，构建向量误差修正模型，对期货与现货价格进行面对短期信息冲击反应的脉冲响应和方差分解，从短期信息冲击角度，对期货市场价格发现贡献度进行测度；随后，利用 IS 信息份额模型，将共因子的方差进行分解，测量黑色金属商品期货每个品种的期货和现货价格信息对共因子方差贡献的上、下限值。然而，VECM 模型和 IS 模型所反映的价格发现功能分别仅仅为短期反应值和静态平均值，并不能衡量随时间变化的价格发现动态估计值。鉴于此，本书引入了基于状态空间模型的卡尔曼滤波算法来衡量期货价格发现的动态变化，从短期和长期、静态和动态不同纬度，对基于持有成本理论的黑色金属商品期货市场期、现货之间的均值溢出效应进行全面分析。

在波动溢出效应研究方面，构建基于期货价格收益率的波动溢出效应模型，进行金融时间序列的二阶矩建模。首先，构建 DCC‒GARCH 模型，通过波动率之间的相关系数来体现市场之间联动效应；随后，借助 BEKK‒GARCH 模型对两两市场之间的波动溢出效应的方向进行研究。综合运用 DCC‒GARCH 模型和 BEKK‒GARCH 模型，对黑色金属商品期货市场信息溢出效应大小、信息溢出的方向进行全面、系统分析。最后，将夜盘这项中国商品期货市场重要的交易制度创新纳入分析框架，从定量分析角度研究夜盘交易制度对黑色金属商品期货市场信息效率及溢出效应的影响。以往学者利用期货市场的收益率进行建模，其收益率的计算方式通常是利用某一期收盘价与前一期收盘价之差进行计算，然而收盘价信息并不能完全反映某一时段之内价格变动的信息，也无法体现夜盘上市前后黑色金属商品期货市场日内价格的变动情况。因此，为了弥补收益率在考察夜盘上市前后价格、信息刻画方面的这一缺陷，本书在刻画夜盘交易制度对黑色金属商品期货市场信息效率和信息溢出效应的影响时，尝试选取开盘价与收盘价之差（Garman et al.，1980）这个指标来构建日内价差收益率序列，构建夜盘信息效率及溢出效应分析框架。

# 第 2 章　相关理论及文献综述

　　自 20 世纪 80 年代开始，关于金融市场有效性的争论便源于证券市场，该问题一直是现代金融学理论探讨的重要问题之一。以"有效市场假说"（EMH）为代表的传统金融市场理论认为，股票价格将反映所有相关信息，市场有效是必然结果。Grossman 和 Stiglitz（1980）等学者指出，完全信息有效在真实市场中并不存在，随后分形市场假说（FMH）、行为金融学、微观市场结构理论等开始从不同角度对有效市场假说展开质疑，对证券市场其信息效率真实状况如何进行检验、对证券市场的信息是否会具有外溢效应做出与市场实际情况相比更合理的解释。随着期货市场不断发展，学者们开始将基于证券市场的信息效率的争论与思辨带入期货市场价格和信息关系的研究。

　　早期有关期货市场信息效率的研究从有效市场理论出发，研究期货价格对市场相关信息的反应程度和反应时间。随着研究的深入，有效市场理论受到了诸多质疑，基于对有效市场理论的质疑，"分形市场假说"、行为金融学派等理论逐渐自成体系，从不同的角度对期货市场信息效率进行了定义和研究。然而，由于各种理论的研究出发点不同，采取的检验方法和数据的时间维度也各不相同，使得不同理论体系和方法的研究结果存在较大分歧。因此，有必要对有关金融市场信息效率及信息溢出效应的相关理论进行脉络梳理，厘清各个理论流派的假设条件、研究视角、主要观点，理顺本书对黑色金属商品期货市场信息效率及信息溢出效应问题研究的思路。

## 2.1　"有效市场假说"关于信息效率的解释

### 2.1.1　"有效市场假说"的基本思想

　　20 世纪 60 年代，金融学家们开始开展关于金融市场理论的基础性研究。Fama（1965）首次提出"有效市场假说"（efficient market theory，简称EMH），即如果证券价格能够准确、充分地反映可获取的全部市场相关信息，那么该证券市场是有效的。此定义将市场信息作为参数，反映证券市场价格与证券市场信息二者之间的关系，有效市场是信息有效的证券市场，这种效率实质上是价格的信息反馈效率。从信息论的视角来看，有效市场可以解释为：任何投资者在同一时间得到的信息都是等质和等量的，信息的流动是及时和均匀的；因为理性的投资者以当时可获得的信息为基础进行交易，其交易价格反映了已有的信息，市场未来的价格变化与现在的信息无关，只反映未来的新信息。根据市场对价格信息做出反应的强弱程度和时间长短不同，有效市场可以分为弱式有效市场、半强式有效市场和强式有效市场三种具体情形。在强式有效市场中，价格已经反映了所蕴含的所有历史的、当前公开的信息以及未公开的内幕信息，市场参与者将无法通过内幕交易取得超额利润。在半强式有效市场中，市场价格已经反映了所蕴含的所有历史信息和当前公开的所有信息，内幕交易消息在这种情况下仍然可以获得超额利润；运用事件研究方法考察证券价格对该事件公开信息的反应速度和程度，可以作为衡量市场是不是半强式有效市场的标准。在弱式有效市场中，价格对当前的公开信息和内幕信息无法进行全面反映，证券价格仅能够反映所蕴含的全部历史信息，若价格走势遵循随机游走过程，则该证券市场是弱式有效的。

### 2.1.2 "有效市场假说"的贡献

"有效市场假说"作为金融经济学的重要基石，一直以来为资本市场分析提供重要理论前提。该理论自成一派，开辟了有关资本市场信息效率问题研究的先河，为探索金融市场其价格形成机制和股市期望收益率变动搭建了一个规范的模式。有效市场假说在金融市场效率问题讨论中长期占据主导地位，凸显了"公平游戏"精神下市场价格的信息效率内涵（史纪新，2009）；该理论为诸多现代金融投资理论，如"资本资产定价模型"（CAPM）、"套利定价理论"（APT）等奠定了前提基础，有效市场假说及建立在该理论假说基础之上的其他理论，丰富和完善了金融经济学。

然而，Fama（1965，1970）有关有效市场的讨论，大多仅限于定性分析，并没有提供可以对证券市场有效性进行直接检验的方法。鉴于有效市场假说在金融经济学中异常重要的地位，一直以来不断有学者尝试采用不同的实证方法对各国的金融市场进行有效性检验，常见的有关市场有效性的检验方法有随机游走检验、方差比检验以及协整关系检验等。

### 2.1.3 对"有效市场假说"合理性的思辨

"有效市场假说"以市场交易没有摩擦成本、市场是完全竞争的、市场信息的获取没有成本、投资者是理性的且对证券价格具有相同的理性预期为假设前提。它强调"公平游戏"的精神，强调预期收益，并认为价格能够充分反映、体现所有信息，价格遵循随机游走的运行规律。

近年，随着金融市场微观结构理论、行为金融学理论等金融经济学等学派的迅猛发展，"有效市场假说"在得到支持的同时，也引起了诸多学者对其模型基本假设的各种质疑和挑战。对有效市场假说的争论和思辨主要集中在如下几个方面：首先，对投资者完全理性假设的挑战；其次，对信息对称、无信息不反映假设的挑战；最后，对强式有效市场或者半强式有效市场中的信息免费获取、完全市场竞争两大假设前提的挑战。其中，对有效市场假说的线性范式假设的质疑和对收益率序列的方差服从正态分布假设的思辨，引发学术界对金融市场"行为异象"的关注。在诸多的质疑中，有关金融市场线性范式的质疑，直接推动了复杂性理论、混沌和非线性动力学等一系列交叉学科的发展。于是，学者们开始逐渐打破线性假设的局限，将研究视角向非线性角度过渡，其中"分形市场假说"有关金融市场非线性和分形特征的理论应运而生，引发了学术界对金融经济学基础假设的重新思考和审视。对于"有效市场假说"中，投资者完全理性假设前提的质疑，逐步发展成为行为金融学理论这一较为系统的学派。

## 2.2 "分形市场假说"对"有效市场假说"的质疑

### 2.2.1 "分形市场假说"的提出

分形理论（fractal theory）及分形几何学由数学家 Mandelbrot（1975，1982）提出，分形（fractal）一词，源于拉丁文"碎石"（fractus），它与英文单词"破碎、断裂"（fracture）、"碎片、小块"（fraction）同源。分形的特征是：首先，分形具有一个特有的分形维，此维度不同于传统的一维、二维等整数维度，分形维具有全然"不连续但是自相似"和"连续但是不可微分"的特点；其次，分形分布具有一个在统计上长期相关且自相似的概率密度函数，在不同的时间标度上有类似的统计特征；最后，分形时间序列的概率分布不满足正态分布，其分布概率存在某个方向上的有偏性，是一种"有偏的随机游走"。1986 年，Mandelbrot 进一步将具有如下性质的集合定义为分形集合：①分形集合里具有精细的结构，在任意小的比例范围内能够包含整体特征；②分形集合不能用传统的欧几里得几何语言来描述，该集合是不规则的；③分形集合内通常具有某些近似的或统计意义上的自相似性；④集合具有局部不确定性和不稳定性，但是整体上是确定和稳定的。

分形的特征是：首先，分形具有一个特有的分形维，此维度不同于传统的一维、二维等整数维度，分行维具有全然"不连续但是自相似"和"连续但是不可微分"的特点；其次，分形分布具有一个在统计上长期相关且自相似的概率密度函数，在不同的时间标度上有类似的统计特征；最后，分形时间序列的概率分布不满足正态分布，其分布概率存在某个方向上的有偏性，是一种"有偏的随机游走"。

分形维是分形理论中具有非常重要意义的一个概念：首先，它是定量刻画非光滑的、非规则的、复杂的、破碎的以及分形客体的重要参数；其次，它代表了分形体的粗糙程度和复杂程度，分形维度越大，客体就越复杂、越粗糙，反之亦然。在传统理论里，分形维数指的是确定系统状态的整数独立变量；然而在分形理论当中，分形维数可以取任意的实数值，不仅只限于整数分形维概念，分形维数的提出把维数概念由传统理论中的整数范围扩展到了整个实数的范围。整数维数只代表几个在几何对象的占有填充空间的能力连续变化的过程中质变的关键节点；分数维数，则代表连接不同关键节点之间的中介过渡态。分形理论和分形维数的概念突破了传统几何中体、面、线、点等元素之间截然不同的性质的绝对分明界限，深刻地阐释了体、面、线、点之间，维数的离散与连续之间，整形与分形之间的辩证关系。

在 Mandelbrot 分形理论基础上，Peters（1991）提出了系统性的"分形市场假说"（fractal market hypothesis，简称 FMH），从非线性的角度出发，对"有效市场假说"不能解释的金融市场"异象"进行解释。该理论从非线性的角度出发，成为撼动有效市场假说的重要金融理论，引发了学术界对金融经济学基础理论和假设的重新思考、审视。

### 2.2.2 "分形市场假说"对信息效率的解释

Peters（1991，1994）开创了将分形理论应用于金融市场领域研究的先河，并提出了与"有效市场假说"（EMH）相对应的"分形市场假说"（FMH）。该理论认为，金融市场是一个具有非线性和复杂性特征的分形系统，在真实的金融市场当中，金融资产价格收益率序列并不能满足有效市场假说下的正态分布假设，而是表现出"尖峰""厚尾"、波动集聚等非正态分布特征；金融资产价格具有非周期循环的长期记忆性特征，以及状态持续性等特点，这种非线性理论假设与金融市场的大量真实情况更契合，该理论更真实地揭示了资本市场的运行规律。

基于分形市场假说对信息效率做出的解释是：首先，资本市场是一种信息反馈的动力形态系统，这导致金融时间序列当中存在着一种类似于物理和水文过程出现的长记忆（long memory）现象，即时间序列中远距离的数据观测值之间的相关性虽然较小但不能被忽视，昨天的事件信息会影响到今天的市场行情走势，近期事件的影响比远期事件信息对今天行情的影响更大，但远期事件的信息残留会沿着时间轴像涟漪那样扩散。其次，由于信息呈现"尖峰""厚尾"的非正态分布状态，从而价格变化也服从"尖峰""厚尾"的非正态分布，金融市场上的行为人对信息做出反应也是以一种非线性、非正态分布的方式进行；只有当信息水平达到或者超过某个临界值点时，金融市场上的行为人才会对他曾经忽视的市场信息做出回应。最后，分形市场假说提出资本市场信息反馈存在非线性动力特征临界值；在临界值点上，市场价格对信息反馈的动力被消耗殆尽，从该时刻起，市场价格对信息的反应性质会分岔、发生变化，或者开始从较为稳定的状态向紊乱的状态过渡，直至出现无规则的状态。

"分形市场假说"对信息效率解释的基本思路是，金融市场整体可以被分解成与整体相关的多个部分；投资者并非全部都是完全理性的，而是部分理性或者在特定情况下非理性的；信息是非对称的，金融市场价格对信息的反应呈现非线性的状态，这导致金融市场价格时间序列具有长记忆的现象；这意味着金融市场的价格并不是不可预测的，当前的价格会受到过去信息的影响，存在现在价格对过去信息的反馈和传导机制。因而，"分形市场假说"关于金融市场价格所蕴含的信息效率的解释和结论与"有效市场假说"关于信息效率的解释和结论截然不同。

### 2.2.3　分形市场假说的贡献

与"有效市场假说"收益率的方差服从正态分布，以及满足线性范式假设的理想化条件完全不同的是，"分形市场假说"作为非线性理论，"分形市场假说"引入金融市场领域，为研究金融市场价格信息的传导、金融市场的信息效率、金融市场的波动性及其他诸多金融问题的研究，开启了全新的思路和视角。在学者们对金融市场的大量实证研究中发现，与传统的"有效市场假说"（EMH）相比，"分形市场假说"（FMH）其假设条件较少，研究结果更贴近资本市场的实际现象，用"分形市场假说"（FMH）来研究金融市场的运行特征，更能描述资本市场现实复杂性的非线性状态。

### 2.2.4　EMH 与 FMH 的争议与对比

学者们在大量的金融市场运行规律的实证研究中发现，"有效市场假说"（EMH）所假设的市场为理想化的市场状态，是对现实复杂市场环境的抽象化、线性化、理想化，因而导致"有效市场假说"的结论与金融市场的现实情况存在一定程度的偏差。与"有效市场假说"（EMH）相比，"分形市场假说"（FMH）则不对市场进行任何的假定和理想化、抽象化限定，它着重强调市场中不同类型的投资者有限理想或者非理想的决策，使得信息被消化、吸收的不一致性，导致市场呈现分形布朗运动的特征，即有偏的随机游走，并且信息与分数维有着密切的联系，分数维与信息成正比（表 2-1）。

表 2-1　EMH 与 FMH 关于金融市场信息效率的对比

| 要素 | | EMH | FMH |
|---|---|---|---|
| 假设前提 | | 市场线性<br>时间序列满足正态分布 | 非线性、混沌<br>"尖峰""厚尾"非正态 |
| 价格序列 | | 随机游走 | 分形布朗运动 |
| 收益率序列 | | 白噪声、不相关 | 分形特征、相关性 |
| 对市场信息效率的评判 | 对新信息的反应 | 线性、即可 | 非线性、长记忆性 |
| | 信息效率检验 | 随机游走检验 | Hurst 指数 |
| | 结论 | 随机游走即为信息有效 | 价格信息的长记忆性普遍存在，金融市场并非 EMH 描述的随机游走 |

　　Bill McKelvey（2011）认为，金融市场理论当中，"有效市场假说"与"分形市场假说"存在争议但是又并存的状态下，虽然"有效市场假说"在金融市场理论界曾经一度占据统治地位，但是后来随着经济全球化的发展，各国金融体系联系越来越紧密，"有效市场假说"无法解释的金融现象越来越多。其中，金融危机是有效市场假说无法解释的，金融市场中的"羊群效应""金融传染"等现象也在"有效市场假说"分析框架下均无法做出合理解释，而"分形市场假说"假设条件的宽泛性，为这些金融现象存在的合理性给予支持。

　　"分形市场假说"的后续发展者，提出 R/S 分析、修正的 R/S 分析、MF-DFA模型、ARFIMA 模型、FIGARCH 模型等诸多对金融市场分形特征的检验方法。相对"分形市场假说"实证研究的丰富性，有关"分形市场假说"的规范研究则略显薄弱。"分形市场假说"侧重于对市场中"分形"特征的检验，而对于造成"分形"市场特征的原因，该假说并没有过多涉及。"分形市场假说"侧重对市场信息效率和分形特征的实证检验，缺乏对与"有效市场"假说结论不同的原因分析和解释。在后续的金融市场理论的发展中，金融市场微观结构理论分别从市场交易模式、资产价格形成方式、市场参与者结构、市场信息披露制度等方面对金融市场不满足"有效市场"假说的情况进行原因分析及解释，以探索和优化微观金融市场结构，完善市场制度构建，提高信息效率；而行为金融学派则从市场参与者的行为视角对原因进行了解释和分析。

## 2.3　微观结构理论的信息模型

　　"有效市场假说"假设金融市场是无摩擦的，即隐性成本在金融市场中不存在；同时，假设金融市场不存在信息的非对称性，信息可以在金融市场上自由流通。然而，在现实的金融市场当中，由于参与者的非理性以及不完善的市场交易制度等因素，导致金融市场摩擦真实存在，金融市场资产价格与完全信息条件下市场的最优均衡价格并不一定完全相等；而由于信息分布的非对称性，以及知情人刻意隐瞒等原因，信息传递速度是有限的。Grossman 和 Stiglitz（1980）指出，由于市场信息的不完全性，改变了完全竞争市场的特征，价格具有传递信息的作用，各种与有效市场相违背的"异象"就会在真实金融市场中表现出来，"有效市场假说"的强式有效市场不存在。Glosten 和 Milgrom（1985）正式提出基于金融市场微观结构理论的信息模型，该模型有关证券市场价格与信息问题研究的焦点大体有如下两点：金融市场信息的不对称性的存在和如何提高信息效率。

### 2.3.1　金融市场信息不对称的存在

　　信息模型的基本思路是，将证券交易过程视为一个非对称信息博弈的过程，从动态的角度考察信息对价格的影响，因信息不对称而产生的信息成本是市场价差产生的原因。信息模型起源于 Jack Treynor 以 Bagehot 的名字于 1971 年发表的一篇文章，在该文中作者最早用知情者和非知情者将非对称信息进行定义，从而对证券市场买卖价差进行解释，认为影响证券做市商报价的首要因素是信息的不均衡、非对称，只有在和不知情者进行交易时，做市商才能赚取超额利润。Copeland 和 Galai（1983）正式对信息成本的概念做了论述，即在信息非对称的证券市场，非知情者为获取市场有用信息所付出的成本即为信息成本；基于不完全信息的静态博弈模型证明，只要非对称信息存在，买卖价差就不会消失。Glosten 和 Milgrom（1985）将动态因素纳入序贯交易模型，基于信息模型分析框架，对做市商如何根据订单流的变化获取动态信息，从而调整证券的报价。Easley（1987）指出，在信息非对称的情形下，信息知情者的交易行为，可以作为传递与资产价值有关信息的一种交易信号，做市商在对信号进行贝叶斯学习的过程中要对信息的方向性和存在性做出判断；当知情者的人数较多时，交易量可以作为区分知情者和非知情者的信号，这样做市商会面临一个分离均衡价格。Easley（1997）通过构建日内价格形成的贝叶斯学习模型，发现证券市场上存在显著的信息非对称效应。Dacorogna（2000）在金融市场微观结构理论框架下，提出不同质预期理论，认为不同类型的投资者其交易的时间维度是不同的，波动率的持续性是高频时间维度下能够被显著观测到的现象，并不符合"有效市场假说"的基本假设，不同类型的市场参与者面对同一信息时会有不同的预期，因而会采取不同的交易策略，价格对信息的调整不再是所有市场参与者同时进行；市场信息的有效性应被理解为，市场参与者交易决策动态调整过程的摩擦最小化。Theissen（2000）对集体竞价交易方式下的信息效率展开研究，Kremer（2002）研究拍卖方式的信息效率。Kasing Man 等（2013）考察了美国国债市场中电子和基于语音的交易系统对信息效率的改善程度，结果表明交易自动化提高了将信息纳入价格的速度。屈文洲和吴世农（2002）从市场微观结构角度出发，通过中国与美国证券市场交易机制的对比发现，中国证券市场的交易具有信息量较大但是虚假信息较多、市场信息消化快，同时市场是无效的特点。

### 2.3.2　提高信息效率的微观市场制度构建

微观市场结构理论从市场交易机制、金融资产价格的形成机制、市场信息披露制度、市场交易者结构等制度构建方面，对提高金融市场的价格信息效率提出相应的措施。Siegel 和 Karim（1998）、Romeu（2001）发现在信息非完全对称情况下，不知情者可以通过观察市场数据来进行学习，这种贝叶斯学习的过程将使市场价格最终反映全部市场信息。金融市场交易制度的设计基本目标是，使价格尽可能快地反映和消化市场上所有相关信息，以缓解信息非对称性，达到"有效市场假说"的有效或半强式有效（李平，2003）。

## 1. 市场交易机制

市场交易机制包括连续时间交易机制和固定时间交易机制两大类。连续时间交易机制是指买卖双方将各自的交易指令输入交易订单系统，当双方出价一致时，立即触发交易指令达成交易。连续交易具有即时性、快速性的特点，随着计算机技术在证券交易市场的普及，连续交易成为目前最常用的交易方式。固定时间交易机制，又被称作集合竞价交易机制，是指在特定的时间段内，所有买卖交易者的申请指令将被集中起来，按照市场交易规则撮合成交的制度。这种固定时间交易模式，通常应用于金融市场的开盘和收盘等特殊时段，其目的是提高资金优势交易者操纵证券价格的成本和难度，防止具有资金优势的交易者对证券价格的操纵行为，降低证券价格被操纵事件发生的概率，避免证券价格异常波动，让证券价格反映真实市场信息。

## 2. 金融资产价格的形成机制

金融市场的交易模式（市场交易类型），一般分为指令驱动型的交易模式和报价驱动型的交易模式两大类。指令驱动型（order driven）交易模式，又被称为订单驱动型的交易模式或者撮合成交型交易模式，它是一种竞价交易市场。在指令驱动型交易模式下，金融市场参与者根据市场情况发出交易指令申请，市场组织者将某一时段内买方、卖方所提交的全部交易申请集合起来，根据约定的交易规则，将报价相同、买卖方向相反的交易申请指令进行一对一配对，从而将买卖双方的交易订单撮合成交的交易模式。指令驱动型交易模式下，交易成员的买卖交易委托在送达市场后，按照价格优先和时间优先的交易原则被撮合配对。其中，价格优先原则是指较高的买入价格总是优于较低的买入价格，而较低的卖出价格总是优于较高的卖出价格；时间优先原则是指，如果在同一价格上有多笔交易指令申请，此时会遵循"先到先得"的原则，即买卖双方相同、价格一致的，优先成交委托时间较早的交易申请。报价驱动型（quote qriven）交易模式又被称为做市商制度，做市商即为金融市场上的买卖报价方的对手方，向普通的买方投资者提供对应的卖方报价，向普通的卖方投资者提供对应的买方报价，普通的买卖方交易者分别与做市商达成交易。做市商作为市场交易达成的义务方，既需要在普通交易者的买入交易订单中承担卖出方的义务，也需要在普通投资者的卖出交易订单中承担买方的义务，这种交易模式可以有效保障普通投资者根据做市商提供的报价，随时买入和卖出证券资产。在报价驱动型的交易模式下，做市商承担维持市场买卖双向交易正常顺利进行的义务，市场普通投资者不必担心因供求不平衡而导致没有交易对手方的情况发生，当普通投资者的交易指令发出后，若在规定时间段之内，若没有相匹配的反向交易指令下达，此时做市商必须对该交易指令无条件做出回应。

在报价驱动型交易模式下，做市场的存在大大提高了市场的交易流动性，降低了市场摩擦成本。

### 3. 信息披露制度

在金融市场当中，信息披露机制的效率高低直接决定了市场透明度的高低。金融市场透明度越高，交易者就能以越低的成本精确获取与市场交易过程相关的各种信息。在证券市场当中，信息披露通常包括市场交易过程相关数据的信息披露，以及对证券标的相关信息披露两大类，前者需要在每一个交易日对市场交易过程中的成交价格、交易量、持仓量等进行及时披露；而后者则涉及相关行业经营情况以及宏观经济情况等信息的披露。信息披露机制的及时性和对市场信息源管理的有效性，可以降低交易的信息成本，降低信息的非对称程度。

### 4. 市场交易者结构

通常情况下，市场交易的参与者大体可以分为普通个人投资者和专业机构投资者两大类。专业机构投资者具有交易数量庞大、运作和管理专业化的特征，通常他们都在交易所中拥有一定的交易席位，交易指令可以迅速达成，机构投资者具有专业化的交易管理团队，且其信息获取能力往往较强，并且可以借助庞大的交易量和专门的交易通道，降低单位交易成本，因此机构投资者具有特殊的优势。然而，普通个人投资者是与机构投资者相对而言的，是指以自然人身份在金融市场进行交易的投资者，通常其资金实力较弱，专业知识储备不高，且通常缺乏有效的信息获取渠道，且交易的执行速度较慢，因而普通个人投资者具有较高的交易成本。

### 2.3.3　对微观结构理论信息模型的评价

在过去 30 年中，金融市场微观结构理论得到了迅速发展，其中信息模型将交易者进行知情和不知情两个大类的区分，从而研究信息非对称情况下的金融市场效率问题，大量的学者从信息非对称情形下的交易者行为、市场的信息成本、交易成本、市场风险等角度，从理论和实证的角度进行详细研究，并从市场监管、交易机制设计等方面，提出金融市场微观结构治理的改进措施，为监管层的决策提供理论基础。但是金融市场微观结构理论领域的研究比较松散，缺乏系统性、体系化的理论研究，大多数基于简单的市场交易机制构建方面，尚未见到系统完整的金融市场质量指标评价体系，且主要集中在证券市场领域，尚鲜见以期货市场为考察对象的研究。

## 2.4　行为金融学理论对信息效率及溢出效应的解释

"有效市场假说"基于投资者理性的假设，即使金融市场参与者在某种程度上表现出非理性，但是由于他们之间的交易行为是随机进行的，因而非理性行为会相互抵消，逐渐被理性投资者的行为"中和"，金融资产的价格并不会受到这些非理性交易者的影响，因此理性投资者占据着金融市场，非理性行为微乎其微，资产价格能够反映有效的市场。同时，"有效市场假说"还认为，在一个有效的金融市场当中，最短的时间内所有市场新信息均会被吸收，因而本市场的信息不会外溢到其他市场，波动溢出效应在有效市场内不存在。

行为金融学派打破"有效市场假说"中关于投资者理性和完全市场信息两个基本假设条件，以信息非对称理论为逻辑起点，对"有效市场假说"关于强式有效市场信息有效性的结论进行质疑，并从交易者的行为角度出发，对价格信息的溢出效应产生的原因和机理进行探究。Keynes（1936）提出，市场情绪是客观存在的，会对投资者产生影响，造成证券市场的剧烈波动，其后陆续涌现出了交易者投资行为偏差的行为金融、噪声交易理论、机构投资者羊群效应等行为金融学理论分支。行为金融学研究表明，交易者在交易偏好和信念等方面存在个体异质性差异，市场中交易者与交易者之间、交易者与外部环境之间是一个复杂的信息系统，交易者的决策受个人偏好、情绪、有限理性、市场状态等因素的影响，交易者的行为对市场价格的变动有直接影响，从而影响市场的信息效率。行为金融学理论从投资者的个体行为入手，打破了有效市场假说研究采用线性思维、对交易者做简单的同质化假设、只关注外部环境对市场影响的局限。

金融市场的溢出效应，按照溢出标的属性不同，可以分为均值溢出效应（价格时间序列之间的溢出）和波动溢出效应（收益率之间的溢出）。均值溢出效应是某一金融资产其价格的变化对其他金融资产价格产生的影响，均值溢出效应具有大小和正负之分。然而，波动溢出效应，则是指金融资产价格波动率（收益率）的增大或减小对其他金融资产的价格波动率（收益率）产生的增大或减小的传导和影响，这种传导和影响只有大小之分，无正负之分，波动溢出效应即所谓的"金融传染"现象。

## 2.4.1 "认知偏差"是信息溢出产生的心理因素

行为人在认识和理解事物时，在试错的过程中逐渐形成一些规律和经验的总结，这些经验和规律被称为直觉。通常，行为人在认真思考一个问题会占用大量时间时，在无法掌握对信息进行充分分析的方法时，在自认为没有必要对问题进行过多思考时，在不具备对问题做出决策所需要的知识或信息时，行为人最有可能依靠直觉来行事。行为人会不自觉地规避一些复杂的判断、推导和分析等过程。在"复杂事情简单化"处理的认知倾向中，按照直觉对信息进行加工，是行为人认识事物的方法，是行为人"化繁为简"的重要决策依据。直觉能够帮助行为人迅速找到解决问题的方案，但是这种方案不一定是最优的，存在很多不确定性，可能这种方案更接近于正确答案，但也有可能这种方案出现一些系统性的偏差。这种因为思维捷径而导致的偏差，被称为"认知偏差"或"启发式偏差"，而"认知偏差"是信息产生溢出效应的心理因素。例如，由于信息不对称，当一个期货品种的价格发生变化和波动时，投资者仅能通过直觉判断出导致变化和波动的某些信息因素，但是并不能准确地对波动产生的原因、波动的大小和幅度等进行分析。"认知偏差"使得行为人根据自己所获取的信息进行决策，由于投资决策往往涉及金融市场的不同板块，导致变化和波动由一个市场向其他市场扩散，形成不同市场之间的波动溢出效应。

### 2.4.2 "羊群效应"是溢出效应的直接原因

Keynes（1936）最早提出"羊群行为"（herd behavior）这一概念，他以"荒谬情绪"和"群体偏激"等词汇对这种现象进行描述。"羊群效应"分析的范式是在信息非对称框架下，从信息的视角分析金融市场投资者的"羊群行为"产生的原因和传导机理，在不确定环境下，拥有片面信息的个体之间互相模仿是理性选择。Banerjee（1992）提出，运用序贯博弈模型和贝叶斯法则，在存在不完全的私人信息的情况下，对每个交易者的决策选择做出分析；后行动决策者在收到前面投资者的决策行为信号以后，往往选择跟随，"羊群效应"产生。"羊群效应"在金融市场中表现为投资者的非理性跟风行为。例如，无法获取足够市场信息的投资者，面对风险资产出现较大波动或问题时，立即跟风转向投资安全系数更高的品种，产生跟风抛售等行为，被称为"羊群行为"。

由于投资者无法获取其他投资者所掌握的私有信息，人们往往会尝试从其他先行动人的行为决策中推测其拥有的私有信息含量，并采取跟随先行动人的策略。Hirshleifer 和 Teoh（2003）指出，当先行动人的决策行为所传递出来的信息量累积到了一定的数量和程度时，这种正向信息的外部性效应溢出效应足够强大，足以使后决策者完全忽略自己所掌握的私有信息，而选择与先行动者的决策保持一致，即使该决策与其自身所掌握的信息意见完全相左，这种情况即为"信息串联"。在此之后，学者们从不同的角度分析了加剧"羊群行为"产生的原因，庄新田和王健（2007）从信息交易者的非理性程度，Zhou 和 Lai（2009）提出"信息瀑布"理论，Yang（2011）从投资者的信息收集成本视角，李学峰和钟林楠（2017）从投资者经验匮乏的视角，对显著加剧"羊群行为"程度的因素进行了分析和解释。田利辉等（2015）运用 MS－GARCH 模型，发现我国大宗商品期货市场在低波动率区间，存在显著的"羊群效应"；市场在出现下跌行情时，"羊群效应"更明显，交易者更容易跟风抛售。

总之，在信息不确定的条件下，市场参与者的逐利性渴望使得其在做出投资决策时，往往会参考社会舆论和其他市场参与者的决策和行为，这种对舆论的依赖和对他人行为的模仿，导致市场参与者做出非理性的投资判断和策略，往往会导致"羊群效应"产生。"羊群效应"，即大量市场参与者集体做出某个一致的非理智行为的情况，这种集体的非理性和盲目跟风行为，会使得市场信息通过投资者行为决策行为，常常会影响到市场的稳定性和有效性，由一个市场传染到其他关联市场，产生金融市场之间的信息溢出效应，引起市场之间波动的溢出和传染，进而导致金融市场产生巨大波动，即投资者的非理性和市场信息的非对称性所引起的"羊群行为"是金融市场信息溢出的直接原因。

### 2.4.3 "蝴蝶效应"是溢出效应的本质

在现实世界中，整个社会的运行体系是非线性的、开放性的，包含着各种各样的要素，非线性意味着世界是互相联系、互相依靠、互相交流的整体，各个板块之间不断进行着能量交换。因而，整个金融体系也是一个非线性的、开放的系统，投资者在金融系统内频繁地进行着跨市场、跨国界的各项交易，例如外汇买卖等。与经济一体化相伴而来的是金融的自由化，而金融自由化推动世界各国金融制度和市场交易结构趋同，导致金融国际化。随着互联网技术的迅速发展，金融交易的电子化平台打破了地域的限制，金融交易手段的便捷化、迅速化，也促使金融国际化的进程进一步加速。

基于非线性系统的混沌学概念"蝴蝶效应"，是一个起源于物理学领域的概念，后来被引入经济学和金融学领域，来解释经济领域的相互关联和影响。由于初始条件的敏感性，一个市场微小信息的改变，导致信息在短时间内快速、大面积扩散，引起某一或者某些资产的大幅波动，甚至导致整个市场的大幅震动。期货市场是天然的杠杆市场，杠杆效应放大了投资者的赌徒情绪，容易导致市场情绪敏感性的传染，从而对市场信息做出过度反应，蝴蝶效应的快捷性、多向性使得一个市场的波动向其他市场快速扩散。

## 2.5 基于持有成本理论的均值溢出和波动溢出

### 2.5.1 期货和现货之间的均值溢出

均值溢出，是一种一阶矩建模分析，体现了价格之间的波动关系。期货的价格发现功能，其本质上是期货价格对现货价格的影响和引导，是一种均值溢出效应在某一期货和现货之间的体现。Garbade 和 Silber（1983）持有成本理论认为，期货价格，即对未来到期的商品价值的预期，在不考虑交易、税收、摩擦成本的基本前提条件下，商品的期货价格应该等于现货价格加上持有成本，再减去持有标的资产可能获得的便利收益，因此期货能够反映供求双方对未来价格走势的预期，在一个成熟的金融市场体系中，与现货价格相比，期货价格往往包含了更多的市场信息，因而具有更高的影响力和更强的预测能力，因而能够领先并引导现货价格的走势，期货与现货价格通过套利机制相互作用。一个成熟的期货市场其价格往往具有如下四个特点：

首先，一个成熟的期货市场其价格具有预期性，通过价格预期的变化，能够体现现货市场供求关系变化。大量的具有现货行业丰富经验和知识的市场参与者，往往具有专业的判断和分析能力以及广泛的信息渠道，他们对期货价格趋势进行分析、判断和预测，并据此做出的交易指令蕴含了丰富的市场信息和行业经验，期货市场形成了能够比较接近真实市场情况、反映大多数人预期判断的趋势价格。

其次，一个成熟的期货市场其价格具有连续性。现货交易一旦达成，交易双方通常不会在短时间内再次对现货进行买进或者卖出，新的现货成交价格不会立刻产生，导致现货价格是间断的。期货市场上众多的套期保值者和投机者，通过电子化的方式，方便快捷地对标准化的期货合约进行买进和卖出，通过交易时段的连续、高频交易，能够连贯地反映大宗商品现货市场的供求关系以及对其价格变化趋势的预期，形成一个连贯的期货价格。

再次，一个成熟的期货市场其价格具有公开性。期货交易所电子化的交易平台，通过公开竞价交易、连续交易、完善的信息披露制度等制度保障，能够将交易信息即时传递给每个交易者，得到这些期货市场新信息的现货交易者，其现货交易决策往往参考期货市场的信息变化。

最后，一个成熟的期货市场其价格具有权威性。一个成熟的期货市场其价格往往能有效、真实地反映大宗商品现货市场的供需变化及价格趋势，因而具有较强的预期性、连续性、公开性，因此在市场经济发达的国家，期货价格对现货价格具有非常重要的影响，期货价格通常也被视作大宗商品的权威参考价格，同时期货市场价格往往具有"晴雨表"的功能，是研究国内、国际微观市场行情和宏观经济走势的重要参考指标。

## 2.5.2　基于持有成本理论的波动溢出

期货价格，即对未来到期的商品价值的预期，根据 Garbade 和 Silber（1983）提出的持有成本理论，该理论认为，在不考虑交易和税收摩擦成本的基本前提下，商品的期货价格应该等于现货价格加持有成本，再减去持有标的资产可能获得的便利收益，因此期货能够反映供求双方对未来价格走势的预期，从能够领先并引导现货价格，期货价格与现货价格通过套利机制相互作用。从成本传导和联动机制中可以发现，期货价格是在市场现货价格的基础上，人们对未来商品的价格预期，因此期货价格中包含了现货价格的信息。从现货产业链角度看，期货价格的波动对相应产品的未来成本和收益有着直接的影响，会经由现货市场对商品的生产成本或产品售价产生影响，从而对产业链上下游产品的供需及价格产生影响，进而导致经营该产品或者以该产品为原材料的公司业绩发生变化；而公司经营业绩的变化又会改变企业的经营策略，进而影响相关产品或者替代产品的供需，从而使相关产品或者替代产品的价格发生变化；期货产品的价格波动，对生产相关产品的上市公司的生产利润产生影响，进而影响投资者对相关领域的股票市场预期，从而期货价格的波动传导至相关的股票市场。

## 2.6 关于金融市场信息效率及溢出效应的文献综述

### 2.6.1 金融市场信息效率的文献综述

同理论研究不断深入发展一样，关于金融市场信息效率的研究和实证检验也在不断深化，起初对期货市场信息效率的研究都是建立在"有效市场假说"的理论基础之上，基于该理论对金融市场进行随机游走检验和方差比检验等实证分析，随着对"有效市场假说"的思辨和质疑的增多，协整检验出现并得到了广泛应用；之后，计量经济学的飞速发展为金融市场信息效率检验提供了更广阔的思路，基于"分形市场假说"的重标极差分析法（R/S 分析法），以及 GARCH 族模型等非线性模型也得以应用；计算金融实验的产生使得行为金融学在信息效率的研究中发挥了重要作用。

**1. 基于"有效市场假说"的信息效率文献综述**

基于"有效市场假说"（EMH），国内外学者主要进行随机游走检验、方差比检验和协整关系检验等实证分析，大多从验证金融价格是否能预测的视角来研究信息效率。

Stevenson 和 Bear（1970）基于"有效市场假说"，运用游程检验和序列相关性检验，发现商品期货市场不满足随机游走的假设，商品期货市场存在超额利润。Praetz（1975）运用序列相关性分析和游程检验，得出信息灵通的市场参与者使得悉尼的羊毛期货市场信息效率较高，满足弱式有效。Doukas 和 Rahman（1987）通过单位根检验，得出美国外汇衍生品市场服从随机游走过程。徐剑刚（1995）最早采用游程检验，对中国的玉米、绿豆、大豆期货等农产品期货市场进行信息效率检验。吴冲锋等（1997）运用 Granger 因果检验法对上海金属交易所一月期铜价格与深圳、伦敦金属交易所一月期铜价格之间的引导关系进行检验。商如斌和伍旋（2000）对我国铜铝期货市场每天的对数价格一阶差分进行游程检验，发现铜铝期货市场是弱式有效市场。程雄飞（2005）运用随机游走检验和协整检验两大类方法，对中国大豆、豆粕和小麦期货市场的有效性进行实证检验。常明健和徐强（2007）用三种随机游走模型对我国商品期货市场信息效率进行检验，结果发现铜和铝期货市场弱式有效，而大豆和小麦期货市场弱式无效。程可胜（2009）用随机游走理论，对中国棉花期货有效性进行检验，结果表明棉花期货市场弱式无效。周广（2009）运用自相关检验、单位根检验发现中国主要农产品期货市场是弱式有效市场。

然而由于期货市场价格具有明显的条件异方差性，不能满足正态分布的假设前提，所以依赖正态分布假设的序列相关检验、游程检验等早期随机游走检验方法，其结论的准确性和可靠性值得怀疑。Le Roy（1973）、Lucas（1978）、Rausser 和 Carter（1983）等国外学者，以及戴国强等（1999）、张亦春等（2001）中国学者都提出随机游走并不意味着期货市场有效的质疑，随后方差比检验法等突破原有正态分布假设的、对同方差和异方差的情况均适应的非线性随机游走检验陆续出现。Fung 等（1994）、Semenov 等（2008）、齐明亮（2004）、韩冰等（2005）、杨勇和达庆利（2008）等国内外学者运用方差比检验法对国外不同的期货市场进行了有效性检验。颜虎（2012）通过单重方差比和多重方差比检验的方法，检验中国股指期货的信息效率。

　　Maberly（1985）等研究发现，当价格时间序列不满足平稳性时，无法判断市场信息效率是否拒绝无偏性假设，为了解决这一问题，提出 Johansen 检验和 E-G 两步法等协整检验的方法，基于协整的思想对同一品种的期货和现货之间、不同市场的同一个期货品种之间的信息引导和传递关系的研究成为热点。Tse 和 Booth（1995）、Dimitris（2006）运用 Johansen 协整检验，对不同品种的商品期货之间的引导关系进行研究，来验证市场是否是有效的。华仁海和仲伟俊（2003）利用单位根和协整检验方法对上海期货交易所铜期货价格的信息有效性进行实证检验，发现只有当时间跨度不超过 5 个月时，期货与最后交易日的现货价格之间才存在协整关系，此时期货价格是有效的。王赛德和潘瑞娇（2004）采用 E-G 两步检验法对中国小麦期货市场的信息效率进行研究，发现现货价格与距最后交易日前第 7、14、28 天的期货价格之间存在协整关系，距最后交易日越近期货市场接近有效率市场。赵进文（2004）等运用扩展的 Dickey-Fuller 检验统计量和 E-G 两步法协整回归，发现大连商品交易所已基本具备市场有效性。华仁海和陈百助（2004）利用 Granger 因果检验和协整检验首次对国内和国际期货市场大豆、小麦、铜、铝的期货价格之间的动态关系进行了实证研究，发现除小麦之外，其他期货品种均已具备市场有效性。运用因果检验、脉冲响应函数、向量误差修正模型、信息份额模型等方法，张屹山等（2006）发现，中国商品期货市场其信息效率与国际市场市场相比较低；缪晓波（2008）等发现，新兴市场国家的股指期货市场信息效率水平整体较低；陈万琳（2012）对中国天然橡胶期货市场的信息效率进行了 Granger 因果检验和协整检验。协整检验虽然解决了时间序列的非平稳性这一问题，但是其假设条件当中也存在一些问题：首先，协整检验的无风险收益假设，与现实中风险收益存在的事实相悖；其次，协整检验的结果在大样本下较稳定，小样本下的协整检验其结果缺乏足够的稳定性；最后，Granger 因果检验中，较小的协整向量离差均会造成较大的偏离。

**2. 基于分形市场理论的期货市场信息效率研究综述**

金融时间序列中存在着一种类似于物理和水文过程中出现的长记忆（long

memory）现象，即时间序列中间隔较远的数据观测值之间虽然其相关性较小，但这种相关性也不能被忽视，自相关函数呈双曲率缓慢下降。"分形市场假说"对此问题解释的基本思路是，市场可以被分解成为多个部分，部分与整体之间是相关的，投资者并不都是理性的，市场存在非理性投资者，信息是非对称的，信息的反映过程是非线性的，导致价格时间序列具有长记忆现象，分形市场假说对于金融市场信息效率研究的焦点在于检验市场是否具有分形特征或者长期记忆性。

早期的分形理论检验时间序列长记忆性的方法有李雅普诺夫指数法、相关维法和重标极差分析方法等。其中，重标极差分析法，即 R/S 分析法（rescaled range analysis），是研究具有分形特征的时间序列的一种常见方法，在 R/S 分析法基础上学者们陆续提出修正 R/S 分析（MRS）、ARFIMA 模型、SEMIFAR 模型以及 FIGARCH 和 FIEGARCH 模型等改进方法。

（1）R/S 分析法、修正的 R/S 分析法及 MF - DFA。重标极差分析法，即 R/S 分析法，是基于分形理论而产生的统计方法，是研究具有分形特征的时间序列的一种常用的非参数方法。Froot 和 Kenneth（1992）发现，美国小麦、玉米和棉花等农产品期货市场存在显著的分形特征。Yang 和 Brorsen（1993）首次实证检验了农产品现货和期货价格序列的非线性、分形特征是否存在。Corazza 和 Malliaris（1997）运用 R/S 法发现，美国六种主要的农产品期货的 Hurst 指数全都大于 0.5，具有长记忆性和持续性特征，美国农产品期货市场其信息效率并不高。Michael（2001）运用 R/S 分析法，发现澳大利亚股市存在长期记忆周期。Golaka（2001）利用分形分析法，发现印度股票市场的日收益率并不服从正态分布，而是呈现有偏的随机游走，具有长记忆性特征。Marco（2001）基于分形理论 R/S 法，发现在短期资金市场中，过去价格与未来价格之间存在一定程度的影响关系。Peters（2002）研究发现，标普 500 股价指数、MSCI 英国和德国股票价格指数的分形维数介于 2~3。Kim 和 Yoon（2003）运用"分形市场假说"，实证检验了日元外汇市场的分形特征，发现日元汇率市场具有明显的分形结构，汇率变动具有长期记忆性特征，市场具有明显的趋势性。徐龙炳和陆蓉（1999）发现 1990—1998 年中国沪、深两市股票价格指数具有明显的长记忆性特征。随后，史永东（2000）、张维和黄兴（2001）、冉茂盛等（2001）、徐迪和吴世农（2002）、庄新田等（2003）、胡彦梅等（2006）、曹广喜和史安娜（2006）、高路（2010）、庄新田等（2015）、李双琦（2016）等许多学者运用 R/S 分析方法，对中国股票市场的分形特征进行了实证检验，研究文献均表明我国证券市场存在显著的分形特征。此外，R/S 分析法还用在了外汇市场研究上。黄飞雪和赵岩（2008）分别对 2005—2007 年美元、欧元兑人民币日度汇率中间价、人民币兑日元汇率中间价进行

R/S 分析，发现人民币外汇市场也存在显著的分形结构。戎如香（2008）运用 R/S 分析法分别对美元、欧元、英镑、瑞士法郎、日元兑人民币银行间结算汇率的非线性特征进行研究，发现这几种外汇均存在分形特征，其中，美元的 Hurst 指数为 0.570 3，随机游走性最强；日元 Hurst 指数达 0.640 9 状态持续性最强。白杰（2018）基于分形市场假说测算出人民币兑美元汇率波动的循环长度介于 27～99 天。

基于分形市场假说的 R/S 分析方法在期货市场上同样被应用，唐衍伟等（2005）、李铁等（2005）对沪铜期货日度、周度和月度的收盘价进行 R/S 分析，发现沪铜期货存在分形特征，长记忆性的非循环周期长度为 510 个交易日。基于同样的方法，马超群等（2009）发现，沪铝期货并不存在明显的非周期循环。黄光晓和陈国进（2006）运用周度时间序列数据的 R/S 分析，发现伦敦 LME 铜期货同样具有分形特征，其长记忆性的非循环周期长度为 200 周左右。宛莹等（2011）、程慧等（2012）分别检验了中国商品期货市场上不同品种的价格时间序列是否具有分形特征和长记忆性，从而判断不同的期货品种的信息效率。王柏杰和李爱文（2016）运用 R/S 分析法对夜盘交易上市前后，沪铝期货价格的时间序列进行检验，发现夜盘上市后沪铝期货的长期记忆性显著下降，历史信息对沪铝期货市场的影响减弱，夜盘交易制度有利于沪铝期货市场信息效率的提高。

Lo（1991）、Chueng 和 Lai（1993）在 R/S 分析法基础之上，提出了修正的 R/S 分析方法（MRS 分析法），该方法的主要优点在于它不受短记忆的干扰，避免计算 Hurst 指数。随后，诸多中外学者运用修正的 R/S 分析法对金融市场的不同领域进行分性特征研究。陈梦根（2003）、何兴强（2005）、胡彦梅等（2006）、张丽哲（2010）分别运用修正的 R/S 分析法对中国股票市场的分形特征和短期、长期记忆特征进行分析。宋耀和田华（2004）利用 R/S 分析法和修正的 R/S 分析法，对比分析了国际汇率市场的波动分形特征，发现外汇市场的波动并不存在显著的长程相关性。刘湘云和卞悦（2011）通过修正的 R/S 和 GPH 方法研究发现，我国的豆粕、白糖、黄大豆一号三个期货品种不具有长记忆性，而天然橡胶和棉花具有长记忆性特征。张文远等（2014）基于修正 R/S 模型，以中信标普纯风格系列指数为基准风格资产，对其日度、周度、月度三种时间维度的收益率时间序列进行长记忆性的实证检验，发现在日度、周度、月度不同的时间维度下，风格资产的长记忆性具有明显的差异。Benjamin 和 Auer（2016）基于 R/S 分析和 MF - DFA（多重分形消除趋势波动分析法）对黄金和白银期货市场分形特征进行刻画。Lu 等（2017）运用 MF - DFA 对日元汇率的波动率的多重分形特征进行刻画。李大夜（2017）综合运用 R/S 分析、MF - DFA 对世界范围内 44 个国家的证券市场的数据，进行了短期、中期、长期全标度下的收益率序列的趋势分析。

(2) ARFIMA、GPH 谱回归及 SEMIFAR。Granger 和 Joyeux（1980）、Hosking（1981）提出 ARFIMA 模型用于检验时间序列的短期和长期记忆性。Porter 和 Hudak（1990）提出带有季节周期因素的 ARFIMA 模型。Baillie（1996）运用 ARFIMA - GARCH 模型对美国、日本、巴西、阿根廷等 10 个国家的通货膨胀进行长记忆检验，实证结果表明除了日本的通货膨胀不存在长记忆之外，其他国家的通货膨胀均具有显著的长记忆特征。Andersen 等（1999）基于已实现波动率建模，建议使用 ARFIMA 模型来预测日波动率。Wei 和 Leuthold（2000）分别使用了 R/S 分析法、修正 R/S 分析法和 ARFIMA 模型三种方法对美国小麦、玉米等 6 种农产品期货进行长记忆检验，结果发现 R/S 分析法下期货市场具有长记忆特征，而在修正 R/S 分析法和 ARFIMA 两种方法下，没有得出期货市场具有长期记忆性的结论。张世英和刘菁（1999）对长记忆的概念、性质进行介绍，对 ARFIMA 模型和 ARIMA 模型做了对比，并以某市月度 CPI 为例，进行时间序列的长记忆分整建模的实证分析。陈梦根（2003）先从 R/S 分析入手，随后引入修正 R/S 分析和 ARFIMA 模型得出中国股市总体上不存在长记忆性，只有少数个股存在长记忆特征。然而，王春峰等（2003）运用 ARFIMA 模型进行检验，认为中国股市收益率时间序列存在长期记忆性特征。

Geweke 和 Porter - Hudak（1983）首次提出 GPH 谱回归法，即通过对数周期图的形式，运用这一定义于频率域上的半参数估计方法来检验时间序列的长记忆特征。随后，该方法在金融时间序列分形特征和长记忆性特征的检验中，被广泛应用。Hurvich 和 Beltrao（1994）提出一种满足渐进正态分布的 GPH 谱回归估计量。Soofi 和 Sayeed（2002）采用 GPH 谱回归法和 HD 法对美元兑第纳尔、法郎等汇率的冲击进行长记忆性检验。Sibbertsen（2004）运用 GPH 谱回归法和小波估计法对德国股市的波动率进行实证检验，发现德国股市存在显著的长记忆特征。Serletis 和 Rosenberg（2009）用 GPH 谱方法检验了 1994—2005 年美国纽约商品交易所能源期货的日度收益率，发现该时间序列并不存在长记忆性，而是表现为均值回复过程。Gunay 和 Samet（2014）运用去趋势波动分析（detrended fluctuations analysis，简称 DFA）方法和修正的 GPH 方法分析日经 225 指数、恒生指数、上证综指、新加坡海峡时报指数的分形结构，结果表明恒生指数、上证综指、新加坡海峡时报指数存在长记忆效应，日经 225 指数不存在长记忆效应。国内学者当中，施红俊等（2004）利用 GPH 谱回归分析法对中国股票价格指数中的部分样本股进行长记忆性检验，发现沪、深两市成分股的波动率序列均具有明显的长记忆特征。华仁海和陈百助（2004）采用修正 R/S 分析和 GPH 谱分析法，检验发现中国商品期货市场的铜、铝、橡胶、大豆和小麦五个商品期货的价格收益率序列存在长期记忆性特征。何兴强（2005）采用 GPH 谱回归分析法，诊断沪深 A 股和 B 股市场日收益率和周收益率序列的长期记忆特性。庞淑娟等（2011）采用 GPH 谱回归分析法检验，运用收益率的 5 分钟高频数据，对中国铜、大豆、棉花期货市场的长记忆特征进行检验。余宇新和余宇莹（2011）运用 GPH 谱回归法对英镑、美元、澳元、韩元、欧元、日元、新元等十种货币兑人民币汇率日度数据进行研究，发现除英镑和澳元存在短期记忆性之外，其余货币兑人民币汇率均存在显著的长记忆性特征。吴亮和邓明（2014）运用 GPH 谱回归法对有限样本性质的时间序列长记忆性进行检验。邓露（2014）运用 GPH 谱回归法对小样本下的时间序列长记忆性进行检验，并运用 AG 法对 GPH 进行了修正。

　　由于 ARFIMA 模型主要适用于平稳时间序列的长记忆性研究，对于非平稳序列，Beran 和 Yuan（2002）介绍了一种新的模型——半参数分数自回归模型（SEMIFAR）来对序列的长记忆性进行刻画。在此文正式发表前，Beran 和 Ocker（2001）就已经基于 SEMIFAR 模型对股票市场波动率的长记忆性进行了研究。目前，国内应用 SEMIFAR 模型的文献有限，陈秋雨（2011）运用 SEMIFAR 模型检验发现，中国黄金期货市场长记忆大部分是由确定性趋势来把握的。郑雪峰和陈铭新（2012）运用修正 R/S 检验、GPH 谱回归分析和 SEMIFAR 模型对深证成分指数的对数日波动率序列进行模型拟合和检验，发现深圳股票市场波动率序列存在显著的长记忆性特征，且 SEMIFAR 模型的拟合效果良好。

　　（3）FIGARCH、HYGARCH、FIEGARCH 模型。Bollerslev 等（1996）用 FIGARCH 模型求得美国标普 500 复合指数的分数差分阶数为 0.447，这表明美国股市表现出长期记忆的波动特征。李汉东和张世英（2000）对分整自回归条件异方差模型（FIGARCH）从理论方法角度进行了介绍。汤果等（1999）用 FIGARCH 模型对上海和纽约股市收益率建模，发现 FIGARCH（1，d，1）模型最能反映收益率的长记忆性特征，并对上海和纽约股市进行了对比。王春峰和张庆翠（2004）从条件方差对中国股市的长期记忆性进行研究，发现 FIGARCH 模型与传统的 GARCH 模型相比，在刻画股市的长记忆特征方面具有明显的优势。胡平等（2009）用 FIGARCH 和 FIEGARCH 模型对上海期货交易所的铜、铝、燃料油和天然橡胶期货进行检验，发现这四个商品期货品种均存在长记忆性。庞淑娟等（2011）采用 FIGARCH、HYGARCH 模型对我国棉花、大豆和铜期货市场长记忆性进行检验，发现 HYGARCH 模型能更好地消除长期自相关性，其表现要明显优于 FIGARCH 模型，运用 HYGARCH 模型比较商品期货品种长记忆性的长短发现棉花的长记忆性最长，铜的长记忆性最短。

此外，一些学者还尝试将 ARFIMA 模型与 FIGARCH 模型或 HYG-ARCH 模型等结合，该组合模型既能描述收益长记忆又能刻画波动长记忆性。Kang 和 Yoon（2006）对比 ARFIMA‐FIGARCH 模型和 ARFIMA‐HYG-ARCH 模型对亚洲股票市场收益率和波动率的双长期记忆性的拟合程度。张卫国等（2006）构建 ARFIMA‐FIGARCH 模型，对深圳股市收益率和波动率的双长记忆性特征进行检验，发现 ARFIMA（0，m，1）‐FIGARCH（1，d，0）模型具有最佳拟合程度。曹广喜（2009）利用 ARFIMA（2，$d_1$，0）‐HYGARCH（1，$d_2$，1）‐SKT 模型对沪深股市收益率和波动率双长记忆特征进行检验，发现上海股市双长记忆性更强。石泽龙和程岩（2013）建立了 ARFIMA‐HYGARCH‐M‐VAR 模型对亚洲汇率市场的风险进行测度。张金凤和马薇（2015）构建 SEMIFAR‐FIGARCH 模型对中国沪深股市收益率和波动率的趋势变化和长记忆性进行实证分析，并将 SEMIFAR‐FIGARCH 模型与 ARFIMA‐HYGARCH 模型、ARFIMA‐FIGARCH 模型拟合预测效果进行比较，发现 SEMIFAR‐FIGARCH 模型的解释和预测能力最佳。

**3. 基于行为金融学的期货市场信息非有效的解释**

作为金融市场学的一个重要分支，行为金融学主要从交易者的思维、心理感受和行为决策等视角，分析金融市场的价格波动、交易量、持仓量等数据，探讨金融市场价格对信息的反映程度。Anderson（1985）、Fabozzi 等（1994）、Philippe 和 Mathieu（2008）等学者，分别从日历效应、年度效应和合约到期效应等角度对多种期货合约存在的"市场异象"进行了研究。Chen（1998）对期货市场存在的投资者行为的"过度反应"现象进行了实证研究，发现期货市场总体上相对有效。Lien（2001）基于交易者的失望厌恶心理，构建了套期保值者风险规避的最优策略模型。此外，Daniel 等（2012）从投资者的过度自信心理视角，Garcia 等（2008）从心理偏好角度对期货市场的信息效率进行了研究。中国的学者们主要从行为金融学的以下几个角度对期货市场的信息效率进行研究：一是基于博弈论的视角，邱斌（2007）构建了基于期货市场参与主体行为的"多杀多"和"跟庄"博弈模型，发现中国商品期货市场具有明显的"处置效应"。二是从投资者"启发式偏差""过度自信"等心理视角，对期货市场信息效率进行研究，例如，李增泉（2005）研究了证券市场交易主体的"启发式偏差"对市场信息效率的影响，刘志新和薛云燕（2007）指出，投资者的"过度自信"对中国商品期货市场的信息效率造成了一定程度的影响。三是运用事件分析法基于事件冲击的视角。例如，周志明等（2006）运用事件分析法，检验过度反应和事件效应对中国商品期货市场信息效率的冲击。王典和薛宏刚（2018）认为，在中国的证券市场上，机构投资者之间的有关上市公司私有信息的竞争，是引发"羊群行为"的重要原因。季俊伟等

（2019）根据 EGARCH 模型，构建一阶矩和二阶矩模型，发现长期看沪铜期货市场无效的根本原因不是噪声交易，交易制度才是关键因素。

通过对期货市场信息效率的理论和文献的总结和梳理中可以发现，学术界关于期货市场信息效率的研究，经历了从基于线性模型的"有效市场假说"到基于非线性模型的"分形市场假说"和微观市场结构理论、行为金融学等学派；从对市场供求关系的关注到对市场交易机制的关注；从基于交易者同质性的假设，到对交易者行为差异性的关注，及差异性对信息效率的影响分析。对期货市场信息效率的实证检验方法也在不断地完善和改进：从最初的随机游走检验，到对市场的分形特征进行检验，再到基于金融市场微观结构理论和行为金融学的检验；从静态研究扩展到动态研究；从单一影响因素分析扩展到多元、多角度的时间序列分析。其中，基于"分形市场假说"的研究，假设条件少，对数据的要求条件少，得出的结果较为稳定，能从分形时间序中区分出随机时间序列，因而得到了广泛的应用。

## 2.6.2　金融市场信息溢出效应的研究综述

金融市场的各种金融产品的价格是由多列高频时间序列交织而成。时间序列分析法，一直是开展金融市场领域研究的重要方法，根据金融时间序列是否满足正态分布这一特征，可以将研究金融时间序列之间的溢出关系的方法分为一阶矩方法、二阶矩方法两大类。其中，根据均值建模，即一阶矩建模方法，考察金融市场价格之间的传导关系，体现的是均值溢出效应；根据方差建模，即二阶矩的建模方法，考察的是金融市场的价格收益率的波动之间的传导关系，体现的是波动溢出效应。均值溢出效应，即期货价格或回报率的变化对其他市场所产生的影响，其反映的是价量关系的传递；波动溢出效应，即期货市场波动率的变化溢出到其他市场，引起相关市场价格产生波动或传导影响的现象，它是对收益率的波动率的检验，反映的是波动性的传递。从期货价格的运动形式来看，期货价格以其背后代表的现货商品价格为"轴心"，通过成本传导和联动机制、资金流动效应机制上下波动，并传导到相关市场领域。

### 1. 有关金融市场信息溢出效应的一阶矩模型

对于运用均值建模，即一阶矩方法对金融市场之间信息溢出关系的研究，国外学者的文献主要采用线性模型和协整检验模型、向量自回归模型（VAR）和误差修正模型（ECM）两大主要模型。

（1）线性模型和协整检验模型。最初，有关金融市场之间信息溢出关系的研究，主要采用线性模型。Garbade 和 Silber（1983）通过构建 G-S 模型，分析前一期的期现货之间基差的波动对后一期的期货价格与现货价格的波动影响，该模型最早对期货引导现货价格的现象进行了实证检验，成为研究金融市场之间价格传导和溢出关系的一个具有里程碑意义的重要模型。Bigman 等（1983）则运用简单的最小二乘法对芝加哥商品交易所的玉米、小麦、大豆等农产品期货合约的价格进行单线性回归分析，以此检验期货价格是不是现货价格的无偏估计量。Maberly（1985）、Elam 和 Dixon（1988）等指出通常价格序列为非平稳性时间序列，最小二乘法估计的 F 统计量有偏，传统的无偏性检验方法对非平稳时间序列所做的结果均是无效的，导致可能存在虚假回归问题。为了克服最小二乘法线性建模对信息溢出效应关系研究方面存在的缺陷，Engle 和 Granger（1987）提出了 Granger 因果检验法，该方法基于协整检验思想，基本上克服了金融时间序列中非平稳性时间序列的伪回归问题，在研究期货市场溢出关系领域中得到了广泛应用，是研究金融市场信息溢出效应领域，一阶矩波动建模方法上的又一个具有里程碑意义的经典方法。Chueng 和 Lai（1991）、Antoniou 和 Foster（1994）、Fortenbery 和 Zapata（1997）等学者运用 Granger 因果检验法，对期货与现货市场之间价格引导关系进行了实证检验，发现二者之间的协整关系广泛存在于大宗商品之中，期货价格对相应的现货价格通常具有引导和预测作用。但是 Granger 因果协整检验法虽然能检验时间序列之间是否存在长期的均衡关系，但是缺乏对参数的严格推断，因而无法通过无偏性检验。为了克服 Granger 因果协整检验的不足，Johansen（1988）在 Engle 和 Granger（1987）协整分析的基础上，提出采用极大似然估计法作为协整检验和参数推断的统计推断工具，Johansen 协整检验法与 Granger 因果协整检验法相比，是刻画金融市场价格波动和引导关系更为有效率的方法。Yue 等（2008）运用 Johansen 协整分析法，对美元汇率与原油价格二者之间的风险溢出关系和波动率进行了实证检验，其结果发现只存在美元汇率对原油价格的单向波动溢出效应。

吴冲锋（1997）使用 Granger 因果检验和 Johansen 协整检验对伦敦金属交易所铜期货和中国铜期货合约之间的价格引导关系进行了实证检验，结果发现，中国铜期货合约与伦敦金属交易所的铜期货价格在长期中没有关联性，只在短时间内存在价格引导关系。赵进文（2004）用 Johansen 协整分析法，对国际与国内商品期货市场之间的关联一致程度进行实证检验，其结果表明，我国商品期货市场已具备自身的价格约束机制。华仁海等（2004）对国际、国内农产品期货和有色金属商品期货进行协整检验，发现 SHFE 铜、铝期货分别与 LME 铜期货、铝期货之间存在长期均衡的协整关系；DCE 大豆期货与 COMEX 大豆期货价格之间存在长期均衡的协整关系；ZCE 小麦期货与 COMEX 小麦期货价格之间不存在协整关系。张宗成和刘少华（2010）采用 Johansen 协整检验、Granger 因果检验以及向量误差修正模型，对沪深 300 股指期货与股票现货之间的关系进行研究，发现无论从长期来看还是短期来看，都存在股指期货对现货市场的引导关系。总体而言，与传统的线性回归分析法相比，Johansen 协整检验、Granger 因果检验模型允许在短时间内出现偏离均衡现象的存在，允许不同市场对新信息做出反应的时间不同，从而打破了传统的线性回归分析范式的苛刻假设。在短期内由于期货和现货市场上信息传播的速度和传递的成本存在一定的差异，因此短期内期货市场和现货市场对新信息的反应具有非对称性；但在套利机制的作用下从长期来看，期货价格和现货价格二者最终会回归至长期均衡状态。

(2) 向量自回归模型（VAR）及误差修正模型（ECM）。Engle 和 Granger (1987) 提出，运用向量自回归模型（VAR）以及向量误差修正模型（VECM）对价格（收益）的一阶矩进行研究，刻画期货与现货市场对短期价格偏离的反应，这两个模型是对 Johansen 协整检验和 Granger 因果关系检验模型的改进和拓展，VAR 模型和 VECM 模型都能对不同市场之间的动态关系更好地进行模拟，因而在期货和现货价格之间的溢出动态关系研究领域得到了广泛应用。Eun 和 Shim (1989) 运用 VAR 模型探寻全球主要股票市场之间的相依性，其结果表明美国股市是全球最具有影响力的股票市场。Ghosh (1993)、Tse (1995)、Booth 等 (1999) 基于 Johansen 协整检验的基础上，利用 VECM 模型分别对美国的标准普尔指数期货、日经 225 股票指数期货、德国 DAX 指数期货价格和股票现货价格之间的引导和波动溢出关系进行研究，发现在短期关系中期货市场价格对现货市场价格具有较强的引导关系，在长期中期货和现货价格之间也存在稳定的协整关系。Lehmann (2002) 利用简化的 ECM 模型，针对 LME 铜期货的价格发现贡献程度进行了研究，认为共同的趋势因素是影响期、现货价格的主要市场信息，每个市场对于共同驱动成分的贡献，即为各自的价格发现贡献度。Grieb (2015) 运用 VAR 模型对美国大豆、玉米期权市场之间的波动溢出效应进行分析，发现只存在玉米向大豆的单向溢出关系。

任燕燕和李学 (2006) 采用 VAR 模型和 VECM 模型，实证检验发现中国的股指期货市场价格领先于股票现货市场价格。张屹山 (2006) 基于 VAR 模型，运用脉冲响应分析和方差分解分析，对中国商品期货市场上主要的有色金属和农产品期货品种的价格发现功能进行研究，发现中国商品期货市场已具备基本的价格发现功能，但是与国际商品期货市场之间的引导关系来看，仅存在国际农产品期货市场对中国国内农产品期货市场价格的单向引导关系。基于同样的方法，熊熊和王芳 (2008) 对沪深 300 股指仿真交易期货对沪深 300 股票价格指数的价格引导功能进行了检验，其结果表明，在长期内仿真股指期货具有价格发现功能。刘向丽等 (2010) 利用协整检验、ECM 模型，发现上海期货交易所的沪铜期货价格对国内铜的现货价格具有信息溢出效应。马述忠等

（2011）运用 VAR 模型、协整检验、ECM 模型、脉冲响应函数和方差分解等方法对中国的大豆期、现货市场之间的均值溢出效应进行了研究，发现二者之间具有长期均衡关系，并且大豆期货价格对现货价格具有显著的引导关系。谭小芬等（2014）基于向量误差修正模型，对国际大宗商品价格的驱动因素进行研究。苏民（2016）采用误差修正模型，对中国股指期货的价格发现功能进行了实证研究。

**2. 有关金融市场信息溢出效应的二阶矩模型**

早期的金融市场间溢出效应的研究慢慢由一阶矩模型转移到二阶矩模型，对二阶矩模型的应用，主要存在基于波动方差的信息份额模型和自回归条件异方差（ARCH）类模型。

（1）基于波动方差的信息份额模型。基于波动方差模型，Ross（1989）研究发现，在竞争性的金融市场当中，信息的流动速率与资产价格的波动性二者之间存在很高的关联性。基于波动方差模型，Lin 等（1994）检验了美国、日本股市之间的引导关系，发现二者之间存在显著的相互引导和波动溢出关系。在波动方差模型的基础上，Hasbrouck（1995）提出信息份额模型（information share model，简称 IS 模型），Gonzalo 和 Granger（1995）提出长期—短期模型（permanent transitory model，简称 PT 模型）。IS 模型和 PT 模型都将信息冲击的影响分解到每个具体的市场当中，分析每一个市场对信息冲击分别所作出的贡献，两个模型之间存在紧密的联系又存在区别，其中对价格的信息反应贡献度的定义不同是主要区别所在。Baillie 等（2002）对 IS 模型和 PT 模型之间的区别进行了探讨，认为 IS 模型分解的是公共因子的方差，而 PT 模型将公共因子分解成两个市场价格的组合；IS 模型测量的是每一个市场的信息对共因子方差的贡献，而 PT 模型通过定义误差修正系数来测量每个市场对公共因子的贡献，PT 模型关注的是误差修正机制。华仁海（2005）利用 IS 模型，对上海期货交易所上市的主要期货品种的价格发现功能进行了信息份额测算。许自坚（2012）、苏民（2016）分别运用 IS 模型和 PT 模型对中国 A 股市场股票指数期货和股票现货价格指数二者在价格发现中的贡献程度进行测度。王柏杰和李爱文（2016）运用 PT 模型，对夜盘交易上市后上海期货交易所铝期货其价格发现功能进行了实证研究。魏建国和李小雪（2016）在 VECM 基础上，运用 IS 模型和 PT 模型对我国三大股指期货的价格发现功能进行了对比研究。石宝峰等（2018）在 VECM 模型的基础上，通过构造 PT 和 IS 信息份额模型，对 2011—2014 年螺纹钢期货市场价格发现功能的有效性进行了检验。

（2）自回归条件异方差（ARCH）类模型。自回归条件异方差（ARCH）模型最早是由 Engle 在 1982 年提出，该模型用于描绘金融市场收益率的波动情况和时间序列的异方差性；在此基础上，1986 年，Bollerslev 对 ARCH 模型进行了一般化处理，提出广义自回归条件异方差模型（GARCH 模型）。GARCH 模型能够捕捉到高频金融时间序列的波动聚集、条件异方差以及"尖峰""厚尾"等特征，成为描述金融时间数据动态特征的一个重要实证方法，是金融时间序列二阶矩建模的一个里程碑。Hamao 等（1990）、Labys（1999）分别利用 GARCH 模型对纽约、伦敦和东京三个股票市场之间的信息溢出效应，1971—1995 年的 LME 金属价格之间的联动性分别进行了实证检验，以发现不同市场之间的信息溢出效应。Ewing（2002）采用双变量 GARCH 模型，对原油和天然气市场之间的波动传递进行实证检验。Xu 和 Fung（2006）运用双变量 GARCH 模型，对美国纽约商业交易所和日本东京工业品交易所的黄金、白银和铂金期货价格之间的波动溢出关系进行检验。在 GARCH 模型基础上，EGARCH 模型、多变量 M‐GARCH 模型、T‐GARCH 模型、DCC‐GARCH 模型、BEKK‐MGARCH 模型等 GARCH 的变形和改进形式诞生。Lien 和 Yang（2009）运用 DCC‐GARCH 模型对伦敦金属交易所、纽约商品交易所、上海期货交易所三个交易市场的期货铜价格之间的短期收益和波动溢出关系进行实证检验，其结果表明三个市场相互之间存在双向溢出关系。邢精平等（2011）运用多元 T‐GARCH 模型研究，对我国股指期货与现货市场之间的波动溢出效应进行研究，发现二者之间存在显著的双向波动溢出，但是期货市场对现货市场的溢出效应大于现货对期货市场的溢出。刘晓彬等（2012）采用 BEKK‐MGARCH 模型，对沪深 300 仿真股指期货与现货市场之间的波动溢出效应进行研究，结果表明二者之间存在显著的双向溢出效应。王柏杰和李爱文（2016）通过多元 GARCH 模型实证分析了夜盘交易制度启动对中美期货市场联动关系影响。傅强等（2017）利用 VEC‐BEKK‐MGARCH 模型、DCC‐MGARCH 模型，研究了连续交易制度对上海黄金期货市场与美国黄金期货市场之间的价格联动。郑燕和马骥（2018）运用 DCC‐GARCH 和 BEKK‐GARCH 相结合的方法，对我国鸡蛋期货与现货市场之间的联动关系和溢出效应进行了考察。

**3. 信息溢出效应的一阶矩建模与二阶矩建模相结合**

在运用一阶矩与二阶矩相结合研究金融市场的溢出关系方面，Brooks 等（2001）运用 VAR 和 VECM 方法，对英国富时 100 期货指数的价格发现功能做实证检验。Baillie（2002）等首先运用 Jonhansen 协整分析法对期货市场的价格发现贡献度进行定性衡量，在此基础上建立 IS 信息份额模型，运用公共因子来衡量期货和现货在价格发现关系中贡献度的大小。Sakthivel 和 Kamaiah（2010）首先运用 Janhenson 协整检验对印度 12 个期货品种和分别对应的现货市场的协整关系进行定性检验，然后运用 EGARCH 模型对每个期货品种与其对应的现货市场之间的信息溢出效应就行实证检验，发现印度期货和现货市场之间并没有明显的长期均衡的协整关系，在对信息的反应方面印度期货市场并没有较现货市场而言更明显的优势。Hedi（2011）对比 VAR‐GARCH 模型、DCC‐GARCH 模型、CCC‐GARCH 模型、BEKK‐GARCH 模型，对石油价格和全球股票市场分行业板块进行分析，研究发现 VAR‐GARCH 模型的检验效果优于其他几个模型。Mohamed（2012）运用 VAR‐GARCH 模型对布伦特原油价格与欧洲多个行业的股票价格指数之间的信息溢出效应进行实证检验，发现布伦特原油价格对欧洲股市汽车、零配件、基础材料、通信技术等行业股票价格指数的信息溢出效应明显，且对石油的依存度越高的行业，其股票价格指数的信息溢出效应越明显。韩恒怡（2018）综合运用 VAR 和 DCC‐GARCH 两种模型，研究中国大宗商品期货市场与国内外股票市场之间的联动关系和波动溢出效应。

### 2.6.3 信息效率和信息溢出效应建模指标的完善

总结关于金融时间序列信息效率和信息溢出效应的研究思路和发展轨迹可以发现，其主线是对刻画金融时间序列信息效率和信息溢出效应的理论和方法的提出、检验、发展和修正。此外，部分学者还另辟蹊径，对刻画信息效率和信息溢出效应的衡量指标进行了进一步挖掘，从对收益率的研究发展到对收益波动率建模和对日内价差及日内价差波动率等波动指标建模的研究。

#### 1. 对收益波动率建模

收益率是对金融市场资产价格变动的度量指标，收益率序列的长记忆性研究对于分析金融市场结构及判断预测金融市场走势均具有重要的指导意义和作用。收益波动率是收益率的波动比率，是对收益率变动的度量。金融时间序列信息效率和信息溢出效应研究除了对资产价格收益率的考察，对收益波动率的考察也是刻画信息效率的重要角度，具有重要意义：一方面，收益波动率刻画了金融市场投资者所面临的风险程度，收益波动率的长记忆性描绘了信息冲击对波动具有持续的影响效应，收益波动率作为投资行为的参考，能够为投资者判断市场风险状况及未来走势提供一定的衡量评价指标；另一方面，收益波动率长记忆性存在与否、收益波动率的溢出效应如何，将会影响金融市场与其他市场之间的传导效应，给宏观经济发展带来不确定性，因此对金融市场收益波动率进行深入研究，对于监管当局制定金融市场监管政策具有重要的参考价值，从而降低金融市场对外围市场的冲击，保障经济的平稳健康发展。可见，对金融市场的收益率及其收益波动率的信息效率和信息溢出效应研究都具有极其重要的意义。谢赤和岳汉奇（2012）从收益率和收益波动率两个角度，运用经典的 R/S 分析法、V/S 分析法和小波方差分析法对人民币汇率市场的长期记忆性进行检验。

**2. 对日内价差和日内价差波动率建模**

波动率在衡量资产价格波动、衍生品定价、金融资产配置和风险管理等方面发挥了重要的作用，典型的波动率建模方法是衡量资产价格波动的 GARCH 类模型（Engle，1982；Bollerslev，1986）以及由 Taylor（1986）提出的期权定价的经典模型——随机波动率模型（stochastic volatility model，简称 SV），然而这两类模型均是基于资产价格的收益率建模的方法，即利用收益率的平方或绝对值作为波动率的代理变量，进而对真实波动率进行估计。然而由于收益率数据仅仅利用了某一交易时段的收盘价信息，并不能完全反映这一时段之内价格变动的信息，因此为弥补波动率在价格信息刻画方面的这一缺陷，学者们开始尝试在波动率建模的基础上对某一时段内部价格差值这一重要的价差信息来构建波动率模型，以此来对金融市场的波动特征做进一步刻画，并演化出了两个分支思路：一是，基于某一时段内最高价和最低价之差的价格极差（Parkinson et al.，1980）来构建波动率模型的方法；二是，基于某一时段内开盘价和收盘价之差的开收盘价格差（Garman and Klass，1980）来构建波动率模型的方法。

在构建了以某一时段内部价格差为基础的波动率模型后，学者们在此基础上做了对价差的波动率构建模型的尝试，以此来反映某一时段内部价格差的波动特征。其中，这种价差的波动率建模比较典型的是基于极差波动率建模的 SV 模型（Alizadeh et al.，2001；Chou，2005）。郑雪峰和陈铭新（2012）基于深证成分指数的日开盘价、最高价、最低价和收盘价来计算日内价差波动率，并运用 SEMIFAR 模型检验长记忆性特征。李艳和吴亮（2016）利用 GPH 谱回归分析法和局部 Whittle 方法对沪深 300 股指期货极差波动率的记忆参数进行估计。

**3. 基于高频数据和复杂网络等方法的建模**

进入 21 世纪，计算机技术的巨大发展带动了资本市场交易自动化和信息化程度的显著提高，从而使得获取记录金融市场微观交易信息的高频数据变为现实。金融高频数据是在细小的时间间隔上抽取观测值，所抽取观测值间距是随机的，非等间距的。每个取样数据时段间隔的非均等性，是高频数据的一个显著特征，这些不均等的时间间隔蕴含了诸多市场的微观信息，运用高频数据建模，可以发现金融市场更深层次的微观结构特征。因而通过抽取高频数据来研究金融市场的微观结构，是近年金融市场领域研究的一个热点。基于此，Engle 和 Rusell（1998）提出了自回归条件持久模型（autoregressive conditional duration model，简称 ACD 模型），该模型用于刻画持续期的聚类性。刘洪和王江涛（2015）提出了一类同时包含确定性、差分平稳性和平稳长相关趋势的 SEMIFAR - ACD 模型，该模型是用于描述交易价格持续期的新模型，与普通 ACD 模型相比，SEMIFAR - ACD 模型能更好地描述数据的性能。杨林和杨雅如（2017）基于 VECM 模型和 BEKK - GARCH 模型，运用 5 分钟高频数据对 2015 年股灾期间中国股指期货与现货之间的价格发现功能和波动溢出效应进行了考察。

随着经济、金融全球化的深入发展，将 BEKK - GARCH 模型和复杂网络相结合，引入金融市场领域的研究，探究资本市场的波动溢出效应，成为一个新的思路。毛昌梅等（2020）结合 BEKK - GARCH 模型和复杂网络，分析了上市商业银行之间的风险传导。宫晓莉和熊熊（2020）从波动溢出网络的视角，对我国金融系统内部的风险传染机制进行分析。复杂网络是将复杂的系统内部的各个元素简化为节点，各个节点之间的相互作用通过对应节点的各个连边进行表现，每一个复杂网络系统内部都具有独特的拓扑性质，这些拓扑特性代表了网络中各个元素之间的溢出关系，随后通过将系统元素之间的关系进行复杂网络图形化展示，来揭示系统内部之间的相关关系。

## 2.7 理论小结

有关金融市场信息效率的研究，起源于"有效市场假说"关于证券市场有效性的研究，然而线性范式、投资者理性、收益率满足正态分布的基本假设下的有效市场，与大量的金融市场实际现象不符。

首先，本书从"有效市场假说"出发，基于"有效市场假说"对信息效率和市场有效性的定义的基础上，对其线性假设、投资者完全理性假设、价格序列随机游走的假设和结论提出疑问。

其次，引出"分形市场假说"对金融市场非线性、分形特征和长记忆性的判断。对于资本市场具有分形特征的原因，"分形市场假说"做出的解释表述为：由于大量的、不同投资期的投资者的存在，理性投资者是有限的，甚至部分投资者仅凭借经验做出判断，把过去的信息作为交易决策的依据。由于交易者对信息的反应不尽相同，交易者未必会按照理性的预期方式行事，在每个交易日、周或月的不同时段内，投资者的交易量未必是均匀的。因此，资产价格的当日或未来值与初始状态值之间是持续相关的，并非相互独立的，资产价格的变化往往是具有增强趋势的持久性时间序列，而不是随机游走序列。

然而，"分形市场假说"仅仅从实证分析的角度，对金融市场有悖于"有效市场假说"而出现的非线性、分形特征及长记忆性进行了检验，缺乏规范的原因分析。随着金融市场领域研究的不断深入，金融市场微观结构理论、行为金融学理论，分别从信息的非对称性、交易者的非理性等视角对金融市场信息效率的不完全有效性及信息溢出产生的原因进行了理论层面上的详细解析。

随着全球经济一体化和金融自由化进程的不断加快，金融市场之间的信息传递逐渐加强，受到广大投资者和政策制定者的广泛关注，这必将会对金融市场参与者的微观决策和金融当局的宏观监管产生深刻的影响。因而，系统地研究金融市场的信息效率和信息溢出效应，具有重要的理论与现实意义，针对这一问题的研究是近年学术界广泛关注和讨论的热门话题。黑色金属商品期货作为上市较晚的金融衍生工具，其上市后市场关注度逐步提高，目前已成为中国商品期货领域交易最活跃的板块，学术界对这一领域的关注目前还不充分，且已有研究中，仅局限于螺纹钢期货或者铁矿石期货等单一品种，研究的视角也较为单一，仅从期货与现货价格发现贡献度、期货现货之间的波动溢出等角度进行分析，学术成果散见于文献当中，缺乏对黑色金属商品期货市场系统性的研究。本书基于此，从"有效市场假说"入手，基于思辨的视角，对金融市场信息效率及溢出效应的相关理论做了梳理，为开展下面几个章节的实证检验做理论铺垫。

# 第3章　商品期货市场及中国黑色
## 金属商品期货概况

　　期货通常即指期货合约，是由期货交易所统一制定，约定在将来某一特定的时间和地点交割约定数量的标准化标的物的合约。期货交易的标的物，又被称为基础资产，即期货合约所对应的现货资产，这一资产既可以是金融工具，如债券、外汇、利率、股票指数，也可以是实物商品，如铜、黄金、原油、大豆等。其中，以实物商品为交易标的物的期货合约被称为商品期货。与现货交易相比，期货交易的不同之处在于，其交易对象不是具体的实物商品，而是一份统一的具有法律约束力的"标准合同"，既期货合约，在交易成交后买卖双方并不真正立刻移交商品的所有权，在合同约定的有效期内，买卖双方均可在期货交易所，通过市场公开报价，以公平竞价的方式转让合约。商品期货种类繁多，目前主要的商品期货品种包括农产品期货、基本金属期货和能源化工产品期货三大类。

## 3.1　全球及中国商品期货市场的兴起与发展

### 3.1.1　全球商品期货市场的起源及发展

#### 1. 商品期货市场的萌芽与起源

　　商品期货最早萌芽于欧洲，是人类商品贸易发展的结果，传统的商品贸易经历了"物物交换""现货交易""远期交易"到"期货交易"的发展过程。真正意义上的现代商品期货交易所，始于19世纪的美国和英国，以美国芝加哥期货交易所（Chicago board of trade，简称CBOT）、芝加哥商业交易所（Chicago mercantile exchange，简称CME）和英国伦敦金属交易所（London metal exchange，简称LME）三大期货交易所的成立为开端。

　　为了解决粮食生产和供求的季节性矛盾，1848年82位商人自发成立了一个商会组织——芝加哥期货交易所（Chicago board of trade，简称CBOT），这成为世界上第一家现代商品期货交易所。芝加哥期货交易所发展初期主要任务是向会员提供谷物运输、储存及价格等方面的信息。1865年芝加哥期货交易所率先推出了标准化合约，同时开始实行交易保证金制度，向买卖双方收取不超过合约价值10%的履约保证金，这项保证金交易制度，是具有历史意义的制度创新，它标志着真正意义上的期货交易诞生。1882年芝加哥期货交易所允许对冲解除履约，1883 年出现结算协会为交易所会员提供对冲工具，1925 年芝加哥期货交易所结算公司成立，所有交易通过第三方结算公司结算，至此，期货交易完成了全面的交易制度创新。

得益于 19 世纪美国大规模的中西部开发，芝加哥因其临近密歇根湖和中西部平原，成为连接东西部地区的重要交通枢纽，优越的地理位置，使芝加哥成为美国重要的谷物、肉类等农副产品的交易中心和集散地。1874 年，另外一家农产品类的交易所——芝加哥商业交易所（Chicago mercantile exchange，简称 CME）诞生，设立之初其目的是为鸡蛋、黄油、家禽及其他不耐储藏的农产品提供有组织的交易场所，随后逐渐发展成为世界上最大的活牛、生猪等畜牧类、肉类等农产品的期货交易所。芝加哥期货交易所和芝加哥商业交易所的农产品期货交易发挥了构建美国现代农业体系的战略作用，推动了美国的农业革命，为美国的工业革命提供了充裕的物质保障。目前，芝加哥期货市场的农产品期货价格，不仅成为美国农业生产、贸易的重要参考指标，而且成为国际农产品贸易中的权威价格。

在农产品领域期货市场诞生之后，金属等工业原材料商品期货市场也日渐兴起。全球金属商品期货交易所最早诞生于 19 世纪的英国，是英国工业革命发展的必然产物。工业革命使英国成为"世界工厂"，对工业原材料尤其是金属材料的需求急剧增加，需要从智利、马来西亚、非洲等国家和地区大量进口铜棒和锡等金属材料。当时造船技术尚不发达，海运存在较大风险，货物的海运安全无法保证，从而使得金属材料到港时的价格难以确定，为了使进口的金属材料未来价格有一个基本预期，1877 年伦敦的金属交易商们发起成立了伦敦金属交易所（London metal exchange，简称 LME），并建立了规范化的交易方式。伦敦有色金属交易所采取国际会员资格制，其中 95% 的交易来自海外市场。伦敦金属交易所的交易方式分为场内公开喊价和场外交易，场外交易有24 小时电话下单市场与 LME select 电子交易系统，它的成立推动了英国工业革命的发展，为英国成为世界主导型国家做出了重要贡献。伦敦金属交易所目前交易的品种有铜、铝、铅、锌、镍和铝合金，还有钢材，该交易所现已成为世界上交易规模最大、最具影响力的有色金属商品期货交易所，伦敦金属交易所各种金属的价格和库存变化对世界范围内的有色金属生产和销售有着举足轻重的影响，该交易所公开发布的成交价格被广泛作为世界金属贸易的基准价格，世界上 70% 的铜产量是按照伦敦金属交易所公布的正式牌价为基准进行贸易的。

**2. 20 世纪全球商品期货市场的发展**

进入 20 世纪，期货交易特有的经济功能逐渐得到了广泛认可，期货交易所在世界许多国家相继开设，商品期货交易品种逐步从农产品、有色金属等领域扩展到金、银等贵金属和能源等领域。1973 年美国政府被迫放弃按照固定的美元官方价格兑换黄金的政策，"布雷顿森林体系"解体，美国政府取消禁止私人持有和买卖黄金的禁令，黄金现货市场形成，彻底放开管制的黄金价格急剧波动，1974 年纽约商品交易所（commerce exchange，简称 COMEX）推出黄金期货。由于拥有雄厚的资金实力和高效率的组织经营模式，COMEX 黄金期货市场迅速发展，每年成交量极大，成为全球最主要的黄金期货市场，为全球投资者提供套期保值和投机交易。

世界石油期货的诞生源于 20 世纪 70 年代两次石油危机的发生，1973 年第四次中东战争爆发，中东地区的产油国政府发动了将外国石油公司的石油开采权和销售权收归国有的国有化运动，石油输出国组织（OPEC）中的阿拉伯成员国为打击以色列及其支持者，于 1973 年 12 月宣布将基准原油的价格从每桶 3.011 美元升至每桶 10.651 美元，这一举措引发了第二次世界大战后最严重的全球能源危机。1978 年年底，当时全球第二大石油出口国伊朗的政治局势发生剧烈变动，导致石油产量锐减，第二次石油危机爆发，石油价格随之从每桶 13 美元猛升至每桶 34 美元，石油价格的巨大波动导致了石油期货的产生。1978 年 11 月，纽约商业交易所（the New York mercantile exchange，简称为 NYMEX）在全球范围内率先推出取暖油（heating oil）期货，即 2 号燃料油期货，该合约上市两年后交易量迅速上升，取得了巨大成功。1982 年纽约商业交易所推出全球第一个原油期货合约——轻质低硫原油（light sweet crude oil）期货合约，该期货合约一度成为全球最大宗的期货合同交易，由于良好的交易流通性和价格透明度，其期货合约价格常常被用来作为一种主要的国际原油定价基准，纽约商业交易所成为世界上原油交易最流通的市场。随后，1988 年伦敦国际石油交易所（international petroleum exchange，简称为 IPE）推出国际三种基准原油之一的布伦特原油（brent oil）期货合约。NYMEX 的轻质低硫原油期货、IPE 的布伦特原油期货合约和中东（迪拜、阿曼）原油并称为全球三大基准原油。石油期货的出现在一定程度上减缓了世界石油价格受中东产油国局势影响而剧烈波动的局面，同时也导致了世界石油定价中心的转移，纽约商业交易所和伦敦国际石油交易所已成为世界上最具影响力的能源产品交易所，因此也相应地取得了世界石油产品的定价权。

期货产业的快速发展，为美国在 20 世纪成为全球主导型国家发挥着重要的战略作用，美国在农业革命、工业革命、能源革命的持续创新中，期货产业的快速发展起到了引领战略方向、创新经济体系、调节商品供求、规避价格风险、掌握全球大宗商品定价权的关键作用，美国通过运用期货交易机制，获得了极大的战略利益。

**3. 目前全球商品期货市场状况**

商品期货的长足发展促进了期货市场范围的扩大，交易品种也由最初的商品期货扩展到金融期货。目前，期货市场已成为现代市场体系的重要组成部分，覆盖全球绝大多数国家和地区，交易量已达到非常庞大的规模。进入 21 世纪，为了争夺在全球大宗商品交易中的定价权，继美国、英国之后，日本、德国、法国等工业发达国家都相继加快了衍生品交易市场的完善，新加坡、印度、中国、韩国、巴西、南非等新兴市场国家，也先后建立了本土期货交易所，全球期货期权类衍生品交易量迅速增长。截至 2021 年年底，全球 85 家交易所场内衍生品（期货和期权）单边成交量 625.85 亿手，同比增长 33.7%，连续 4 年创下纪录新高。其中，期货交易量 292.75 亿手，同比增长 14.6%；期权交易量 333.09 亿手，同比增长 56.6%[①]。中国商品期货市场单边成交量 75.14 亿手和 581.2 万亿元，同比分别增长 22.13% 和 32.84%，中国商品期货市场成交量占全球商品期货市场总成交量的 12%。

### 3.1.2　中国商品期货市场的产生及发展

与美国、英国等发达市场经济国家相比，中国商品期货市场起步较晚，开始于改革开放以后，中国全面向市场经济转型阶段。自 20 世纪 80 年代末起至今，中国商品期货市场经历了 30 多年的发展历程，其间大致可以分为：试点培育阶段、治理整顿阶段、恢复发展阶段和创新发展与服务实体经济四个阶段。

**1. 试点培育阶段**

1988—1993 年是我国商品期货市场的试点培育阶段。20 世纪 80 年代，随着改革开放的不断深化，市场经济取代计划经济，价格体制逐渐放开，农产品等基本商品的价格波动幅度开始增大。这时，若不能解决价格调控的滞后性问题，就无法满足供给和需求双方对远期价格信息的需求，不利于农业等社会生产领域的发展和社会稳定。1988 年 5 月，第七届全国人大第一次会议的《政府工作报告》中指出，"加快商品体制改革，积极发展各类贸易批发市场，探索期货交易"。这一重要指示确立了开展中国商品期货市场研究的课题。自此，中国商品期货市场进入试点培育、酝酿筹建期。1990 年 10 月，经国务院批准，由国家粮食局和河南省政府共同领导，中国郑州粮食批发市场成立，拉开了我国现代粮食批发市场发展的序幕，标志着我国农产品价格形成机制市场化改革的开始。1991 年 3 月郑州粮食批发市场签订了第一份小麦远期合同，中国的准期货交易制度正式发轫，随后在借鉴郑州粮食批发市场成功经验的基础上，在地方政府的大力支持下，交易所在全国各地陆续建立。1991 年 6 月，

---

经国务院批准，中国有色金属工业总公司在深圳成立深圳有色金属交易所。同年，苏州物资交易所（后更名为苏州商品交易所）成立，该交易所引入期货交易机制并实行会员制。1992 年 5 月，由物资部和上海市政府共同组建的上海金属交易所成立，该交易所率先使用计算机自动撮合系统，首次实行公开竞价交易。1992 年 10 月，深圳有色金属交易所推出特级铝期货标准合同，这是中国第一个期货标准化合约，实现了由远期合约交易向期货标准化合约交易的转变，完全意义上的期货交易制度在中国正式建立。1993 年 3 月，中国郑州粮食批发市场成立郑州商品交易所，在粮食现货贸易基础上引入期货交易机制，相继推出小麦、绿豆、玉米、芝麻等农产品的标准化期货合约，形成农产品现货和期货协调发展的"郑州模式"，作为正式成立的我国第一家粮食类商品的期货交易场所，郑州商品交易所迈出了中国商品期货市场发展的重要一步。

20 世纪 90 年代初，中国期货行业呈现出遍地开花、欣欣向荣的局面。据统计，1993 年年底之前开业的具有期货交易性质的交易场所共计 38 家，拥有会员 2 337 家，代理客户超过 1 万户，1993 年全年期货交易总额高达 710 亿元，日均交易额约 42 亿元，至 1993 年年底国内大中城市几乎都拥有各自割据一方的期货性质的交易场所①。"期货热"的兴起，在一定程度上推动了中国商品期货市场的快速发展。但是，由于中国商品期货交易场所设立之初，政企不分、行政色彩浓厚，在利益的驱动下，一些地方和部门竞相争办以发展期货交易为目标的批发市场或期货交易场所，使得期货交易所在以营利为目的的道路上越走越远。由于缺乏统一的监管机制和完善的法律法规，中国商品期货市场进入无序发展、无法可依的盲目扩张状态，并产生了一系列问题：期货交易场所数量过多，各个交易所之间交易品种严重重复；期货经纪机构的运作不规范、管理混乱，从业人员鱼龙混杂；地下期货交易盛行，期货诈骗活动猖狂，给从事交易的客户造成巨大损失，经济纠纷频繁发生。

**2. 中国商品期货市场的治理整顿**

1993—2000 年是我国商品期货市场的清理整顿阶段。20 世纪 90 年代初的期货市场的乱象和问题，涉及面广、影响恶劣，造成了严重的后遗症，导致了大众对期货市场的种种误解，严重干扰了期货市场试点工作的正常进行，制约了中国商品期货市场的长远发展。为了规范期货市场的发展，国务院授权中国证监会对期货交易场所进行大规模的清理整顿和结构调整。1993 年 11 月，国务院发布《关于制止期货市场盲目发展的通知》，坚决制止期货市场的盲目发

---

① 数据来源：中国农业网，《中国期货业 20 年沉浮录准期货阶段：郑州粮食批发市场》，http://www.agronet.com.cn/News/Detail _ 451821 _ 5. aspx。

展，中国商品期货市场的规范整顿工作由此拉开序幕。按照整顿清理工作要求，暂停审批新的期货交易所和经纪机构，已成立的机构按照国务院发布的期货交易法规重新履行审批手续，重新审批不合格的机构一律暂停期货交易；依法坚决取缔非法期货经营活动和经纪业务；从严控制国家机关、国有企事业单位参与期货交易；期货交易所和经纪机构要完善风险规避措施；新闻单位要加强期货风险方面的宣传，提高人们的风险意识。1998 年 8 月，国务院下发《关于进一步整顿和规范期货市场的通知》，明确了"继续试点、加强监管、依法规范、防范风险"的十六字方针，要求对期货市场实施第二次整顿治理，进一步对期货交易所、经纪公司、交易品种、交易参与者等各类主体进行规范。1999 年 6 月，国务院发布了《期货交易管理暂行条例》，与之相配套的《期货交易所管理办法》《期货经纪公司管理办法》《期货经纪公司高级管理人员任职资格管理办法》《期货从业人员资格管理办法》也相继发布实施，从立法上加强对期货市场的监管。

　　经过前后两次、历时七年的大破大立、清理整顿之后，截至 1999 年年底，期货市场各项法律法规基本到位，政府监管效率明显提高，期货市场整体秩序趋于正常，形成了良好的发展格局。经过整顿和结构调整之后，上海期货交易所、大连商品交易所、郑州商品交易所，这三家商品期货交易所因其管理规范，运作平稳而得到保留，其余几十家商品期货交易场所均被取缔。在优胜劣汰的市场规律选择下，精简商品期货交易品种，各交易所之间不再设置重复上市的交易品种，一批发展相对成熟的商品期货品种脱颖而出，如上海期货交易所的铜、铝等有色金属；大连商品交易所的大豆、豆粕等经济作物；郑州商品交易所的小麦、绿豆等谷物品种。150 余家开展期货经纪业务的公司经过增资审核，得以继续从事期货经纪业务，取缔期货自营业务，取消兼营机构，严控境外业务；同时，经过期货从业资格考试和认定，培养了一批高素质、专业的期货从业人员。

**3. 中国商品期货市场恢复发展时期**

　　2001—2009 年是我国商品期货市场恢复发展阶段。清理整顿工作结束后，期货市场违规现象大幅减少，交易量日趋稳定，经纪公司自律能力显著提高，2000 年年底期货行业整体开始复苏。2000 年 12 月，期货行业自律组织中国期货业协会成立，它的成立标志着我国期货行业成为一个具有自律管理功能的规范整体。2001 年朱镕基总理在提交九届全国人大四次会议讨论的《国民经济和社会发展第十个五年计划纲要（草案）》中明确提出，"积极发展大宗商品批发市场，稳步发展期货市场"，中国证券业监督管理委员会以及上海、大连、郑州三家商品期货交易所的工作重心，从清理整顿向恢复和探索交易品种、加强市场开发转变。2001 年，我国商品期货市场出现良好的发展态势，全年国内商品期货总成交额同比增长 87.6%[①]；期货经纪公司新开户数和期货交易保证金新增加额也增幅显著；越来越多的大宗商品现货商和机构投资者也纷纷开始关注和研究期货市场。这些情况表明，中国商品期货市场经历七年的整顿治理后，已经逐渐走出低迷。

2004 年 2 月国务院发布《国务院关于推进资本市场改革开放和稳定发展的若干意见》，意见中明确提出要"稳步发展期货市场，在严格控制风险的前提下，逐步推出为大宗商品生产者和消费者提供发现价格和套期保值功能的商品期货品种"。这为期货市场发挥其价格发现和套期保值的基本功能奠定了基调，市场进入规范、健康发展的新时期。同年，为了落实国家对期货市场发展的政策方针，中国商品期货市场先后推出了棉花、燃料油、玉米期货，为广大商品生产商、贸易商和消费者提供了广阔的套期保值空间。截至 2004 年年底，上海期货交易所的天然橡胶交易量已超过日本东京，成为世界最大的天然橡胶期货市场；大连商品交易所的大豆期货、上海期货交易所的铜期货交易量稳居亚洲第一，世界第二。中国在各种商品上的国际影响力与日俱增。

2008 年美国房地产次级抵押贷款泡沫破灭，受此影响金融危机席卷全球，这场危机暴露了封闭式、不透明、非标准化的场外金融衍生工具由于缺乏有效监管而存在的巨大风险。与此相比，场内交易的期货市场，因其透明度高、合约标准化、监管严格，凸显出明显优势，国际金融危机给我国发展本土期货市场提供了有利的时机。在这场空前的全球金融风暴中，全球资产价格遭遇普遍暴跌，在商品和金融资产大幅波动的情况下，市场对风险对冲工具的需求更加迫切，而期货市场所特有的做空机制，为大宗商品现货提供一个套期保值、规避风险的场所。中国的一些大宗商品现货企业，利用期货市场风险对冲机制为现货贸易做套期保值，成功躲过了大宗商品暴跌的冲击，最大限度地避免了危机的发生。

中国人民银行发布的《中国区域金融运行报告》显示，2008 年中国商品期货市场交易非常活跃，规模不断扩大：上海、大连、郑州三家商品期货交易所全年累计双边成交 13.6 亿手，同比增长 87.2%；成交金额 71.9 万亿元，同比增长 75.5%。2009 年中国商品期货市场规模进一步扩大，上海、大连、郑州三家商品期货交易所双边成交共计 21.6 亿手，同比增长 58.2%；成交金额高达 130.5 万亿元，同比增长 81.5%，中国商品期货成交量首次位居全球第一，占全球总成交量的 43%（表 3-1）。

---

① 数据来源：中国期货业协会网站。

**表 3－1　2009 年中国商品期货双边成交金额、双边成交量统计**

| 交易所 | 成交金额<br>（万亿元） | 同比增幅<br>（%） | 成交量<br>（亿手） | 同比增幅<br>（%） |
| --- | --- | --- | --- | --- |
| 上海期货交易所 | 73.8 | 155.5 | 8.7 | 210.0 |
| 大连商品交易所 | 37.6 | 37.0 | 8.3 | 30.6 |
| 郑州商品交易所 | 19.1 | 22.8 | 4.6 | 2.0 |

数据来源：《2009 年中国区域金融运行报告》。

　　截至 2009 年年底，上海、大连、郑州三家商品期货交易所共计上市期货交易品种达 23 个，较 1999 年年底保留的 12 个期货交易品种增加 11 个，大宗商品期货品种体系基本形成（表 3－2）。

**表 3－2　1999 年年底与 2009 年年底中国三大商品期货交易所交易品种对比**

| 交易所 | 2009 年年底 | 1999 年年底 |
| --- | --- | --- |
| 上海期货交易所 | 铜、铝、黄金、锌、螺纹钢、线材、燃料油、天然橡胶 | 铜、铝、天然橡胶、胶合板、籼米 |
| 大连商品交易所 | 玉米、豆一、豆二、豆粕、豆油、棕榈油、聚乙烯、聚氯乙烯 | 大豆、豆粕、啤酒大麦 |
| 郑州商品交易所 | 棉花、菜籽油、白糖、PTA、优质强筋小麦、硬白小麦、早籼稻 | 小麦、绿豆、红小豆、花生仁 |

资料来源：上海期货交易所网站、大连商品交易所网站、郑州商品交易所网站。

　　至此，经过 20 多年的发展，我国商品期货市场主体结构趋于完善，一个相对独立的期货行业基本形成，期货市场逐渐开始发挥应有的作用：一是逐渐形成了以期货交易所为核心的较为规范的市场组织体系，二是为期货相关企业提供了一个功能基本健全的套期保值场所，三是为广大投资者提供了一个秩序良好的投资场所。

## 3.1.3　中国商品期货市场的现状及特点

　　虽然我国的期货行业经历 20 多年的发展，已具备一定的规模，但其业务形态还较单一，提供的服务尚不能与实体经济的需求相匹配，限制了各项创新业务的进一步发展。为了解决这一问题，监管部门从立法上加强监管，从政策上引导期货经营机构与大宗商品现货产业相结合，使期货市场发挥其价格发现和风险规避的本质功能，我国商品期货市场面临着巨大的变革。2010年以后我国商品期货市场迎来蓬勃发展期，多个影响期货市场的重要政策的出台，我国商品期货市场在规模、产品创新、法规制度和国际影响力等方面取得了巨大成就，我国商品期货市场进入创新和高速发展时期，呈现出了几大特点：期货新品种上市速度加快、交易规模扩容，场内期权应运而生；期货与现货产业深度融合，创新服务实体经济业务模式；夜盘交易制度推出，中国商品期货市场寻求亚洲商品期货市场定价中心地位；场内、场外商品期权井喷式发展。

**1. 商品期货市场扩容加速**

2010 年以后，我国商品期货市场进入快速发展、不断创新的阶段，商品期货品种上市进度加快：2011 年新上市铅、焦炭、甲醇 3 个商品期货品种；2012 年上市白银、玻璃、菜籽、菜粕 4 个商品期货品种；2013 年商品期货上市进程明显加快，当年包括石油沥青、鸡蛋、胶板、纤板、焦煤、动力煤、粳稻、铁矿石 8 个商品期货品种上市；2014 年，热卷、淀粉、聚丙烯、晚稻、硅铁、硅锰 6 个商品期货品种上市。2010—2017 年，上海、大连、郑州三家商品期货交易所累计共上市 24 个商品期货品种，商品期货的市场关注度和交易规模迅速扩张。截至 2022 年 4 月末，中国商品期货市场累计上市商品类期货 64 个、场内期权 20 个，形成覆盖农产品、化工产品、基本工业金属、贵金属、基础工业原材料等领域的期货品种，为现货市场提供未来价格指导，形成期货与现货产业紧密结合的局面（表 3 - 3）。

**表 3 - 3　截至 2022 年 4 月末我国商品期货和场内期权品种**

| 交易所 | 数量（个） | 上市品种 |
| --- | --- | --- |
| 上海期货交易所 | 期货：20<br>期权：6 | 期货：铜、铜（BC）、铝、锌、铅、镍、锡、黄金、白银、螺纹钢、线材、热轧卷板、不锈钢、原油、低硫燃料油、燃料油、石油沥青、天然橡胶、20 号胶、纸浆 |
| | | 期权：原油、铜、铝、锌、黄金、天然橡胶 |
| 大连商品交易所 | 期货：21<br>期权：8 | 期货：玉米、玉米淀粉、黄大豆 1 号、黄大豆 2 号、豆粕、豆油、棕榈油、纤维板、胶合板、鸡蛋、粳米、生猪、聚乙烯、聚氯乙烯、聚丙烯、焦炭、焦煤、铁矿石、乙二醇、苯乙烯、液化石油气 |
| | | 期权：豆粕、玉米、铁矿石、液化石油气、聚乙烯、聚氯乙烯、聚丙烯、棕榈油 |
| 郑州商品交易所 | 期货：23<br>期权：6 | 期货：强麦、普麦、棉花、白糖、菜籽油、早籼稻、油菜籽、菜籽粕、粳稻、晚籼稻、棉纱、苹果、红枣、花生、PTA、甲醇、玻璃、动力煤、硅铁、锰硅、尿素、纯碱、短纤 |
| | | 期权：白糖、棉花、菜籽粕、PTA、甲醇、动力煤 |

资料来源：上海期货交易所、大连商品交易所、郑州商品交易所。

期货品种的推陈出新和加速扩容，机构投资者的数量快速增长，投资者通过期货市场来实现风险对冲的需求不断增强，导致近年期货市场成交规模迅速扩张，2021 年中国商品期货市场双边成交量和成交额分别为 143.42 亿手和 922.96 万亿元，同比增长 21.15％和 44.04％（表 3 - 4）。

**表 3 - 4　2021 年中国商品期货双边成交量和成交额**

| 交易所 | 成交量<br>（亿手） | 同比涨幅<br>（％） | 成交额<br>（万亿元） | 同比涨幅<br>（％） |
| --- | --- | --- | --- | --- |
| 上海期货交易所 | 48.90 | 14.90 | 429.00 | 40.40 |
| 大连商品交易所 | 47.28 | 7.12 | 280.90 | 28.62 |
| 郑州商品交易所 | 51.62 | 51.75 | 215.98 | 79.73 |

数据来源：中国期货业协会官网。

**2. 期货市场创新发展、服务实体经济**

套期保值（hedging）又被称为"对冲交易"，是大宗商品现货企业在现货交易头寸的基础上，在期货市场上做出数量相当、方向相反的买卖操作，以期在未来某一特定时间，在期货市场上对冲平仓，通过结清期货交易的盈利或亏损，来补偿或者抵消现货市场价格变动所带来的实际价格风险或利益，使现货生产企业的经济收益能够稳定在一定的水平上。为了确保在风险可控的前提下，充分发挥期货市场的套期保值功能，更好地服务产业经济和国民经济，2012 年 5 月《上海期货交易所套期保值交易管理办法（修订案）》出台，对大宗商品现货企业利用期货进行套期保值的交易规则进行了详细说明。与一般投机头寸相比，套期保值头寸的保证金比例较低；当行情剧烈波动时交易所临时提高普通头寸保证金比例时，套期保值不受持仓限额和保证金比例变动的限制，以尽可能多地扩大产业客户的套期保值交易头寸，方便产业客户利用期货市场开展套期保值业务，促进期货市场的规范发展。2017 年 3 月，上海期货交易所再次发布通知，对产业客户使用套期保值头寸的方式稍做了调整，调整后，产业客户获批的套期保值交易头寸，可以在其开立期货账户的任意一家期货公司会员使用，且总额度实现共享。市场人士认为，这是期货交易所服务产业客户的便利举措，将大大减少客户的套期保值申请次数，提高套期保值额度的审批效率，有利于套期保值业务的广泛推广。

除了利用期货市场进行传统的套期保值外，期货还具备辅助现货企业进出口贸易、仓单质押、跨行业综合分析等其他服务产业客户和实体经济方面的功能。近年，期货风险管理业务通过不断探索，在满足产业链客户个性化风险管理需求的宗旨下，灵活运用现货、期货和场外衍生品三类工具，在仓单服务、基差贸易、合作套保、定价服务等业务方面积累了具有较大发展前景的商业模式。据中国期货业协会统计，截至 2021 年 10 月底，共有 91 家期货公司在期货业协会备案设立 94 家风险管理公司，行业总资产、净资产分别为

1 213.38 亿元和 317.87 亿元。2021 年 1—10 月累计实现风险管理业务收入 2 187.95 亿元，净利润 19.09 亿元，相比 2017 年同期，两项数据分别增长了 240.15%和 134.68%。

近几年，随着国内外农业供需形势的变化，农产品价格形成机制改革迫在眉睫，2014 年中央 1 号文件《关于全面深化农村改革加快推进农业现代化的若干意见》中明确提出，"探索推进农产品价格形成机制与政府补贴脱钩的改革，探索粮食、生猪等农产品目标价格保险试点"。但由于农产品价格波动频繁，在保险周期内农产品目标价格保险的理赔概率要远高于其他险种，因此，选择合理的价格风险对冲工具，便可化解保险公司在目标价格保险中面临的困局，就成为该险种能否得到广泛推广的关键。2015 年 8 月，国务院办公厅印发的《国务院办公厅关于加快转变农业发展方式的意见》提出，支持新型农业经营主体利用期货、期权等衍生工具进行风险管理，鼓励商业保险机构探索开展产值保险、目标价格保险等试点。2016 年中央 1 号文件《中共中央　国务院关于落实发展新理念加快农业现代化实现全面小康目标的若干意见》指出，探索农产品期货与农业保险联动机制，稳步扩大"保险＋期货"试点。此后，农业部专门下发《农业部办公厅关于开展 2016 年度金融支农服务创新试点的通知》等文件，再次强调推动探索以"保险＋期货"等为代表的金融支农新模式，政府一系列文件的出台，为金融机构探索新型支农模式指明了方向。

为响应"一带一路"倡议和供给侧结构性改革，2017 年以来，我国五大期货交易所在"以市场为导向，做深、搞活期货市场，充分发挥期货市场服务实体经济的功能"的政策指引下，以现货产业链为基础，构建日益丰富的期货、场内期权品种，加快推进场外期权业务、场外互换业务、标准仓单质押融资、"保险＋期货"试点，完善和健全金融衍生品体系，成为防范化解大宗商品现货产业风险，进行市场化风险管理的有效途径。

**3. 夜盘交易制度推出、寻求亚洲定价中心地位**

随着经济全球化的进程加速，期货的波动幅度越来越大，欧美发达期货市场的黄金、白银期货全天交易，而中国的黄金、白银期货只能白天交易，不利于中国的投资者在晚间管理市场波动带来的风险。为了解决与国际商品期货市场联动性较强品种的隔夜持仓风险和价格跳空等问题，提升我国商品期货市场的国际影响力和定价能力，强化期货市场的价格发现功能，提升期货市场的风险管理效率，2013 年 7 月 5 日，上海期货交易所率先推出黄金、白银的夜盘交易，在原有的每个交易日间断性 4 小时的交易时间基础上，新增长达 5.5 小时的夜盘连续交易（北京时间 21：00 至次日 2：30），基本覆盖了全球最大的黄金期货市场 COMEX 的活跃交易时段（北京时间 21：00 至次日 2：00）

以及伦敦金银市场协会的每日第二次现货定盘价时间（北京时间 23：00）。上海期货交易所黄金期货夜盘上市首日，夜盘成交量是白天市场交易量的两倍；白银期货当日夜盘成交量是白天成交量的 1.32 倍，有 156 家会员参与交易，占正式登记参与连续交易会员总数的 94.55%[①]。黄金、白银这两大贵金属期货夜盘的上市交易，意味着中国资本市场首次开启夜盘交易，迈出了与国际接轨的第一步。

夜盘交易的上市，具有以下几个重要意义：首先，在过去的十几年当中，中国成为全球最重要的大宗商品消费国和进口国，然而面对已经成熟的国际大宗商品的定价体系，"中国价格"始终未能强有力的发声，国内商品期货市场夜盘交易品种的陆续上市，有利于逐步形成和提升我国商品期货价格的国际影响力，争夺全球大宗商品的定价权。其次，由于国外的重要消息、数据和报告主要在当地时间的上午发布，而中国国内夜盘交易的推出，可使国外重要消息、数据和报告的影响，在国内夜盘交易时段被消化，从规避突发事件引起的价格跳空，化解投资者的持仓隔夜风险，更好地满足国内投资者避险及交易的需求，从而大大降低国内商品期货交易的系统性风险。同时，在世界经济一体化背景下，中国的大宗商品进出口贸易量稳步增长，大宗商品受国际市场的影响不断加深，国内外期货品种的联动性不断加强，夜盘交易可以使那些与国外期货市场关联度高的品种及时、迅速地消化外部市场带来的影响，使期货市场为大宗商品现货生产和国际贸易服务，增强期货市场服务实体经济的能力。

**4. 场内、场外期权从无到有、爆发式增长**

2017 年是中国的场内期权元年，2017 年 3 月 31 日豆粕期权在大连商品交易所上市，4 月 19 日白糖期权在郑州商品交易所上市，作为国内率先上市的两大商品期权品种，它们的出现填补了我国商品期权的空白，丰富了风险管理市场的工具和策略，完善了衍生品市场结构和体系，标志着我国商品期权时代的到来，也意味着我国农产品风险管理进入了更高级的阶段。自 2013 年以来场外期权从无到有，每年以十倍以上的增速迅速发展，为我国资本市场再添有效的风险对冲工具。与传统期货套期保值模式相比，场外期权在产品、客户及功能定位、产品要素等方面均存在明显差异。

场外商品期权能够根据广大产业客户的具体需求，向不同的产业客户制定一对一、个性化、多样性的价格风险对冲方案，极大地满足了大宗商品现货企业多元化的风险管理需求，其一经推出立即受到市场的广泛关注和热烈欢迎。2013 年是我国的场外商品期权元年，由中国期货业协会发布的《期

---

① 数据来源：上海期货交易所官网。

货公司设立子公司开展以风险管理服务为主的业务试点工作指引》为期货公司依托风险管理子公司开展场外商品期权业务提供了政策指引。2017年，随着监管层对期货公司设立大宗商品现货子公司的许可，场外商品期权迎来井喷式增长，成为期货行业从传统的经纪业务转型升级的重要突破口。根据中国期货业协会数据显示，截至2021年5月，场外衍生品规模逼近1.5万亿元。

同商品期货相比，场外商品期权在时间和数量上操作更加灵活多样，可以针对大宗商品现货产业客户在产销过程中各个环节的不同风险需求，量身订制对冲策略，极大地满足了衍生品市场对于个性化风险对冲的需求，帮助企业实现对风险和利润的有效管控。此外，场外商品期权将单纯的涨跌方向性研判转变为将风险前置暴露，带有成本控制的方向判断，满足了企业对于更为合理、精确的套期保值需求。与商品期货的保证金交易，场外商品期权具有更高的杠杆效应，尤其是当选择价值较低的虚值期权时，在控制相同数量的合约时所占用的保证资金比例更低；当在价格朝向不利方向变动时，场外商品期权的买方可以通过放弃行权的方式规避风险，而在价格朝向有利方向变动时，保留获得收益的能力，纵观全球衍生品市场，场外期权已成为全球最活跃的衍生品之一。

## 3.2 中国钢铁现货产业链现货市场概述

金属通常可以分为两大类：有色金属和黑色金属。有色金属又称非铁金属，是铁、锰、铬以外的所有金属及以有色金属为基体合金的统称，包括铜、铅、锌、锡、镍等重金属，铝、钾等轻金属，金、银、铂等贵金属。黑色金属，即铁、锰、铬这三种金属及其合金，生铁、铁合金、钢材、不锈钢等合金都属于黑色金属。生铁是把铁矿石、焦炭等原料放到高炉中冶炼而成的产品；铁合金是指由生铁与锰、铬、钛、硅等元素组成的合金，是炼钢工艺中最重要的脱氧剂和合金剂，用以消除钢水中过量的氧和硫，改善钢的质量和性能；把炼钢用的生铁或铁合金放入到高炉内按一定工艺熔炼，再经过铸造后，最终得到各类钢材。

黑色金属产业链，即钢铁冶炼行业从原料到钢材成材整个钢铁产业链的简称，它涉及钢材上游运用铁矿石、炼焦煤、焦炭等原材料，在高炉中炼铸成生铁；在生铁的基础上，根据不同领域使用钢材的品种不同，加入硅铁、锰硅等铁合金元素，锻造成钢材产成品，如螺纹钢、热轧卷板、线材等；经过流通部门的贸易、运输等环节，不同品种的钢材成品进入下游需求领域，如房地产、基础建设、机械制造业、汽车制造业等领域。黑色金属产业链示意图如图3-1。

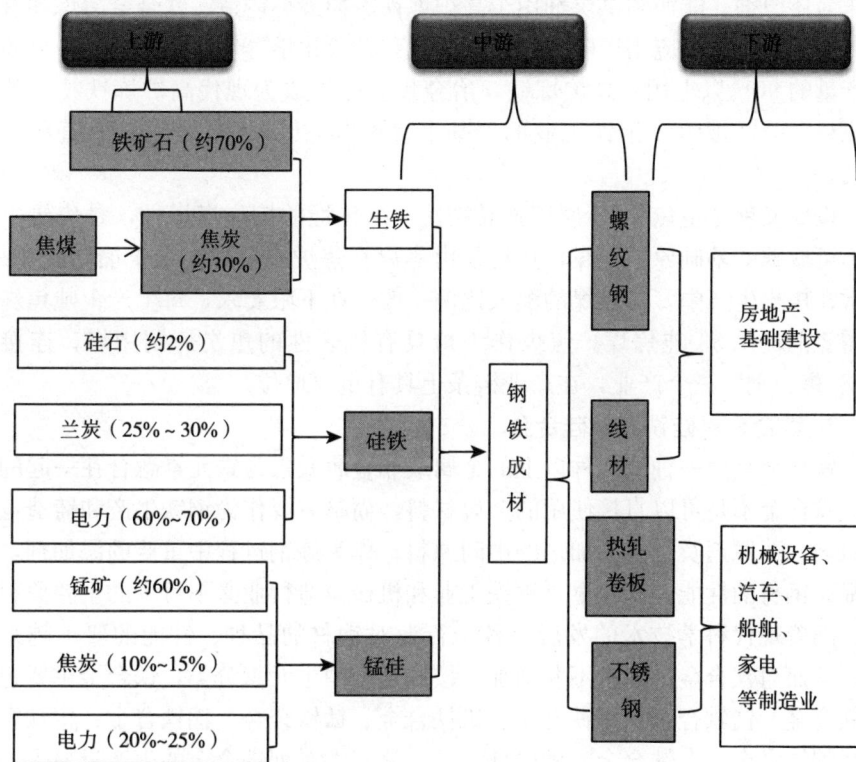

图 3-1　黑色金属产业链

## 3.2.1　钢铁产业链上游：原材料

### 1. 铁矿石

铁矿石是指含有铁元素或铁化合物，其中的铁元素存在利用价值，能够被提炼成生铁的矿石，铁矿石几乎只作为钢铁生产的原材料使用。钢铁是国民经济的支柱产业，铁矿石是钢铁生产最主要的原材料，生产 1 吨生铁大约需要 1.6 吨铁矿石，铁矿石在生铁成本中占比超过 60%。由此可见，铁矿石作为钢铁工业最主要的原材料，也是与国民经济息息相关的重要原材料，对中国经济的重要性不言而喻，目前铁矿石已成为中国仅次于原油的第二大工业原材料。但由于中国铁矿石贫矿多、富矿少、开采条件复杂，铁矿石严重依赖进口，目前中国已成为全球铁矿石最大的消费国、进口国，铁矿石贸易在中国大宗商品国际贸易中占有举足轻重的地位。

### 2. 焦炭和焦煤

焦炭作为除铁矿石之外，生铁冶炼的另一重要原材料，是由炼焦煤在焦炉中经过高温干馏转化而来，生产 1 吨生铁大约需要消耗 0.5 吨焦炭。焦炭既可以作为还原剂、能源和供炭剂用于高炉炼铁、冲天炉铸造、铁合金冶炼和有色金属冶炼，也可以应用于电石生产、气化和合成化学等领域。据统计，世界焦炭产量的90％以上用于高炉炼铁，冶金焦炭已经成为现代高炉炼铁技术的必备原料之一，被喻为钢铁工业的"基本食粮"，具有重要的战略价值和经济意义。

焦煤又称"主焦煤"，属于强黏结性、结焦性的炼焦煤煤种，是焦炭生产中不可或缺的基础原料配煤，焦炭是由焦煤在焦炉中经过高温干馏转化而来。通常在焦炭生产中，对焦煤的配入比例一般存在下限要求，每生产1吨焦炭大约需要消耗1.33吨焦煤。焦煤作为最具有代表性的焦炭炼制用煤，连接着"煤、焦、钢"三个产业，在产业链条上具有重要地位。

### 3. 铁合金：硅铁和锰硅合金

铁合金是由一种或两种以上的金属或非金属元素与铁元素融合在一起的合金，铁合金不是可以直接使用的金属材料，而是主要作为钢铁生产和铸造业的脱氧剂、还原剂及合金添加剂的中间原料。作为炼钢过程中重要的添加剂，可以提高钢材的性能，铁合金是钢铁工业和机械铸造行业必不可少的重要原料之一。随着现代科学技术的发展，各个行业对钢材的品种、性能的要求越来越高，从而对铁合金的需求不断增加。按铁合金中主元素分类，铁合金主要包括硅铁合金、锰铁合金、铬铁合金、钒铁合金、钛铁合金、钨铁合金、钼铁合金等系列铁合金。在铁合金品种中硅、锰、铬三大系列铁合金的生产量最大，约占铁合金总产量的90％以上，在硅、锰、铬三大铁合金系列中，硅铁、硅锰、铬铁是产量最大的品种。硅铁合金是硅元素与铁形成的 $Fe_2Si$、$Fe_5Si_3$、$FeSi$、$FeSi_2$ 等硅化物；锰铁是锰与铁的合金，其中也含有碳、硅、磷等少量其他元素，含有足够硅量的锰铁合金称为硅锰合金。硅元素能够显著提高钢材的弹性和导磁性，硅铁的作用是充当脱氧剂、合金剂和还原剂。锰元素能够降低钢的脆性，改善钢材的热加工性能，提高钢的强度、硬度和抗磨损程度，锰硅的作用是充当脱氧剂、合金剂和脱硫剂。

### 3.2.2 钢铁产业中游：钢铁成材

钢是指含碳量在0.04％～2.3％的铁碳合金材料的统称，钢的组成元素以铁、碳为主，同时还含有少量硅、锰、硫、磷等元素。钢材是企业用自产、进口及从国内其他企业购入的合格钢料（包括钢锭、钢坯、钢材）生产并完成了全部生产过程，经检验合格的最终成品。钢及钢材的分类有多种，根据钢材的使用用途的不同，钢材主要分两大类：建筑及工程用钢和结构钢。建筑及工程用钢指的是基础设施、民用住房和工业厂房建设上所消耗的钢材，其中螺纹钢（俗称热轧带肋钢筋）、线材为主要的建筑用钢。结构钢是指主要用于制造机器设备、结构的零件、建筑工程用的金属结构等的碳素结构钢和合金结构钢的统称，其中热轧卷板就是结构钢材中重要的一种。

**1. 建筑用钢材——螺纹钢和线材**

螺纹钢，即热轧带肋钢筋的俗称，因其外表面带有螺旋形的肋而得名，其直径一般在 16～25 毫米。按照现行的强度级别来分类，标准螺纹钢主要有"HRB400"和"HRB500"两大类，其中"H""R""B"分别为"热轧"（hot rolled）、"带肋"（ribbed）、"钢筋"（bars）三个英文单词的首字母简称，后面的数字"400""500"即为强度值（屈服点或抗拉强度，单位为兆帕斯卡）。螺纹钢广泛用于房屋、桥梁、道路等土木工程建设，大到高速公路、高速铁路、隧道、桥梁、涵洞、水坝、防洪等公用基础设施建设，小到房屋建筑的基础、柱、梁、板、墙等，螺纹钢都是不可或缺的基本结构材料。

线材（俗称"盘条"或者"高线"）是指直径一般在 5.5～14 毫米经线材轧机热轧后卷成盘状交货的钢材，线材主要用于建筑和拉制钢丝及其制品，凡是需要加工成丝的钢种大都经过线材轧机生产成盘条再拉拔成丝。随着工业的发展，线材的钢种非常广泛，有碳素结构钢、碳素工具钢、合金结构钢、合金工具钢、弹簧钢、轴承钢、不锈钢等。按照线材的生产用途，通常将线材分为以下五大类：建筑用线材、软线、硬线、合金钢线材和低合金钢线材。其中，建筑用线材，主要用于钢筋混凝土的配筋和焊接结构件，是土木工程建设中重要的钢材配件，是线材中用量最大的一类，常用牌号 HPB300；软线，指普通低碳钢热轧圆盘条；硬线，指优质碳素结构钢类的盘条，如制绳钢丝用盘条、轮胎钢丝等专用盘条；合金钢线材，指各种合金钢和合金含量高的专用盘条，如轴承钢盘条、合金结构钢、不锈钢、合金工具钢盘条等；低合金钢线材，低合金钢线材一般划归为硬线，如有特殊性能也可划入合金钢类。

螺纹钢、线材主要用于建筑行业，与投资增长相关度高。螺纹钢是我国产量最大钢材品种之一，主要用于房地产、桥梁、道路等土建工程建设等，与基础建设投资有着密切的关系。钢铁产业是国民经济的重要支柱产业，涉及面广，产业关联度高，消费拉动大，在经济建设、社会发展、财政税收、国防建设以及稳定就业等方面发挥着重要作用。钢铁行业产业链较长，其关系着诸多行业，反过来诸多行业的发展兴衰又影响着钢铁行业，所以在一定程度上可以说钢铁行业是工业的晴雨表。

**2. 制造业用钢材——热轧卷板**

热轧卷板是指以板坯（主要为连铸坯）为原料，经加热炉加热（或均热炉均热）后由粗轧机组及精轧机组轧制成的带钢，热轧卷板包括钢带（卷）及由其剪切而成的钢板，热轧卷板一般包括中厚宽钢带、热轧薄宽钢带和热轧薄板。中厚宽钢带是其中最具代表性的品种，其产量占比约为热轧卷板总产量的三分之二，上海期货交易所即将上市的热轧卷板期货合约的标的物属于中厚宽钢带。按热轧卷板用途的不同可将其分为冷成型用钢、结构钢、汽车结构钢、耐腐蚀结构用钢、机械结构用钢、焊接气瓶及压力容器用钢、管线用钢等。热轧卷板产品具有强度高，韧性好，易于加工成型及良好的可焊接性等优良性能，被广泛应用于冷轧基板、厂房、船舶、汽车、家用电器、桥梁、建筑、机械、输油管线、压力容器等建筑结构和制造行业，热轧卷板是目前生产最多、使用最广的钢种之一。

## 3.3 中国黑色金属商品期货市场介绍

### 3.3.1 黑色金属商品期货上市背景及合约简介

#### 1. 黑色金属商品期货上市背景

就整个期货市场而言，中国与西方发达国家相比起步较晚，但是在黑色金属商品期货品种上，中国却走在了世界的前沿。早在 20 世纪 90 年代初，正值改革开放不断深化、经济建设不断加速时期，国内钢材消费量快速增长，但由于现货市场缺乏公开的交易渠道和畅通的信息渠道，给钢铁企业生产经营带来不便，制约了我国钢铁行业的发展。为了满足市场需求，为市场参与者提供服务，苏州物资交易所、沈阳商品交易所、天津联合期货交易所、北京商品交易所和上海建筑材料交易所纷纷推出钢材品种的期货交易，其中以 1993 年苏州物资交易所推出的 6.5 毫米线材期货最为著名，我国成为世界上最早上市钢材类商品期货的国家。苏州物资交易所线材期货一上市就受到了市场资金的追捧，市场保持高度活跃，给当时的钢材市场带来了巨大影响，但是，由于当时投机之风盛行，给国民经济带来了不利影响，上市一年后，国家停止了线材期货的交易，这段经历给 16 年后钢材期货的重新上市积累了经验。与此同时，随着改革开放和现代化建设的不断深入，我国钢铁产业迎来了蓬勃发展的黄金期，2001 年我国粗钢产量超过 1.5 亿吨，到 2003 年已达到 2.2 亿吨，然而受国内外各种因素的影响，钢材价格波动幅度较大，钢铁相关行业迫切需要相关的风险管理工具来对冲钢材价格波动的风险。由于当时钢材期货市场处于关停状态，缺乏相应的期货品种进行套期保值，国内中远期电子盘市场开始蓬勃发展起来。2004 年开始，上海、天津、北京等地都开始筹建钢材大宗电子盘的中远期交易市场，并在实际运行中为众多的涉钢企业规避价格风险起到了很好的作用，也为后来螺纹钢、线材期货合约上市奠定了广泛的客户基础。

随着期货服务实体经济的作用逐步发挥，为相关产业发展起到了良好的保驾护航作用。2008 年，基于宏观和微观层面的需求以及期货市场的现状，我国做出了重新推出钢材期货的重大决定，2008 年 12 月国务院办公厅下发的《关于当前金融促进经济发展的若干意见》中明确提出"尽快推出适应国民经济发展需要的钢材等商品期货新品种"，钢材期货上市被提上议程。2009 年

2 月 19 日，中国证监会宣布，批准上海期货交易所开展钢材期货交易。同年 3 月 27 日，螺纹钢和线材期货正式挂牌上市交易，揭开了黑色金属产业链期货上市的序幕。仅在 2009 年上市交易的 9 个月里，螺纹钢和线材期货双边成交额就高达 13.4 万亿元，仅次于铜和天然橡胶，占上海期货交易所总成交额的 18.15%；双边成交量高达 3.25 亿手，稳居上海期货交易所成交量榜首，占上海期货交易所总成交量的 37.41%。2009 年，螺纹钢创下单日最高成交金额 2 032 亿元的纪录，是当日上证 A 股成交金额的 1.4 倍。上海期货交易所钢材期货的成功上市，为黑色金属产业链期货上市积累了宝贵的经验，揭开了黑色金属产业链期货市场迅速发展壮大的序幕，随后，焦炭、炼焦煤、铁矿石、铁合金等炼钢重要原材料期货陆续上市。目前，整个黑色金属产业链共计先后上市螺纹钢、线材、焦炭、炼焦煤、铁矿石、热轧卷板、硅铁、锰硅、不锈钢 9 个期货品种，实现钢铁行业从原材料到成材品种的全面覆盖。

**2. 黑色金属商品期货合约简介**

目前，我国的黑色金属商品期货采用标准化的场内合约交易的方式，其中螺纹钢、线材、热轧卷板期货合约在上海期货交易所交易，铁矿石、焦炭、焦煤期货合约在大连商品交易所上市交易，硅铁和锰硅合金期货在郑州商品交易所交易。与传统的现货贸易相比，期货交易在保证金交易制度的基础上，利用远期交割的方式，创造了高效化、金融化的商品流通新方式。

黑色金属商品期货交易制度的基本特征是：第一，以标准化的期货合同作为交易标的。交易者在商品交易所内买进或卖出由交易所制定的标准化的合约，交易者既可以选择在合约到期前平仓，也可以选择持有合约到期进行实际交割。第二，严格的保证金交易制度。每个交易者均需开立专门的保证金账户，按买卖合约价格的一定百分比缴纳初始保证金，作为其履行期货合约的财力担保，才能参与期货合约的买卖交易，每日交易结束后，清算所按当日结算价格对当日交易情况进行盈亏核算，若交易者的亏损超过规定的百分比，需根据价格的波动情况按照清算所的要求追加保证金。第三，特殊的清算制度。期货合同由独立于买方和卖方的清算所进行统一交割、对冲和结算，清算所对买卖双方的合约实行当日无负债结算制度，交易双方分别与清算所建立法律关系（表 3-5）。

表 3-5　中国黑色金属商品期货品种标准合约规则

| 交易品种 | 螺纹钢 | 热轧卷板 | 线材 | 铁矿石 | 焦煤 | 焦炭 | 硅铁 | 锰硅 |
|---|---|---|---|---|---|---|---|---|
| 交易代码 | RB | HC | WR | I | JM | J | SF | SM |
| 上市交易所 | 上海期货交易所 | | | 大连商品交易所 | | | 郑州商品交易所 | |
| 交易单位（吨/手） | 10 | | | 100 | 60 | 100 | 5 | |

（续）

| 交易品种 | 螺纹钢 | 热轧卷板 | 线材 | 铁矿石 | 焦煤 | 焦炭 | 硅铁 | 锰硅 |
|---|---|---|---|---|---|---|---|---|
| 报价单位 | 元/吨 | | | | | | | |
| 最小变动价位（元/吨） | 1 | | | 0.5 | | | 2 | |
| 最低交易保证金 | 合约价值的5%（螺纹钢）、4%（热轧卷板）、7%（线材） | | | 合约价值的5% | | | | |
| 涨跌停板幅度 | 上一交易日结算价的±3%（螺纹钢和热轧卷板）、±5%（线材） | | | 上一交易日结算价的±4% | | | 上一交易日结算价的±4% | |
| 连续极端行情涨跌幅调整 | 当某合约连续3、4、5个交易日累计涨跌幅达一定幅度时，根据情况适当提高保证金（交易所根据极端情况临时调整涨跌停幅度） | | | | | | | |
| 合约月份 | 1、2、3、4、5、6、7、8、9、10、11、12 | | | | | | | |
| 主力合约月份 | 1、5、10 | | | 1、5、9 | | | 1、5、9 | |
| 日盘交易时间 | 每周一至周五 9：00—10：15、10：30—11：30、13：30—15：00（法定节假日除外） | | | | | | | |
| 有无夜盘 | 有 | 有 | 无 | 有 | | | 无 | |
| 夜盘交易日期 | 2014年12月29日至2016年5月3日 | | — | 2014年12月29日至2015年5月7日 | | 2014年7月5日至2015年5月7日 | — | |
| 夜盘交易时段 | 21：00至次日1：00 | | — | 21：00至次日2：30 | | | — | |
| 夜盘交易日期 | 2016年5月4日至今 | | | 2015年5月8日至今 | | | | |
| 夜盘交易时段 | 21：00—23：00 | | — | 21：00—23：30 | | | | |
| 最后交易日 | 合约交割月份的15日（遇法定假日顺延） | | | 合约交割月份第10个交易日 | | | | |
| 交割日 | 最后交易日后连续5个交易日 | | | 最后交易日后3个交易日 | | | 最后交易日后2个交易日 | |
| 交割等级 | 上海期货交易所螺纹钢、热轧卷板、线材交割质量标准 | | | 大连商品交易所铁矿石、焦煤、冶金焦炭交割质量标准 | | | 郑州商品交易所硅铁、锰硅交割质量标准 | |
| 交割地点 | 上海期货交易所螺纹钢、热轧卷板、线材指定交割仓库及指定交割地点 | | | 大连商品交易所铁矿石、焦煤、冶金焦炭指定交割仓库及指定交割地点 | | | 郑州商品交易所硅铁、锰硅指定交割仓库及指定交割地点 | |
| 交割方式 | 实物交割 | | | | | | | |

### 3.3.2　黑色金属商品期货在中国取得的成功及特色

黑色金属商品期货上市以后，在中国市场取得了巨大的成功，黑色金属产业链期货成为我国商品期货市场最大的惊喜。2016 年黑色金属商品期货全年双边成交量高达 28.27 亿手，较 2009 年螺纹钢、线材期货上市之初的 3.23 亿手上涨 775.23%。2016 年中国商品期货再次刷新纪录，连续第 7 年位居世界商品期货市场交易量第一名，全年双边成交量达 82.38 亿手，成交额达354.84 万亿元，其中，黑色金属商品期货成交量 28.27 亿手，占中国商品期货成交量的 34.32%，成交金额 90.74 万亿元，占中国商品期货成交金额的25.57%（图 3-2）。

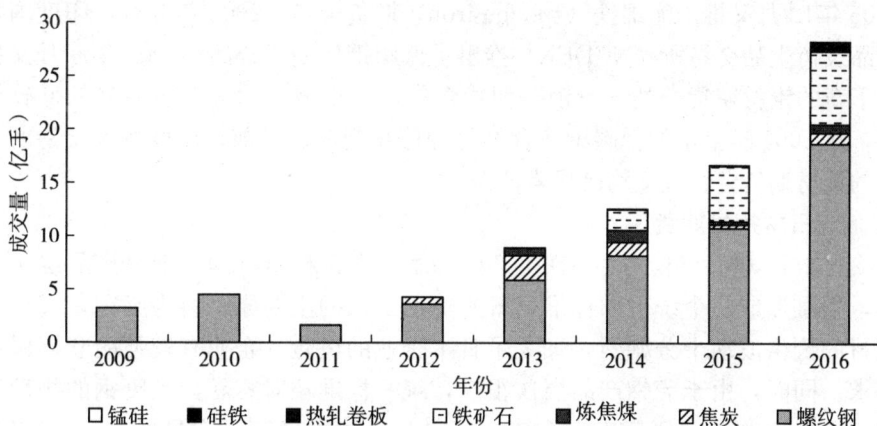

图 3-2　2009—2016 年黑色金属商品期货年度成交量
数据来源：上海期货交易所、大连商品交易所、郑州商品交易所网站。

目前，我国大宗商品期货市场规模不断扩大，已经初步具备大类资产配置所需的市场容量。经过 12 年的发展壮大，截至 2021 年年底，黑色金属商品期货全年双边成交量高达 27.70 亿手，较 2009 年螺纹钢、线材期货上市之初的3.23 亿手上涨 757.59%。黑色金属商品期货依托中国雄厚的钢铁产业背景，因其成交量巨大，市场关注度高，流动性良好，期现联动紧密，黑色金属产业链期货在中国金融衍生品创新实践中取得了巨大的成功。对于中国商品期货市场来说，黑色金属商品期货的成立代表着中国根据特色商品期货，在完善中国衍生品市场过程中具有重要意义。

### 3.3.3　黑色金属商品期货在其他国家的实践

对于钢铁产业链上的各个企业，钢材期货可以是风险管理和资源配置的有效工具；而对于广大投资者而言，钢材期货交易则是一个以小博大、获取风险受益的金融投机市场。针对钢铁产业的需求，各国也曾上市钢铁产业链相关的期货品种，但目前各个境外钢材期货市场交易都非常清淡，并未能形成影响到全球钢材价格的期货市场。

**1. 印度钢材期货**

20世纪90年代，印度政府对钢铁行业进行了改革，取消了钢材行业的特许经营，政府放弃了对钢铁工业的全面控制，允许非国有企业进入钢铁工业，同时，政府还取消了对价格的干预机制，完全实现了钢铁价格的市场化，在没有政府干预的市场经济下，钢材产品的价格波动给钢铁企业的运营带来了挑战和考验，钢铁企业迫切需要能够帮助他们规避风险的工具，以实现企业的平稳运营的目的。印度多种商品交易所（MCX）2004年3月推出全球首个钢材期货合约，包括钢板（steel flat）期货合约和钢条（steel long）期货合约；2005年12月又推出海绵铁（sponge iron）期货合约。2005年3月，印度国家商品及衍生品交易所（NCDEX）推出了低碳钢坯期货合约；2008年8月又推出了新的钢材期货合约——钢条期货合约，由于该合约包含了原来的低碳钢坯，故2005年上市的低碳钢坯合约随即停止交易。目前，印度各大交易所上市的钢材期货合约成交均已异常清淡。

**2. 日本钢材期货**

日本是国际上第二大钢铁生产国和第一大钢材出口国，钢材产品层次多样，很难形成一个统一的标准，日本炼钢工艺的主要原材料为废钢，世界废钢材的价格波动十分剧烈，加大了日本企业的风险，企业有较强的套期保值需求。同时，由于废钢产品层次很少，统一标准相对容易，且废钢的物理形式不易发生改变，便于库存交割，于是，日本中部商品交易所（C-COM）在2005年10月推出了废钢期货合约。废钢期货合约上市之初，市场有一定的参与热情，主力合约在2006年4月月均成交量在4 000手左右，但是之后市场的参与热情趋于平淡，到2008年全年成交量萎缩至5 856手，进入2009年日本废钢期货几乎进入无人问津的地步，没有投资者参与，2009年10月日本废钢期货被日本中部商品交易所宣布退市，从此退出历史舞台。

**3. 迪拜钢材期货**

迪拜是中东地区商贸物流的中心城市，不仅从事黄金、原油贸易，同时还有其他各种商品在那里交易，为了服务迪拜的商贸物流产业和发展当地经济的目的，2005年11月，迪拜黄金与商品交易所正式成立，成为中东地区首家期货与衍生品交易所。中东地区除了石油资源以外，其他的资源相对比较匮乏，钢材则以进口为主，当地钢材价格受到外部市场影响较大。但是随着迪拜原油收入的增加和当地经济发展的加快，其钢材使用量逐年上升，每年的消费量约5 000万吨左右，其中，螺纹钢占当地钢材消费总量的比重高达90%以上。2007年10月，迪拜黄金与商品交易所（DGCX）推出螺纹钢期货，成为第一个为海湾地区服务的钢材期货合约。迪拜推出螺纹钢期货后，土耳其和其他中东地区的厂商都参与其中，所形成的钢价对周边地区乃至黑海—北京的钢铁交易都有着一定的参考意义。但是，迪拜的螺纹钢期货在经历了昙花一现的辉煌后，市场成交趋于清淡，2010年4月以来已几乎无成交量。

**4. LME 在钢材期货领域的尝试**

伦敦金属交易所（LME）是历史最悠久、全球最具影响力的基本金属期货交易所，为了巩固自身在金属期货领域的领先地位，伦敦金属交易所（LME）于2008年2月启动钢坯期货的场外交易；同年4月启动钢坯期货的场内交易，该期货合约分为两个地区性合约：远东合约和地中海合约。钢坯是炼钢炉炼成的钢水经过铸造后得到的半成品，是建筑用长材的上游产品，伦敦金属交易所之所以推出钢坯期货是因为：首先，与板材相比，钢坯的贸易更为自由，而且同钢铁终端产品相比，钢坯的储存更为便捷和便宜；其次，钢坯增长较快，市场前景较好；最后，钢坯价格与螺纹钢等钢铁品种有着良好的相关性，钢坯期货可用于整个钢铁产业进行价格风险管理。2008年地中海合约和远东合约分别成交13 206张和2 760张，地中海合约的活跃度明显高于远东合约；截至2010年6月，远东合约成交量仅为42张，而地中海合约的成交量为57 606张。钢坯期货成交量相比于其他在伦敦金属交易所交易的有色金属来说还比较小，无法与如铜、锌等成熟品种相比，其在国际上的影响力也极为有限。2015年10月26日，伦敦金属交易所上市欧洲螺纹钢和废钢期货。

**5. NYMEX 钢材期货的尝试**

2008年10月，纽约商业交易所（NYMEX）推出美国中西部国内热轧卷板钢材期货合约，该期货合约通过芝加哥商业交易所（CME）集团的电子交易平台进行交易，场外交易则通过纽约商业交易所的清算平台进行相关结算，其最大的特点是通过现金方式进行交割结算。从纽约商业交易所热轧卷板期货的交易情况看，2009年1—3月，仅仅成交1 120手，市场的关注度和参与度远没有达到成熟阶段，更不能与其原油期货等品种相提并论，由于市场参与度不高，热轧卷板期货合约的价格波动相对不大，交投非常清淡。2012年10月，由上海钢联与芝加哥商业交易所（CME）集团合作的，以上海钢联拥有的"我的钢铁"螺纹钢价格指数为基准的螺纹钢掉期合约在纽约商业交易所（NYMEX）上市，该掉期合约以"我的钢铁"价格指数为基准设计、上市、清算和结算，合约单位为100吨/手，以美元计价，该掉期合约可以全天24小时交易，这是第一个以中国钢铁价格指数为参照基准的掉期产品（表3-6）。

**表 3 - 6　国外钢材期货上市情况统计**

| 时间 | 交易所 | 上市品种 | 成交情况 |
|---|---|---|---|
| 2004 年 3 月 | 印度多种商品交易所 | 钢板期货、钢条期货 | 清淡 |
| 2005 年 3 月 | 印度国家商品及衍生品交易所 | 低碳钢坯期货 | 停止交易 |
| 2005 年 10 月 | 日本中部商品交易所 | 废钢期货 | 已退市 |
| 2005 年 12 月 | 印度多种商品交易所 | 海绵铁期货 | 清淡 |
| 2007 年 10 月 | 迪拜黄金与商品交易所 | 螺纹钢期货 | 清淡 |
| 2008 年 4 月 | 伦敦金属交易所 | 钢坯期货 | 清淡 |
| 2008 年 8 月 | 印度国家商品及衍生品交易所 | 条钢期货 | 清淡 |
| 2008 年 10 月 | 纽约商业交易所 | 热轧卷板期货 | 清淡 |
| 2012 年 10 月 | 纽约商业交易所 | 中国钢铁价格指数掉期 | 清淡 |
| 2015 年 10 月 | 伦敦金属交易所 | 欧洲螺纹钢和废钢期货 | 清淡 |

从印度、日本、迪拜、英国、美国等国家的钢材期货市场发展来看，其发展时间先后不一、具体品种略有差异，但相同的是目前各个境外钢材期货市场交易都非常清淡，并未能形成影响到全球钢材价格的期货市场，主要原因与各个境外钢材市场所在的外部环境有关：几个上市钢材期货的国家并不是主要的钢材生产国和消费国，市场中参与到钢材期货市场的产业客户并不多，导致境外钢材期货市场成交很难活跃，这给中国发展钢材期货，培养影响全球钢铁价格的期货品种的机会。

综上所述，本书是基于中国金融创新不断深入，金融衍生工具不断丰富发展，中国商品期货市场进入创新发展并深化服务实体经济时期的大背景下，中国黑色金属产业链期货是中国衍生品领域的一大创新，是深度服务钢铁产业链的基础上，结合中国国情推出的具有中国特色的商品期货品种，黑色金属板块商品期货在过去七年发展历程中，交易规模、市场关注度等方面已逐渐超过传统的农产品、有色金属、能源化工类商品期货，成为商品期货领域的明星，因此在表象之外运用计量经济学的实证方法，去检验中国黑色金属商品期货的运行效率，具有重要的理论和现实意义。

# ∷ 第4章　黑色金属商品期货市场信息效率的实证研究

　　通过对期货市场信息效率的理论和文献的总结和梳理，可以发现学术界有关期货市场信息效率的研究，经历了从基于线性模型的有效市场假说到基于非线性模型的协同市场理论和分形市场假说；从关注供求关系到关注市场交易机制；从基于交易者同质性假设到对交易者行为差异性对信息效率的影响。随着计量经济学的不断发展完善和可获取数据的不断增加，对期货市场信息效率的实证检验方法也在不断地完善和改进：从最初的随机游走检验，到市场的分形检验，再到基于行为金融学的检验；从静态研究逐步发展到动态研究；从单一影响因素分析到多元多维度时间序列分析。其中，基于分形市场假设的信息效率研究，对金融时间数据的要求条件少，得出的结果较为稳定，能从分形时间序中区分出随机时间序列，因而得到了广泛的应用。

## 4.1　分形市场理论有关信息效率的检验方法

　　基于分形市场理论的信息效率检验法当中，重标极差分析法通过计算 Hurst 指数直观反映时间序列的分形特征，还可以测算出长记忆性的非周期长度，是经典的检验方法，本章基于此方法对黑色金属商品期货市场的信息效率进行实证检验，并对其长记忆特征的非循环周期长度进行精确计算。

### 4.1.1　R/S 分析法介绍

　　重新标度极差分析法（therescaled range analysis or the range over standard deviation），即 R/S 分析法，是研究具有分形特征的时间序列的一种常见方法。该方法由英国水文专家 Hurst（1951）自 1907 年开始近 40 年从事尼罗河水坝水库控制问题研究的工作实践当中，积累大量的实证研究的基础上提出的一种新的统计量，即 Hurst 指数（hurst exponent），Mandelbrot（1960，1972）将 R/S 分析进一步拓展，Greene 和 Fielitz（1977）用 R/S 分析对美国股票收益进行研究，他是最早将其引入数理金融经济学的学者。后来，在大量学者的不断努力下，R/S 分析法逐渐完善，其计算步骤如下：

　　首先，对观测时间长度为 $T$ 的时间序列 $\{x_i\}$ 细分子区间。$\{x_i\}$ 分成长度为整数 $N$ 的 $M$ 个子区间，$M$ 和 $N$ 的乘积等于观测时间长度

$T\left(N\times M=T,\ 2\leqslant N\leqslant\dfrac{2}{T}\right)$，通过 $N$ 依次由小到大取 $2\sim2/T$ 的整数，实现对期货对数收益率时间序列的相空间多维重构；每个子区间记为 $I_j$（$j=1$，2，3，…，$N$）；$x_{j,k}$（$k=1$，2，3，…，$N$）为每个 $I_j$ 上的单个时间序列元素；$\bar{x}_j$ 为 $I_j$ 上时间序列 $\{x_i\}$ 的均值。

其次，对累积离差、极差、标准差和重标极差进行定义。令 $X_{k,j}$ 为累积离差，累积离差等于每个 $I_j$ 上的单个时间序列元素减去 $I_j$ 上时间序列 $\{x_i\}$ 的均值的和；则极差 $R_j$ 等于累积离差的最大值减去累积离差的最小值；在此基础上，引出标准差 $S_j$ 和重标极差 $(R/S)_j$ 的定义。具体公式如下：

$$X_{k,j}=\sum_{i=1}^{k}(x_{i,j}-\bar{x}_j),(k=1,2,3,\cdots,N)\qquad(4-1)$$

$$R_j=\max X_{k,j}-\min X_{k,j}(1\leqslant k\leqslant N)\qquad(4-2)$$

$$S_j=\sqrt{\frac{1}{N}\times\sum_{i=1}^{N}(x_{i,j}-\bar{x}_j)^2}\qquad(4-3)$$

其中，重标极差即为 $(R/S)_j=R_j/S_j$。对于不同长度的 $N$，$(R/S)_N=\dfrac{1}{M}\times\sum_{j=1}^{M}\dfrac{R_j}{S_j}=(cN)^H$，该式中 $c$ 为常数，$H$ 为 Hurst 赫斯特指数，且 $H$ 为取值界于 $0\sim1$ 的小数，即 $0\leqslant H\leqslant1$。

最后，对 Hurst 指数 $H$ 的取值进行区分和解释。①当 Hurst 指数 $H$ 等于 0.5 时，该时间序列为随机游走序列，序列缺乏长期的统计相关性，当前的市场信息不会对将来产生影响。②当 Hurst 指数界于 $0\sim0.5$ 时（即 $0\leqslant H<0.5$），被称作"均值回复"，是一种反持久性的时间序列，过去信息与未来市场价格增量之间存在负相关性。若时间序列 $\{x_i\}$ 在前一个时期是向上走的，当 Hurst 指数界于 $0\sim0.5$ 时，则它在下一个时期大概率会向下走，反之亦然。此时，时间序列 $\{x_i\}$ 具有比随机时间序列更强的易变性或突变性，且 Hurst 指数越接近于 0，时间序列 $\{x_i\}$ 的易变性或突变性就会越强。③当 Hurst 指数界于 $0.5\sim1$ 时（即 $0.5<H\leqslant1$），则表明时间序列 $\{x_i\}$ 是一个持续或趋势性增强的时间序列，该时间序列具有持久性，即过去信息与未来市场价格增量之间存在正相关性。若时间序列 $\{x_i\}$ 在前一个时期是向上走的，当 Hurst 指数界于 $0.5\sim1$ 时，则它在下一个时期大概率会向上走，反之亦然。此时，时间序列 $\{x_i\}$ 具有比随机时间序列更强的趋势增强性和持久性，且 Hurst 指数越接近于 1，时间序列 $\{x_i\}$ 的趋势增强性和持久性就会越强。这种趋势增强性和持久性序列是分数布朗运动或有偏随机游动，在自然界中包括资本市场在内的很多事物运动规律均满足这一特性。

对公式 $(R/S)_N=\dfrac{1}{M}\times\sum_{j=1}^{M}\dfrac{R_j}{S_j}=(cN)^H$ 左右两边取自然对数，可以得出：

$$\ln\{(R/S)_N\} = \ln (cN)^H = \ln(c) + H \times \ln(N) \qquad (4-4)$$

假定长期记忆过程会永远持续下去，以 $\ln (N)$ 为解释变量，$\ln \{(R/S)_N\}$ 为被解释变量，对公式 4-3 运用最小二乘法作 $\ln (N)$ 对 $\ln \{(R/S)_N\}$ 的回归，赫斯特指数 $H$ 的估计值即为解释变量 $\ln (N)$ 的系数。然而，当时间序列的记忆不是无限、长期的，时间序列有一个有限长度的记忆并开始遵循随机游走，则上述运用最小二乘法作 $\ln (N)$ 对 $\ln \{(R/S)_N\}$ 回归的做法就不再正确。根据记忆的有限性和混沌理论，在任何非线性系统中，都会存在一个界点，在该界点，初始条件的记忆将会消失，这一界点对应于有限记忆周期的终点，从视觉上对数据进行审视，审查是否存在这样一个转变点，以确保数据的稳定性，这是非常重要的。Hurst（1951）提出利用$V_N = (R/S)_N/\sqrt{N}$ 这一统计量来检验时间序列的稳定性，同时也可以很好地估计有限记忆序列的长度。

### 4.1.2 Hurst 指数与分形维度

随机游动的累积变化的分形维数是根据分形理论，几何平面的分形维数是 2，直线的分形维数是 1，一个随机游动的分形维数介于直线和平面之间取值是 1.5。Hurst 指数 $H$ 与分形维数 $D$ 之间的关系可以表述为：$D=2-H$（表 4-1）。

表 4-1  Hurst 指数与分形维度

| 时间序列 $\{x_i\}$ 特征 | Hurst 指数（$H$） | 分形维度（$D$） |
|---|---|---|
| 随机游走 | $H=0.5$ | $D=1.5$ |
| 持久性时间序列 | $0.5<H\leqslant1$ | $1\leqslant D<1.5$ |
| 反持久性时间序列 | $0\leqslant H<0.5$ | $1.5<D\leqslant2$ |

分形维 $D$ 是对一般时间序列的分形维度的定义，它用于度量时间序列 $\{x_i\}$ 的参差不齐性，$D$ 的数值越大，时间序列 $\{x_i\}$ 越参差不齐。

如果 $H=0.5$，则 $D=1.5$，时间序列 $\{x_i\}$ 随机游走。当 $0.5<H\leqslant1$ 时，$1\leqslant D<1.5$，时间序列 $\{x_i\}$ 是持久性时间序列，$D$ 的值会产生近似一条直线的分形维，即持久性的时间序列会有一条比随机游走时间序列更加光滑、更少参差不齐的线。当 $0\leqslant H<0.5$ 时，$1.5<D\leqslant2$，时间序列 $\{x_i\}$ 是反持久性时间序列，这会导致一个更高的分形维 $D$ 和一条有更多逆转系统，比随机游动更参差不齐的线。

当时间序列 $\{x_i\}$ 具有持久性，是一个持续或趋势性增强的时间序列时，过去与未来的增量之间存在正相关性，Hurst 指数界于 0.5～1（$0.5<H\leqslant1$），$V_N$ 关于 $\ln (N)$ 向上倾斜；当时间序列 $\{x_i\}$ 是一种反持久性的时间序列，过去与未来的增量之间存在负相关性，即被称作"均值回复"，Hurst 指数界

于 $0 \sim 0.5$（$0 \leqslant H < 0.5$），$V_N$ 关于 $\ln(N)$ 向下倾斜。当 $V_N$ 图形形状发生转折改变时，即产生突变，时间序列 $\{x_i\}$ 的长期记忆过程消失，当在小于 $N$ 的取值上利用 $\ln\{(R/S)_N\} = \ln(cN)^H = \ln(c) + H \times \ln(N)$ 作回归分析，就可以得到 $H$ 的估计值。当在大于 $N$ 的取值上利用 $\ln\{(R/S)_N\} = \ln(cN)^H = \ln(c) + H \times \ln(N)$ 作回归分析时，$H$ 的估计值则没有意义。

与自相关分析相比，Hurst 指数用于说明时间序列的持续性行为具有如下优势：①R/S 分析法可以应用于长期记忆效应的检验。R/S 分析法在得到 Hurst 指数的同时，还可以得到有关时间序列 $\{x_i\}$ 的长程相关的记忆周期，时间序列 $\{x_i\}$ 在相隔这一长程记忆周期以后，数据之间就已经不再具备非线性的相关关系，长程相关的记忆周期可以反映出系统的最大可预报时间。②反映时间序列的分性特征。大于 0.5 的 Hurst 指数表明时间序列是持续性的；小于 0.5 的 Hurst 指数则表明时间序列是反持续性的。通过分形维数 $D$ 的构造，Hurst 指数与分形维数 $D$ 之间的关系，还可以反映出时间序列的分形特征。Hurst 指数小于 0.5，会导致一个更高的分形维 $D$ 和一条有更多逆转系统，时间序列更参差不齐的线。③R/S 分析法对于不满足正态分布的，具有尖峰和厚尾特征的金融时间序列的长期相关性、趋势性和延续性等"记忆性"特征能进行较好的刻画。

### 4.1.3 分形理论应用于商品期货市场信息效率研究的意义

**1. 突破了传统有效市场理论的假设局限**

作为非线性理论将分形市场假说（FMH）引入金融市场领域，为研究金融市场的波动性、效率及其他诸多金融问题开辟了一条全新的思路。与传统的有效市场理论（EMH）相比，用分形市场假说（FMH）来研究金融市场，与资本市场实际的运动规律更加契合。传统的有效市场假说是建立在诸多理想假设基础上的，如市场不存在摩擦、不存在交易成本、没有信息费用、投资者是理性的，对金融市场的评价满足齐次预期假设等，EMH 主要关注于价格的波动是不是无序的、不可预测的，市场是不是均衡的，对于资本市场效率及特征的研究片面而分散；在实证分析上，EMH 主要通过检验市场是否满足布朗运动作为评价市场是否有效的标准，但是在实际市场运行中并不像 EMH 假设的那么简练，而是经常表现为有偏的随机游走，因此 EMH 的分析往往忽略了市场的一般特征。FMH 是按照非线性、非均衡系统提出的理论，它考虑了投资者的非理性预期以及市场对于信息反应的非线性因果关系，在 FMH 的框架下，借助非线性系统理论和非线性的系统动力学，有助于实现对金融市场价格波动的分维特性、市场的非线性结构等特性更加广泛、深刻地研究。

**2. 为资本市场进行定量分析提供了有效工具**

传统的金融市场理论无法有效刻画资本市场复杂的波动状态，而 FMH 借助于非线性系统理论，将分形、分维时间序列、混沌动力学等思想引入资本市场，对于资本市场的刻画实现了由整数维向分数维的转变，它一方面有效解释了金融市场上投资者行为的诸多复杂现象，另一方面提供了刻画资本市场波动的定量分析思路。FMH 通过对市场的混沌特性、波动的长记忆性和收益的自相似性等描述，改变了人们对金融市场特性的传统认知。FMH 对于资本市场均衡特性认识的改变，对资本市场的波动预测等许多问题的分析与定量研究产生了深远影响。

**3. 为资本市场的监管和调控提供了理论依据**

在传统的有效市场理论（EMH）框架和假设下，学者们主要关注和研究金融市场的价格波动是否满足随机游走的检验标准，而对于不能满足随机游走的市场波动状态，则被排斥于 EMH 研究之外，对非随机游走的市场波动产生原因和形成机理缺乏深入分析。FMH 指出，资本市场的非线性特性是分形市场产生的机理，非线性系统理论的提出以及分形资本市场理论的应用，为研究资本市场的信息效率、波动特性和波动趋势的研究提出了新方法，为资本市场的研究构建了一个新的理论框架。FMH 理论框架下，市场的非线性结构和分形维数问题、市场对于信息反应的非线性因果关系等问题的研究，为金融市场的政策的制定者、监管者提供了有效的理论支持。在金融市场的实践中，根据 FMH 对市场特性的分析，可以发现市场的分形结构形式，从而有针对性地制定监管政策，并采取适当的调控手段，实现对市场的监管和调控。

## 4.2　样本数据选取及描述性统计及检验

### 4.2.1　样本数据选取

由于期货合约具有到期交割的特性，交割日后合约退市，因此每个合约不是永久存续的，都具备特定的交易时长，因此在对黑色金属商品期货进行研究时，如何选取期货合约成为首要问题。根据中国商品期货现行的交易条例和规则，在进入交割月份以后，期货合约的持仓保证金需要大幅提高，这使得在交割月交易成本增加，因此大部分不进行实物交割而仅仅是选择对冲平仓的投资者，会在合约进入交割月前移仓换月，选择进入下一个交易活跃的合约进行交易，这导致合约在进入交割月后交易量明显萎缩，交割月合约变得不活跃，成交价格不能很好地代表市场总体行情。目前，比较科学合理的期货合约选取方式是，在同一个交易品种中，选择成交量最大的合约，即主力合约作为进行研究的连贯时间序列，这种方法构造的合约数据更具有市场代表性和科学性。

本书选取在中国的期货交易所上市的螺纹钢、热轧卷板、线材、铁矿石、焦煤、焦炭、硅铁和锰硅期货为研究对象，以上述 8 个黑色金属商品期货品种自上市首日至 2021 年 12 月 31 日的主力合约日收盘价组成的连续时间序列作为样本数据，分别获得日收盘价数据 2 982、1 774、2 982、1 878、2 013、2 484、1 545 和 1 495 个，记样本个数为$N_i$，数据来源于万得资讯（wind）数据库。令 $t$ 时刻样本数据为$P_t$，则上述期货品种的自然对数收益率$R_t$可记为 $R_t = \ln(P_t) - \ln(P_{t-1}) = ln(p_t / p_{t-1})$。

金融资产收益率分布假设是现代金融理论分析的重要前提，对于金融资产收益率统计特征的研究始于 20 世纪 60 年代学者们对股票市场的探索，针对这一问题的探讨已经具有一定的历史并一直延续至今，并促进了金融市场理论的不断完善发展。起初，学者们认为，可以用布朗运动对股票收益率进行描述，此后正态分布被提出，到后来正态性被否定，在此基础上学者们提出了很多统计分布模型来描述金融资产的收益率分布特征。

### 4.2.2 正态性检验

#### 1. Jarque - Bera 统计量

首先对样本的自然日对数收益率序列进行 Jarque - Bera 统计量的正态性检验（JB test），JB 统计量是用来检验样本数据是否符合正态分布的偏度和峰度的拟合优度检验，它依据 OLS 残差对样本进行渐进检验，对于正态分布统计量而言，JB 检验的偏度（三阶矩，$S$）值为 0，峰度（四阶矩，$K$）值为 3，若样本来自正态总体，则他们的偏度和峰度分别在 0、3 附近。在正态性假设下，如果 JB 统计量的相伴概率值小于设定的概率水平，则拒绝原假设，不承认样本概率服从正态分布；反之，则接受服从正态分布的原假设。本书首先对黑色金属商品期货对数收益率序列进行正态性检验，结果如表 4 - 2a、表 4 - 2b 所示。

表 4 - 2a  黑色金属商品期货日收益率序列正态性检验

| 日收益率序列 | 螺纹钢 | 热轧卷板 | 线材 | 铁矿石 |
|---|---|---|---|---|
| 样本个数（个） | 2 982 | 1 774 | 2 982 | 1 878 |
| 均值 | 0.000 048 | 0.000 079 | 0.000 025 | −0.000 502 |
| 最大值 | 0.104 980 | 0.078 739 | 0.107 456 | 0.073 636 |
| 最小值 | −0.085 171 | −0.078 996 | −0.157 477 | −0.175 220 |
| 标准差 | 0.014 924 | 0.017 209 | 0.014 596 | 0.022 514 |
| 偏度 | 0.169 620 | −0.226 521 | −0.255 472 | −0.660 643 |
| 峰度 | 8.959 378 | 5.861 405 | 20.037 410 | 8.070 496 |
| JB统计量 | 3 473.854 | 396.564 | 28 351.330 | 1 416.258 |
| P 值 | 0.000 | 0.000 | 0.000 | 0.000 |

**表 4 - 2b　黑色金属商品期货日收益率序列正态性检验**

| 日收益率序列 | 焦煤 | 焦炭 | 硅铁 | 锰硅 |
|---|---|---|---|---|
| 样本个数（个） | 2 013 | 2 484 | 1 545 | 1 495 |
| 均值 | 0.000 043 | 0.000 025 | 0.000 017 | 0.000 328 |
| 最大值 | 0.091 629 | 0.091 116 | 0.086 271 | 0.157 367 |
| 最小值 | −0.148 007 | −0.191 156 | −0.176 891 | −0.424 378 |
| 标准差 | 0.020 320 | 0.019 063 | 0.018 528 | 0.025 915 |
| 偏度 | −0.482 085 | −0.692 223 | −0.703 239 | −4.969 608 |
| 峰度 | 8.019 886 | 11.405 110 | 14.450 870 | 92.534 630 |
| JB 统计量 | 1 494.790 | 5 575.221 | 5 007.912 | 289 105.300 |
| P 值 | 0.000 | 0.000 | 0.000 | 0.000 |

　　如表 4 - 2a、4 - 2b 所示，黑色金属商品期货日对数收益率序列的 Jarque - Bera 统计量都显著超过了拒绝正态分布的假设检验临界值，黑色金属商品期货日对数收益率序列，拒绝分布正态性的原假设，不承认样本概率服从正态分布。同时，从黑色金属商品期货日对数收益率序列的峰度系数看，其峰度系数均明显大于正态分布的峰度系数 3，黑色金属商品期货日对数收益率序列表现出明显的"尖峰"特征。统计学上的"尖峰"特性表示某一随机变量值出现在顶峰附近（均值附近）的概率密度值大于正态分布的理论估计值，金融领域的资产价格收益率"尖峰"特性通常意味着，当资产价格因市场信息的影响而发生异常剧烈的波动时，波动短时间不会消失，而是在一段时间内不断上升或者不断下降，价格波动表现出明显的聚集效应。从偏度系数值来看，螺纹钢期货日对数收益率的偏度为正值，说明该序列的分布是有偏的且向右偏斜，即收益率出现正值的概率大于收益率出现负值的概率；热轧卷板、线材、铁矿石、焦煤、焦炭、硅铁、锰硅期货日对数收益率的偏度为负值，说明该序列的分布是有偏的且向左偏斜，即收益率出现负值的概率大于收益率出现正值的概率。

### 2. Q - Q 图法

　　"厚尾"的统计学概念是指变量的分布密度函数不是以指数函数的速度衰减至零，而是以幂函数的速度衰减至零，则称此变量的分布是"厚尾"型分布（彭作祥等，2003）。在资本市场上，价格的波动聚集导致金融时间序列收益率尾部通常要比正态拟合的尾部要厚，这也意味着资产收益率信息的出现不是连续变化的，而是以成堆的方式出现大量信息停滞在尾部的现象，造成资产价格收益率的尾部厚度大于传统正态分布假设的理论值，收益率序列呈现"厚尾"

的统计特征。Q－Q图法（quantile－quantile plot）利用数据的分位数对正态
分布的分位数描点图将序列的分布状态直观展现出来，如果经验分布与理论分
布一致，则描出的点集合是一条呈 45 度角倾斜的直线，序列呈现正态分布；
若 Q－Q 图的中部为直线，但上端向右偏离该直线呈现向右下方倾斜的状态，
则数据分布的右侧尾部具有"厚尾"性；若 Q－Q 图的中部为直线，但下端向
左偏离该直线呈现向左上方翘起的状态，则数据分布的左侧尾部具有"厚尾"
性（边宽江等，2009）。黑色金属商品期货日对数收益率序列的 Q－Q 图如
图 4－1a、图 4－1b 所示。

如图 4－1a、图 4－1b 所示，黑色金属商品期货日对数收益率序列的Q－Q
图，横轴代表实际数据累积比例，纵轴代表对应正态分布累积比例，图从左往
右、从上到下分别代表了螺纹钢、热轧卷板、线材、铁矿石、焦煤、焦炭、硅
铁和锰硅期货日对数收益率序列的正态 Q－Q 分布图。除了铁矿石期货日对数
收益率只具有左侧尾部"厚尾"性之外，螺纹钢、热轧卷板、线材、焦煤、焦
炭、硅铁和锰硅期货日对数收益率既具有左侧尾部"厚尾"性又同时具有右侧
尾部"厚尾"性。综上所述，黑色金属商品期货日对数收益率序列不具备正态
分布，具有"尖峰""厚尾"的分布特征。

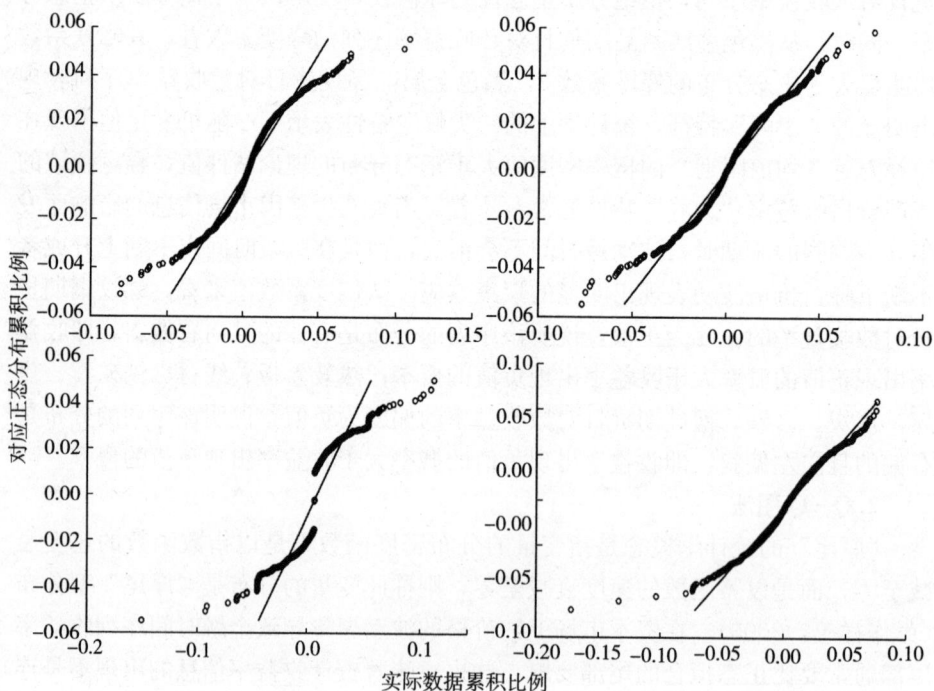

图 4－1a　黑色金属商品期货日对数收益率序列的 Q－Q 图

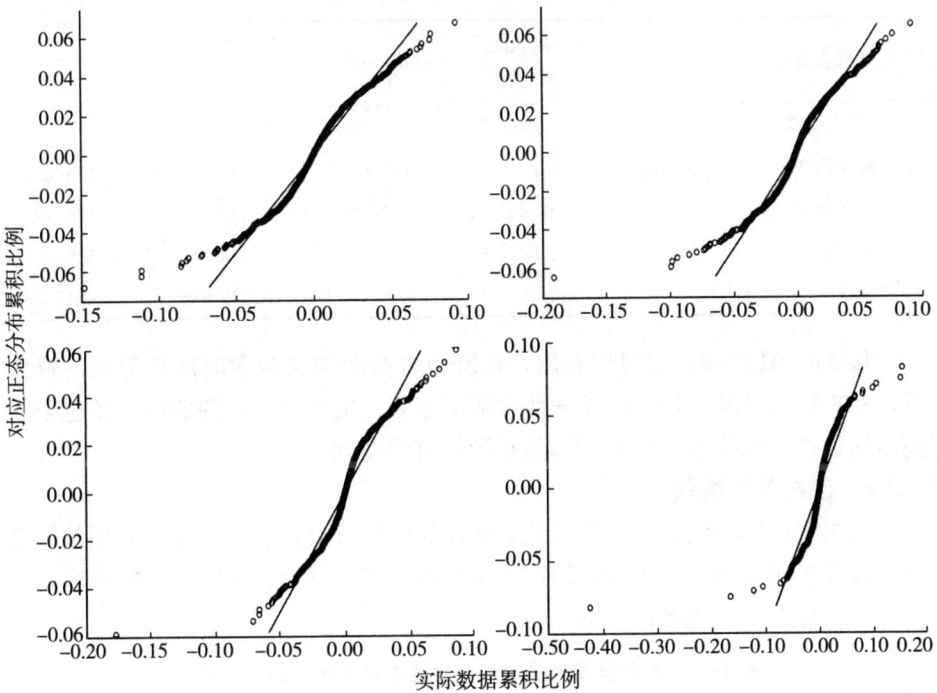

图 4-1b　黑色金属商品期货日对数收益率序列的 Q-Q 图

## 4.2.3　平稳性检验

　　如果一个随机过程的均值和方差在时间过程上都是常数，并且在任何两个时期的协方差值仅依赖于两个时期间的间隔，而不依赖于计算这个协方差的实际时间，就称该随机过程宽平稳。ADF（Augmented Dickey-Fuller）单位根检验法是常用的时间序列平稳性检验方法，ADF 检验包含截距项和时间趋势项、只包含截距项不带截距项、截距项和时间趋势项都不包含三种形式。本书令黑色金属商品期货日对数收益率滞后一期的系数为 $\delta$，采用 SIC 准则来选择最佳滞后期数，若 $\delta$ 在 $1\%$、$5\%$、$10\%$ 的显著性水平下显著，则拒绝存在单位根的零假设条件，则日对数收益率序列是平稳的；反之则收益率序列不平稳。ADF 检验结果如表 4-3 所示。

表 4-3　黑色金属商品期货平稳性的 ADF 检验

| 日对数收益率 | 检验形式 | $\delta$ 的 ADF 统计量 | 临界值 | | |
| --- | --- | --- | --- | --- | --- |
| | | | $1\%$ | $5\%$ | $10\%$ |
| 螺纹钢期货 | 含有截距项 | $-48.766\ 27$ | $-3.961\ 969$ | $-3.411\ 729$ | $-3.127\ 746$ |
| 热轧卷板期货 | 和时间 | $-34.794\ 06$ | $-3.966\ 167$ | $-3.413\ 783$ | $-3.128\ 964$ |
| 线材期货 | 趋势项 | $-49.062\ 82$ | $-3.961\ 965$ | $-3.411\ 728$ | $-3.127\ 745$ |

（续）

| 日对数收益率 | 检验形式 | $\delta$ 的 ADF 统计量 | 临界值 | | |
|---|---|---|---|---|---|
| | | | 1% | 5% | 10% |
| 铁矿石期货 | | −33.813 25 | −3.965 482 | −3.413 448 | −3.128 765 |
| 焦煤期货 | 含有截距项 | −39.119 61 | −3.964 748 | −3.413 089 | −3.128 552 |
| 焦炭期货 | 和时间 | −44.261 00 | −3.963 029 | −3.412 249 | −3.128 054 |
| 硅铁期货 | 趋势项 | −29.432 30 | −3.968 256 | −3.414 804 | −3.129 568 |
| 锰硅期货 | | −28.916 26 | −3.968 832 | −3.415 086 | −3.129 735 |

从 $\delta$ 的 ADF 统计量可以看出，在既包含截距项又包含时间趋势项的形式下，$\delta$ 在 1%、5%、10% 的显著性水平下显著，拒绝单位根的假设，黑色金属商品期货日对数收益率序列全都是平稳的时间序列。

### 4.2.4 自相关性检验

自相关性检验是为了检验黑色金属商品期货日对数收益率序列各期数据之间是否存在相关性，可以通过滞后各期的自相关系数（AC）、偏相关系数（PAC）、Q 统计量来判断（表 4 - 4）。

**表 4 - 4 黑色金属商品期货日对数收益率序列的相关系数**

| 滞后期 | 螺纹钢期货日对数收益率 | | | | 热轧卷板期货日对数收益率 | | | |
|---|---|---|---|---|---|---|---|---|
| | AC | PAC | Q-Stat | Prob | AC | PAC | Q-Stat | Prob |
| 1 | −0.009 | −0.009 | 0.191 | 0.662 | −0.034 | −0.034 | 1.286 | 0.257 |
| 2 | 0.007 | 0.006 | 0.292 | 0.864 | −0.007 | −0.008 | 1.347 | 0.510 |
| 3 | 0.017 | 0.017 | 0.981 | 0.806 | −0.047 | −0.047 | 3.825 | 0.281 |
| 4 | 0.019 | 0.019 | 1.790 | 0.774 | 0.054 | 0.051 | 7.187 | 0.126 |
| 5 | −0.019 | −0.019 | 2.663 | 0.752 | −0.073 | −0.070 | 13.192 | 0.022 |
| 6 | 0.005 | 0.004 | 2.713 | 0.844 | 0.021 | 0.016 | 13.705 | 0.033 |

| 滞后期 | 线材期货日对数收益率 | | | | 铁矿石期货日对数收益率 | | | |
|---|---|---|---|---|---|---|---|---|
| | AC | PAC | Q-Stat | Prob | AC | PAC | Q-Stat | Prob |
| 1 | −0.015 | −0.015 | 0.496 | 0.481 | 0.040 | 0.040 | 1.981 | 0.159 |
| 2 | −0.025 | −0.026 | 1.997 | 0.368 | 0.005 | 0.003 | 2.007 | 0.367 |
| 3 | 0.032 | 0.032 | 4.473 | 0.215 | −0.016 | −0.016 | 2.316 | 0.509 |
| 4 | −0.021 | −0.021 | 5.547 | 0.236 | −0.004 | −0.003 | 2.339 | 0.674 |
| 5 | 0.004 | 0.005 | 5.590 | 0.348 | −0.063 | −0.063 | 7.342 | 0.196 |
| 6 | 0.012 | 0.010 | 5.943 | 0.430 | 0.015 | 0.020 | 7.621 | 0.267 |

（续）

| 滞后期 | 焦煤期货日对数收益率 | | | | 焦炭期货日对数收益率 | | | |
|---|---|---|---|---|---|---|---|---|
| | $AC$ | $PAC$ | $Q$-$Stat$ | $Prob$ | $AC$ | $PAC$ | $Q$-$Stat$ | $Prob$ |
| 1 | −0.054 | −0.054 | 3.984 | 0.046 | −0.026 | −0.026 | 1.297 | 0.255 |
| 2 | 0.013 | 0.010 | 4.202 | 0.122 | 0.014 | 0.013 | 1.643 | 0.440 |
| 3 | 0.004 | 0.005 | 4.222 | 0.239 | 0.022 | 0.023 | 2.525 | 0.471 |
| 4 | 0.011 | 0.011 | 4.376 | 0.357 | 0.043 | 0.044 | 5.940 | 0.204 |
| 5 | −0.036 | −0.035 | 6.192 | 0.288 | −0.002 | 0.000 | 5.949 | 0.311 |
| 6 | 0.003 | −0.002 | 6.201 | 0.401 | 0.015 | 0.013 | 6.359 | 0.384 |

| 滞后期 | 硅铁期货日对数收益率 | | | | 锰硅期货日对数收益率 | | | |
|---|---|---|---|---|---|---|---|---|
| | $AC$ | $PAC$ | $Q$-$Stat$ | $Prob$ | $AC$ | $PAC$ | $Q$-$Stat$ | $Prob$ |
| 1 | 0.019 | 0.019 | 0.339 | 0.561 | 0.009 | 0.009 | 0.073 | 0.787 |
| 2 | 0.008 | 0.007 | 0.394 | 0.821 | 0.051 | 0.050 | 2.270 | 0.321 |
| 3 | 0.062 | 0.061 | 3.839 | 0.279 | 0.027 | 0.026 | 2.886 | 0.410 |
| 4 | 0.033 | 0.031 | 4.822 | 0.306 | −0.022 | −0.025 | 3.317 | 0.506 |
| 5 | 0.023 | 0.021 | 5.285 | 0.382 | 0.057 | 0.055 | 6.087 | 0.298 |
| 6 | −0.022 | −0.027 | 5.727 | 0.454 | −0.024 | −0.023 | 6.570 | 0.362 |

如表 4-4 所示，黑色金属商品期货日对数收益率序列的自相关系数和偏自相关系数数值很小，均接近零，取值围绕在零附近波动，$Q$ 统计量显著不为零，$P$ 值显著大于 0.05 的显著性水平，接受序列不存在自相关性的原假设。黑色金属商品期货日对数收益率序列不具有自相关性，序列中各观察值可能是一些互相独立、无关的随机变量。

## 4.3　黑色金属商品期货市场信息效率检验

### 4.3.1　基于 R/S 分析法的信息效率检验

本书分别选取在中国上海期货交易所、大连商品交易所和郑州商品交易所上市的螺纹钢、热轧卷板、线材、铁矿石、焦煤、焦炭、硅铁和锰硅期货主力合约日收盘价计算的自然对数收益率 $R_t$ 作为进行 R/S 分析的基础数据，时间跨度为自期货品种上市首日至 2021 年 12 月 31 日，分别得到 2 982、1 774、2 982、1 878、2 013、2 484、1 545 和 1 495 个日收益率数据。在 R/S 分析中，由于极差是对于平均值的累积离差，而累积离差率又等于对数收益率的相加之和，因而与价格的百分比变化率相比，因而选取对数收益率进行实证分析更恰当。R/S 分析的计算过程是一个对数据进行集中高度运算的过程，本书运用 Matlab7.6 软件编程进行 Hurst 指数的数学运算，求得 $(R/S)_N$、$\ln$ $\{(R/S)_N\}$，进而求得 $V_N$ 统计量，R/S 分析统计量如表 4 - 5a、表 4 - 5b。

表 4 - 5a　R/S 分析统计量

| N | 螺纹钢 | | 热轧卷板 | | 线材 | | 铁矿石 | |
|---|---|---|---|---|---|---|---|---|
| | $(R/S)_N$ | $V_N$ | $(R/S)_N$ | $V_N$ | $(R/S)_N$ | $V_N$ | $(R/S)_N$ | $V_N$ |
| 2 | 1.000 0 | 0.707 1 | 0.998 2 | 0.705 9 | 0.516 2 | 0.365 0 | 0.998 4 | 0.706 0 |
| 16 | 4.059 3 | 1.014 8 | 3.912 5 | 0.978 1 | 3.342 4 | 0.835 6 | 3.973 0 | 0.993 2 |
| 64 | 9.753 1 | 1.219 1 | 9.293 2 | 1.161 7 | 8.540 4 | 1.067 5 | 9.254 2 | 1.156 8 |
| 100 | 12.952 0 | 1.295 2 | 11.722 9 | 1.172 3 | 11.404 4 | 1.140 4 | 12.924 1 | 1.292 4 |
| 256 | 21.656 1 | 1.353 5 | 23.663 8 | 1.479 0 | 18.274 3 | 1.142 1 | 15.773 8 | 0.985 9 |
| 324 | 22.649 6 | 1.258 3 | 19.977 0 | 1.109 8 | 19.415 1 | 1.078 6 | 21.160 3 | 1.175 6 |
| 400 | 23.716 3 | 1.185 8 | 20.167 5 | 1.008 4 | 21.836 0 | 1.091 8 | 21.508 5 | 1.075 4 |
| 576 | 31.720 0 | 1.321 7 | — | — | 25.139 1 | 1.047 5 | 23.710 5 | 0.987 9 |
| 784 | 34.177 1 | 1.220 6 | — | — | 28.574 9 | 1.020 5 | — | — |
| 900 | 45.379 5 | 1.512 6 | — | — | 35.197 9 | 1.173 3 | — | — |
| 1024 | 46.484 4 | 1.452 6 | — | — | 41.453 8 | 1.295 4 | — | — |
| 1170 | 45.855 9 | 1.340 6 | — | — | 39.662 3 | 1.159 5 | — | — |

表 4 - 5b　R/S 分析统计量

| N | 焦煤 | | 焦炭 | | 硅铁 | | 锰硅 | |
|---|---|---|---|---|---|---|---|---|
| | $(R/S)_N$ | $V_N$ | $(R/S)_N$ | $V_N$ | $(R/S)_N$ | $V_N$ | $(R/S)_N$ | $V_N$ |
| 2 | 0.998 5 | 0.706 1 | 0.997 8 | 0.705 6 | 1.000 0 | 0.707 1 | 1.000 0 | 0.707 1 |
| 16 | 3.827 1 | 0.956 8 | 3.828 8 | 0.957 2 | 3.866 6 | 0.966 6 | 3.950 8 | 0.987 7 |
| 64 | 8.182 4 | 1.022 8 | 8.878 6 | 1.109 8 | 9.180 7 | 1.147 6 | 9.142 8 | 1.142 9 |
| 100 | 11.419 7 | 1.142 0 | 12.887 5 | 1.288 8 | 12.569 5 | 1.257 0 | 12.244 9 | 1.224 5 |
| 256 | 20.895 5 | 1.306 0 | 23.448 6 | 1.465 5 | 20.840 9 | 1.302 6 | 18.637 8 | 1.164 9 |
| 324 | 19.840 2 | 1.102 2 | 25.379 7 | 1.410 0 | 25.536 1 | 1.418 7 | 25.499 7 | 1.416 7 |
| 400 | 26.715 8 | 1.335 8 | 27.567 5 | 1.378 4 | 27.101 0 | 1.355 0 | 26.934 0 | 1.346 7 |
| 576 | 27.527 7 | 1.147 0 | 31.062 7 | 1.294 3 | — | — | — | — |
| 784 | — | — | 44.841 6 | 1.601 5 | — | — | — | — |
| 900 | — | — | 43.561 4 | 1.452 0 | — | — | — | — |
| 921 | — | — | 43.548 5 | 1.435 0 | — | — | — | — |

在求得 $(R/S)_N$ 和 $V_N$ 统计量之后，运用最小二乘法作 $\ln(N)$ 对 $\ln\{(R/S)_N\}$ 的回归，赫斯特指数（$H$）的估计值即为解释变量 $\ln(N)$ 的系数。则黑色金属商品期货主力合约的赫斯特指数和分形维度如表 4 - 6 所示。

**表4-6　黑色金属商品期货主力合约分形维度**

| 品种 | Hurst指数（$H$） | $N$的取值范围 | 分形维度（$D$） |
|---|---|---|---|
| 螺纹钢 | 0.564 4 | [2，117] | 1.435 6 |
| 热轧卷板 | 0.563 8 | [2，566] | 1.436 2 |
| 线材 | 0.563 3 | [2，117] | 1.436 7 |
| 铁矿石 | 0.495 4 | [2，618] | 1.504 6 |
| 焦煤 | 0.563 0 | [2，686] | 1.437 0 |
| 焦炭 | 0.632 8 | [2，921] | 1.367 2 |
| 硅铁 | 0.695 4 | [2，432] | 1.304 6 |
| 锰硅 | 0.657 2 | [2，408] | 1.342 8 |

如表4-6所示，螺纹钢、热轧卷板、线材、铁矿石、焦煤、焦炭、硅铁和锰硅期货的赫斯特指数均不等于0.5，这首先表明我国黑色金属商品期货时间序列不满足随机游走，价格波动不是正态分布，说明我国黑色金属商品期货市场存在分形特征，且具有长记忆性，当前的市场信息会对将来产生一定程度的影响，投资者可以通过对历史信息的研究和判断，来预期在未来一定时段内的黑色金属商品期货市场的行情走势情况。同时，螺纹钢、热轧卷板、线材、焦煤、焦炭、硅铁和锰硅期货的赫斯特指数均大于0.5，说明这7个黑色金属商品期货品种呈现持续或趋势性增强的时间序列，过去信息与未来价格增量之间存在正相关性；而铁矿石期货的赫斯特指数小于0.5，说明铁矿石期货是一种反持久性的时间序列，过去信息与未来价格增量之间存在负相关性，即呈现"均值回复"的过程。

比较螺纹钢、热轧卷板、线材、焦煤、焦炭、硅铁和锰硅期货的赫斯特指数的大小可以发现，螺纹钢、热轧卷板、线材、焦煤期货的赫斯特指数为0.5～0.6，分形维度介于1.4～1.5；焦炭、硅铁和锰硅期货的赫斯特指数大于0.6，分形维度小于1.4。根据分形理论，几何平面的分形维数是2，直线的分形维数是1，一个随机游动的分形维数是1.5，Hurst指数$H$与分形维数$D$之间的关系可以表述为$D=2-H$，分形维的数值越大，时间序列越参差不齐。当$0.5<H\leqslant1$时，$1\leqslant D<1.5$，时间序列呈增强趋势的长记忆特征，此时产生一条近似于直线的分形维，即持久性的时间序列会有一条比随机游走时间序列更加光滑、更少参差不齐的线，螺纹钢、热轧卷板、线材、焦煤、焦炭、硅铁和锰硅期货的对数收益率序列均表现出此特征，其中，焦炭、硅铁和锰硅期货呈现出更加光滑、更少参差不齐性的长记忆特征。

### 4.3.2　基于R/S分析法的黑色金属商品期货长记忆特征描述

基于R/S分析的金融市场长记忆性代表了过去的价格能够对未来产生一

定程度的影响，但是过去的价格能给多久以后的价格波动产生影响，还需要运用数理方法对非周期循环的天数进行进一步的测算。根据分形理论，在任何非线性系统中，都会存在一个让初始记忆消失的临界点，这一临界点对应有限记忆周期的终点。早在 1951 年水文学家 Hurst 就提出利用 $V_N = (R/S)_N / \sqrt{N}$ 统计量，从视觉上对数据进行审查，$V_N$ 统计量的趋势明显改变的第一个点，即为长记忆消失的临界点。后来学者将这一方法应用到了金融时间序列长记忆性的非循环周期的识别当中，运用这一方法求得的时间长度即为非循环周期的长度，即信息沿着时间轴扩散的长度。Hurst 指出，通过计算 $V$ 统计量并观察其变化趋势的转折点来分析分形时间序列的非循环性周期。纵坐标 $V_N$ 统计量增长趋势突然明显改变的第一个点，即为所对应的 $\ln(N)$ 即为长记忆性周期的极值点，根据 $\ln(N)$ 的值求得 $N$ 即为长记忆性非循环周期的长度（表 4-7）。

**表 4-7 黑色金属商品期货长记忆性周期的判断**

| 指标 | 螺纹钢 | 热轧卷板 | 线材 | 焦煤 | 焦炭 | 硅铁 | 锰硅 |
|---|---|---|---|---|---|---|---|
| $V_N$ | 1.481 | 1.325 | 1.129 | 1.286 | 1.322 | 1.367 | 1.332 |
| $\ln(N)$ | 5.517 | 4.796 | 4.025 | 5.231 | 4.615 | 4.795 | 4.522 |
| $N$ | 249 | 121 | 56 | 187 | 101 | 121 | 95 |

如表 4-7 所示，螺纹钢、热轧卷板、线材、焦煤、焦炭、硅铁、锰硅期货的长记忆性非循环周期长度，即信息沿着时间轴扩散的有效时长分别为 249、121、56、187、101、121、95 个交易日。

### 4.3.3 稳定性和有效性检验

以往有关金融市场分形特征的 R/S 研究文献当中，鲜见对赫斯特指数的稳定性和有效性进行全面检验的文献，本书应用 Peters（1991，1994）提出的赫斯特指数稳定性和有效性的检验方法，对 R/S 分析的可靠性进行逻辑验证。

#### 1. $H$ 值稳定性检验

Peters（1991，1994）指出，在相同的分形涨落动力机制下，对同一个时间序列而言，以日度、周度、月度不同时间维度计算的赫斯特指数数值虽然不完全相等，但是其分形特征的判断是一致的且差异较小，即赫斯特指数代表的分形特征不随时间序列维度选取而发生显著变化，赫斯特指数代表的时间序列的分形特征具有稳定性。Peters（1991）指出，现在信息对未来价格的影响可以表现为一种相关性，相关性度量指标 $C = 2^{(2H-1)} - 1$ 代表百分比率自相关性。通过对日度、周度、月度黑色金属商品期货对数收益率的赫斯特指数进行对比发现（表 4-8）。

**表 4-8　黑色金属商品期货 H 值稳定性检验**

| 数据频率 | 螺纹钢 | | | | 热轧卷板 | | | |
|---|---|---|---|---|---|---|---|---|
| | $H$ | $n$ | $D$ | $C$ | $H$ | $n$ | $D$ | $C$ |
| 日数据 | 0.564 4 | 2340 | 1.435 6 | 0.093 4 | 0.563 8 | 1132 | 1.436 2 | 0.092 5 |
| 周数据 | 0.588 9 | 494 | 1.411 1 | 0.131 2 | 0.609 6 | 240 | 1.390 4 | 0.164 1 |
| 月数据 | 0.607 5 | 114 | 1.392 5 | 0.160 7 | 0.585 5 | 58 | 1.414 5 | 0.125 8 |

| 数据频率 | 线材 | | | | 铁矿石 | | | |
|---|---|---|---|---|---|---|---|---|
| | $H$ | $n$ | $D$ | $C$ | $H$ | $n$ | $D$ | $C$ |
| 日数据 | 0.563 3 | 2 340 | 1.436 7 | 0.091 7 | 0.495 4 | 1 236 | 1.504 6 | −0.006 4 |
| 周数据 | 0.588 5 | 494 | 1.411 5 | 0.130 5 | 0.494 1 | 262 | 1.505 9 | −0.008 4 |
| 月数据 | 0.585 4 | 114 | 1.414 6 | 0.125 7 | 0.492 2 | 60 | 1.507 8 | −0.010 9 |

| 数据频率 | 焦煤 | | | | 焦炭 | | | |
|---|---|---|---|---|---|---|---|---|
| | $H$ | $n$ | $D$ | $C$ | $H$ | $n$ | $D$ | $C$ |
| 日数据 | 0.563 0 | 1 372 | 1.437 0 | 0.091 3 | 0.632 7 | 1 842 | 1.367 2 | 0.202 0 |
| 周数据 | 0.591 5 | 275 | 1.408 5 | 0.135 2 | 0.634 9 | 369 | 1.365 1 | 0.205 6 |
| 月数据 | 0.594 4 | 69 | 1.405 6 | 0.139 8 | 0.640 1 | 93 | 1.359 9 | 0.214 4 |

| 数据频率 | 硅铁 | | | | 锰硅 | | | |
|---|---|---|---|---|---|---|---|---|
| | $H$ | $n$ | $D$ | $C$ | $H$ | $n$ | $D$ | $C$ |
| 日数据 | 0.695 4 | 864 | 1.304 6 | 0.311 1 | 0.657 2 | 816 | 1.342 8 | 0.243 5 |
| 周数据 | 0.698 7 | 173 | 1.301 3 | 0.317 1 | 0.659 5 | 164 | 1.340 5 | 0.247 5 |
| 月数据 | 0.699 8 | 44 | 1.300 2 | 0.319 1 | 0.700 2 | 41 | 1.299 8 | 0.319 9 |

以 1.5 为轴心，黑色金属商品期货各品种的分形维度数由日度到周度再到月度不断向外发散，这反映了随着时间维度的增大，序列的随机干扰越少，分形特征越明显。但是其日度、周度、月度分形维度差异不显著，这反映了在相同的分形涨落动力机制下，对同一个期货品种的时间序列而言，其分形特征的判断是一致的；分形特征不随时间序列维度选取而发生显著变化，黑色金属商品期货市场时间序列的分形特征具有稳定性。

**2. H 值有效性检验**

Peters（1991）提出，检验赫斯特指数估计量在多大程度上有效的一个方法是：随机打乱数据，使得观察值的序列与原来的时间序列完全不同，对打乱的数据计算赫斯特指数。如果原序列存在显著的长记忆性，则数据的次序是重要的，通过打乱数据，应该是可以破坏掉原序列的系统结构，即使在观测的频数分布保持不变的情况下，重新计算的赫斯特指数的估计值也应该比原赫斯特指数值更接近 0.5。

通过随机置换法打乱黑色金属商品期货对数收益率序列的顺序，这样破坏了原时间序列内在的信息和联系。重新运用 R/S 分析法计算被随机置换打乱的时间序列的赫斯特指数，这种打乱次序的随机置换法重复 $m$ 次，将依次算得的赫斯特指数构建一个新的时间序列，其赫斯特指数的均值为 $\bar{H}_m$，构造 $\bar{H}_m$ 的 Z 检验（z test），以此用标准正态分布的理论来检验 $\bar{H}_m$ 是否显著异于螺纹钢和铁矿石期货对数收益率原序列的赫斯特指数（$H$）值。Z 检验如下：

$$Z = \frac{\bar{H}_m - H}{s / \sqrt{n}}$$

原假设：$\bar{H}_m = H$

备择假设：$\bar{H}_m \neq H$

Z 统计量中，$\bar{H}_m$ 代表 $m$ 次随机置换后构建的赫斯特指数新序列的平均值，$s$ 代表 $m$ 次抽样计算的赫斯特指数的标准差，$m$ 为随机置换抽样的次数（表4-9）。

表4-9 黑色金属收益率的随机置换检验

| $m$ | 螺纹钢对数收益率序列 | | | | 热轧卷板对数收益率 | | | |
|---|---|---|---|---|---|---|---|---|
| | 日对数收益率 | | 周对数收益率 | | 日对数收益率 | | 周对数收益率 | |
| | $\bar{H}_m$ | Z | $\bar{H}_m$ | Z | $\bar{H}_m$ | Z | $\bar{H}_m$ | Z |
| 100 | 0.533 9 | -6.735 2 | 0.567 0 | -3.983 7 | 0.552 3 | -2.557 3 | 0.581 3 | -5.504 3 |
| 200 | 0.540 7 | -7.629 3 | 0.567 7 | -5.764 1 | 0.550 9 | -3.756 4 | 0.587 2 | -5.873 4 |

| $m$ | 线材对数收益率 | | | | 铁矿石对数收益率 | | | |
|---|---|---|---|---|---|---|---|---|
| | 日对数收益率 | | 周对数收益率 | | 日对数收益率 | | 周对数收益率 | |
| | $\bar{H}_m$ | Z | $\bar{H}_m$ | Z | $\bar{H}_m$ | Z | $\bar{H}_m$ | Z |
| 100 | 0.546 9 | -3.770 9 | 0.564 2 | -5.362 9 | 0.543 5 | 10.068 9 | 0.574 3 | 14.409 4 |
| 200 | 0.545 9 | -5.629 8 | 0.564 1 | -6.979 0 | 0.542 5 | 13.758 2 | 0.575 9 | 20.906 7 |

| $m$ | 焦煤对数收益率序列 | | | | 焦炭对数收益率 | | | |
|---|---|---|---|---|---|---|---|---|
| | 日对数收益率 | | 周对数收益率 | | 日对数收益率 | | 周对数收益率 | |
| | $\bar{H}_m$ | Z | $\bar{H}_m$ | Z | $\bar{H}_m$ | Z | $\bar{H}_m$ | Z |
| 100 | 0.517 7 | -8.321 9 | 0.528 8 | -6.997 0 | 0.551 1 | -7.887 0 | 0.577 6 | -4.273 0 |
| 200 | 0.508 8 | -9.006 7 | 0.529 5 | -6.342 0 | 0.578 6 | -7.086 0 | 0.570 9 | -4.996 0 |

| $m$ | 硅铁对数收益率 | | | | 锰硅对数收益率 | | | |
|---|---|---|---|---|---|---|---|---|
| | 日对数收益率 | | 周对数收益率 | | 日对数收益率 | | 周对数收益率 | |
| | $\bar{H}_m$ | Z | $\bar{H}_m$ | Z | $\bar{H}_m$ | Z | $\bar{H}_m$ | Z |
| 100 | 0.588 9 | -7.001 0 | 0.589 7 | -6.221 0 | 0.577 7 | -8.673 0 | 0.590 0 | -5.331 0 |
| 200 | 0.590 6 | -7.883 0 | 0.599 0 | -6.001 0 | 0.598 3 | -7.256 0 | 0.602 2 | -3.998 0 |

通过对黑色金属商品期货不同品种时间序列进行 100 次和 200 次随机置换检验，并计算出打乱次序后的赫斯特指数均值 $\bar{H}_m$，从 Z 统计量的值可以得出，在 5% 的显著性水平下，拒绝 $\bar{H}_m = H$ 的原假设，黑色金属商品期货均拒绝随机抽样后序列赫斯特指数的均值与原序列相等的假设，说明随机抽样打乱序列顺序破坏了原时间序列的结构，将其转变为新的序列，这也证明本章根据 R/S 分析法计算的黑色金属商品期货市场赫斯特指数的有效性，本章对黑色金属商品期货分形特征的描述结果较为稳定有效。

## 4.4　结论与启示

### 4.4.1　结论

分形理论为探索中国特色衍生品市场的特征提供了思路和方法，本章运用 R/S 分析法，对中国黑色金属商品期货市场的分形特征进行了实证检验，得到的主要结论归纳如下。

第一，基于线性范式的有效市场假说不适合对中国黑色金属商品期货市场价格波动规律的研究。有效市场理论认为，资产价格服从正态分布且资产价格之间相互独立，而本书研究表明，这两个前提假设在黑色金属商品期货市场价格系统中并不成立，螺纹钢、热轧卷板、线材、铁矿石、焦煤、焦炭、硅铁、锰硅期货的日收益率序列均表现出"尖峰"和"厚尾"的非正态分布特征。

第二，中国黑色金属商品期货的收益率的 Hurst 指数均不等于 0.5，这表明黑色金属商品期货价格均具有显著的分形特征，意味着价格波动服从分形布朗运动，而不服从随机游走过程，即今天或者未来的价格变动与初始状态之间并非相互独立，而是相关的。其中，螺纹钢、热轧卷板、线材、焦煤、焦炭、硅铁、锰硅期货的赫斯特指数大于 0.5，这 7 个钢材期货品种其价格波动均具有趋势性、持续性和长记忆特征，期货价格的变化在前期状态的基础上增加与延续，可能呈现持续上涨、持续下跌或持续横盘的态势；而铁矿石期货的赫斯特指数小于 0.5，与钢材期货相比，其价格波动表现出"均值回复"的特征，较高的收益后面经常跟随着较低的收益，铁矿石价格序列存在内在的均衡机制。

第三，通过对 V 统计量的计算分析，推断出我国螺纹钢、热轧卷板、线材、焦煤、焦炭、硅铁、锰硅期货的长记忆性非循环周期长度，即信息沿着时间轴扩散的有效时长分别为 249、121、56、187、101、121、95 个交易日。这体现了过去的价格能够影响未来的价格，但是这种影响也不是永久都会传递下去的，而是在一个非循环性周期之后减弱并消失。黑色金属商品期货市场分形理论的研究还处于起步阶段，运用分形理论所提供的信息特征，具体地应用于黑色金属商品期货市场风险管理和套期保值等金融实践，无疑具有相当重要的现实意义。

第四，现在信息对未来价格的影响可以表现为一种相关性，螺纹钢、热轧卷板、线材、焦煤、焦炭、硅铁、锰硅期货基于日度时间维度计算的相关性度量指标——关联尺度 $C$ 分别为 9.34%、9.25%、9.17%、9.13%、20.20%、31.33%、24.35%，说明历史信息对现在产生一定影响，存在状态的持续性。原因就在于，信息以非线性的方式呈现，投资者也以非线性的方式对市场信息做出反应，期货价格波动也呈现非线性。铁矿石期货基于日度时间维度计算的相关性度量指标——关联尺度 $C$ 为 -0.64%，这表明现在信息对未来价格产生趋势相反的影响。

### 4.4.2 启示

目前，中国具有良好的钢铁现货产业链基础，黑色金属商品期货在中国成交量巨大，市场关注度高，流动性良好，期、现货联动紧密，在中国衍生品创新实践中取得了巨大的成功，为广大的钢铁产业链企业提供了有力的套期保值、规避风险的有效工具，也为中国寻求在钢材、铁矿石等大宗商品上的定价权创造了机遇。开展对黑色金属商品期货市场分形特征的研究，对于指导金融实践具有重要启示：

第一，分形理论所提供的黑色金属商品期货市场特征的信息，可以为风险管理和套期保值等金融实践以及投资者的科学投资提供指导。基于有效市场假说和正态分布假设的风险的度量方法和模型偏离现实乃至失效，研究基于分形理论的黑色金属商品期货市场风险控制理论与方法具有重要的现实指导作用和应用价值，Hurst 指数的大小和记忆周期长度可以作为度量风险的重要参考指标。Hurst 指数数值的大小反映出时间序列的参差不齐程度，数值越趋近于 1，系统中的噪声越少，价格收益率序列具有更强的持久性和更明显的趋势性；反之，Hurst 指数数值越低，系统中的噪声越多，序列更趋向于随机游走。分形记忆周期越长，价格对市场信息的冲击反应持续时间越长，期货市场的风险越低；反之风险越高。

第二，分形理论所提供的黑色金属商品期货市场特征的信息，可以为监管部门提供政策制定的理论参考。我国金融创新在衍生品领域的实践还处于起步阶段，在期货市场运行规则、监督规范、市场约束等方面还有一定的不足，分形特征的考察，可以发现市场的结构形式，为监管部门采取适当的调控手段，制定合理的监管政策，为促进衍生品市场健康发展提供理论参考。

# 第 5 章　黑色金属商品期货市场均值溢出效应研究

资本市场的信息溢出效应可以分为均值溢出和波动溢出两大部分，二者均指金融市场之间在空间维度上的，由信息传导导致的价格之间相互影响和价格波动性传导的现象。均值溢出效应反映了期货前期价格或者回报的变化对其他市场所产生的影响，具有正负之分，它反映的是价量关系的传递。

## 5.1　均值溢出效应的研究方法

为了更加全面考察中国特色的黑色金属商品期货市场的均值溢出效应，本章首先基于持有成本理论，对黑色金属商品期货与对应的现货市场价格信息的相互传导，即价格发现功能及其效率进行考察，运用协整检验、向量误差修正模型的基础上得到脉冲响应、方差分解，对螺纹钢、热轧卷板、线材、铁矿石、焦煤、焦炭、硅铁、锰硅期货价格和现货价格之间的长期均衡关系和短期波动关系进行描述；然后基于 IS 信息份额模型，将期货、现货共因子的方差进行分解，构建了信息共享程度的指标，分别测量每个黑色金属商品期货品种其期货和现货的信息对共因子方差贡献的上下限值；最后，基于状态空间视角，运用卡尔曼滤波算法，对期货市场价格发现功能进行动态的刻画。通过对中国特色的黑色金属商品期货与现货市场的价格发现功能进行短期、长期、静态、动态较为全面的分析并作横向对比，以期回答如下问题：①黑色金属商品期货与现货价格之间是否存在长期均衡关系及引导关系；②黑色金属商品期货和现货价格短期波动的领先滞后关系是怎样的，面对短期的信息冲击，黑色金属商品期货能否发挥其价格的预期和引导作用；③从长期和动态的视角看，黑色金属商品期货是否已经具备价格发现功能。以期基于持有成本理论，对黑色金属商品期货市场的均值溢出效应进行全面分析。

### 5.1.1　基于持有成本理论的长期均衡关系

期货价格，即对未来到期的商品价值的预期，期货价格与现货价格通过套利机制相互作用。根据 Garbade 和 Silber（1983）持有成本理论，该理论认为，在不考虑交易和税收摩擦成本的基本前提下，商品的期货价格应该等于现货价格加上持有成本，再减去持有标的资产可能获得的便利收益，因此期货能够反映供求双方对未来价格走势的预期，从能够领先并引导现货价格。期货和现货之间的关系可以表述为：

$$f_t = s_t \, e^{(r-d)(T-t)} \qquad (5-1)$$

公式 5-1 中，$f_t$ 为时刻 $t$ 的期货价格；$s_t$ 为时刻 $t$ 的现货价格；$r$ 为无风险收益率（代表了持有成本）；$d$ 为连续复利红利收益率（代表了便利收益）；$T-t$ 为距离期货合约到期的时间长度。令期货和现货价格的对数序列分别为 $F_t$ 和 $S_t$：

$$F_t = \ln f_t \qquad (5-2)$$
$$S_t = \ln s_t \qquad (5-3)$$

根据持有成本理论，在不考虑税收和交易成本的基础上，期货对数价格和现货对数价格序列之间存在长期的均衡关系，可以表示为：

$$F_t = \alpha + \beta S_t + z_t \qquad (5-4)$$

随后，Engle 和 Granger（1987）基于变量随机时间序列的因果关系角度，给出了检验期货和现货价格之间的长期均衡关系的 Granger 因果检验。Johansen（1988）、Johansen 和 Juselius（1990）在 Granger 因果检验的研究基础上，提出了协整检验方法，并在期货市场价格发现功能以及期货价格与现货价格动态关系的研究中得到了广泛应用。

### 5.1.2 短期信息扰动的刻画——VECM 模型

然而真实市场中由于信息冲击的存在，以及市场摩擦的存在，这就导致期、现货价格之间在长期均衡的基础上，可能会存在短期的价格波动及领先滞后关系等价格偏离。根据格兰杰表示定理（Engle and Granger，1987），短期非均衡关系总能由一个误差修正向（single equation ECM）来表述，随后 Johansen（1995）在此基础上提出多变量的向量误差修正模型（VECM），当期货价格 $F_t$ 和现货价格 $S_t$ 之间存在协整关系时，存在能够代表价格序列短期波动和长期均衡信息的有效误差修正项。VECM 模型如下：

$$\Delta F_t = m_f + \sum_{i=1}^{p} (\alpha_{f,i} \Delta F_{t-i} + \beta_{f,i} \Delta S_{t-i}) + \delta_{f,t} ECM_{t-1} + \varepsilon_{f,t}$$

$$(5-5)$$

$$\Delta S_t = m_s + \sum_{i=1}^{p} (\alpha_{s,i} \Delta F_{t-i} + \beta_{s,i} \Delta S_{t-i}) + \delta_{s,t} ECM_{t-1} + \varepsilon_{s,t}$$

$$(5-6)$$

公式 5-5、公式 5-6 中，$\Delta F_t$ 和 $\Delta S_t$ 分别为期货价格 $F_t$ 和现货价格 $S_t$ 的一阶差分序列，$\alpha_{f,i}$、$\alpha_{s,i}$、$\beta_{f,i}$、$\beta_{s,i}$ 为短期价格调整系数，代表协整方程的扰动项；$\delta_{f,t}$、$\delta_{s,t}$ 分别代表了期货价格和现货价格的误差修正模型的调整系数；$\varepsilon_{f,t}$、$\varepsilon_{s,t}$ 代表残差项，为白噪声序列。期货和现货的短期领先滞后效应，可以通过检验系数 $\alpha_{f,i}$、$\alpha_{s,i}$、$\beta_{f,i}$、$\beta_{s,i}$ 的显著性来判断，若系数不全为 0，则说明期

货和现货之间具有短期的价格引导和预测关系。VECM 模型在 VAR 基础上引入误差修正项 $ECM_{t-1}$，代表了长期均衡关系的误差修正，$ECM_{t-1}$ 的系数 $\delta_{f,t}$ 和 $\delta_{s,t}$ 分别代表期货市场和现货市场偏离长期均衡的调整力度，若 $\delta_{f,t}$ 显著不为零，则表示期货市场对现货具有长期的价格发现功能；如果 $\delta_{s,t}$ 相对较小而 $\delta_{f,t}$ 相对较大，则说明现货价格恢复到均衡状态的速度较慢，而期货价格恢复到均衡状态的速度较快，期货市场相对于现货市场而言，在长期价格发现过程中处于主导地位。

### 5.1.3　基于信息共享程度的价格发现贡献度 IS 模型

IS 模型，即 Hasbrouck（1995）提出的信息份额模型，将共因子的方差进行分解，构建了信息共享程度的指标，测量每个市场的信息对共因子方差贡献的上下限值

$$IS_f^U = \frac{(\delta_{s,t}\,\sigma_f - \delta_{f,t}\rho\,\sigma_s)^2}{\delta_{s,t}^2\,\sigma_f^2 - 2\,\delta_{f,t}\,\delta_{s,t}\rho\,\sigma_f\,\sigma_s + \delta_{f,t}^2\,\sigma_s^2} \tag{5-7}$$

$$IS_f^L = \frac{\delta_{s,t}^2\,\sigma_f^2(1-\rho^2)}{\delta_{f,t}^2\,\sigma_s^2 - 2\,\delta_{f,t}\,\delta_{s,t}\rho\,\sigma_f\,\sigma_s + \delta_{s,t}^2\,\sigma_f^2} \tag{5-8}$$

公式 5-7 和公式 5-8 中，$IS_f^U$ 代表期货市场价格发现贡献度的上限，$IS_f^L$ 代表期货市场价格发现贡献度的下限。$\delta_{f,t}$ 和 $\delta_{s,t}$ 分别为期货价格和现货价格误差修正模型公式 5-5 和公式 5-6 的调整系数；$\sigma_f$、$\sigma_s$ 分别为误差修正模型公式 5-5 和公式 5-6 中残差项 $\varepsilon_{f,t}$、$\varepsilon_{s,t}$ 的标准差；$\rho$ 代表误差修正模型中期货和现货残差序列的相关系数。$IS_f^U$ 和 $IS_f^L$ 的数值越大代表期货市场在长期均衡关系中的信息份额比重越大，期货市场的价格发现贡献度越大，现货市场的价格发现贡献度的上下限分别为 $1-IS_f^L$ 和 $1-IS_f^U$。

### 5.1.4　价格发现贡献度的动态度量

Caporaleetal（2010）在误差修正模型基础上提出，期货价格发现的贡献度可由长期误差修正项的系数 $\lambda$ 来体现

$$\lambda = \frac{\mid \delta_{s,t}\mid}{(\mid \delta_{s,t}\mid + \mid \delta_{f,t}\mid)} \tag{5-9}$$

以上是通过 VECM 模型的点估计获得，所以计算出的期货市场价格发现的贡献度 $\lambda$ 是一个时点的静态值，无法反映价格发现功能的动态变化。针对这一问题，借鉴 Harvey（1989）、Hamilton（1994）提出的状态空间方程的思路，将基于卡尔曼滤波算法的变参数状态空间方程引入价格发现贡献度的指数测算。该模型将不可观测的状态变量引入可观测模型当中，建立了可观测变量和系统内部状态之间的关系，通过估计各种不同的状态向量，达到观测和分析系统的目的。该模型包含量测方程和状态方程两部分，为了估计模型中的参数值，最好的方法是运用卡尔曼滤波算法，即强有力的迭代算法，将长期均衡关

系的误差修正项 $ECM_{t-1}$ 的系数 $\delta_{1,t}$ 和 $\delta_{2,t}$ 用状态空间方程来表示

$$\delta_{f,t} = \delta_{f,t-1} + \omega_{1,t} \qquad \text{状态方程 1}$$

$$\delta_{s,t} = \delta_{s,t-1} + \omega_{2,t} \qquad \text{状态方程 2}$$

卡尔曼滤波算法是一个最优化自回归数据处理算法，其基本原理是运用连续的观测变量的时间序列，来连续地修正非观测变量的值，以此来对模型中所包含的全部未知参数进行估计。概括起来，卡尔曼滤波是在时刻 $t$ 基于所有可得到的信息，计算状态方程中状态变量的一个递推过程，卡尔曼滤波能通过预测误差分解计算似然函数，从而可以对模型的所有未知参数进行估计，并且当新的观测值一旦得到，利用卡尔曼滤波可以连续地修正状态向量的估计。于是，基于状态空间模型的期货价格发现的动态贡献度 $\lambda$ 和现货价格发现的动态贡献度 $\lambda'$ 分别表示为

$$\text{期货}:\lambda = \frac{|\delta_{s,t}|}{(|\delta_{s,t}| + |\delta_{f,t}|)}$$

$$\text{现货}:\lambda' = 1 - \lambda$$

## 5.2 黑色金属商品期货均值溢出效应的描述性统计

### 5.2.1 数据的选取

本书选取在中国的期货交易所上市的螺纹钢、热轧卷板、线材、铁矿石为研究对象，以上述 4 个黑色金属商品期货品种自上市首日至 2021 年 12 月 31 日的主力合约日收盘价组成的连续时间序列作为期货价格，分别得到 2 982、1 774、2 982、1 878 个日收益率数据；分别选取螺纹钢 HRB400 - 20 毫米、热轧卷板 Q235B - 3.0 毫米、高线 HPB300 - 8.0 和铁矿石 62% 的普氏指数作为现货日度价格的衡量指标。焦煤、焦炭、硅铁、锰硅现货价格采用每周询价模式，因此分别选取中国太原炼焦煤周度交易价、河北地区一级冶金焦炭的周度市场价、甘肃兰州地区 FeSi75 硅铁周度市场价、北方地区 FeMn65Si17 硅锰周度市场价作为现货价格衡量指标，分别选取焦煤、焦炭、硅铁、锰硅期货主力合约周度收盘价作为期货价格衡量指标，分别获得周度数据 421 对、561 对、377 对、328 对。数据来源于万得资讯（wind）数据库（表 5 - 1a、表 5 - 1b、表 5 - 2a、表 5 - 2b）。

表 5 - 1a　黑色金属价格序列的描述性统计

| 价格序列 | 螺纹钢 | | 热轧卷板 | | 线材 | | 铁矿石 | |
|---|---|---|---|---|---|---|---|---|
| $f_t$、$s_t$ | $f_t$ | $s_t$ | $f_t$ | $s_t$ | $f_t$ | $s_t$ | $f_t$ | $s_t$ |
| 均值 | 3 544 | 3 709 | 3 069 | 3 288 | 3 002 | 3 340 | 525 | 472 |
| 偏度 | −0.44 | −0.39 | −0.18 | −0.18 | −0.35 | 0.07 | 1.14 | 1.02 |

（续）

| 价格序列 | 螺纹钢 | | 热轧卷板 | | 线材 | | 铁矿石 | |
|---|---|---|---|---|---|---|---|---|
| $f_t$、$s_t$ | $f_t$ | $s_t$ | $f_t$ | $s_t$ | $f_t$ | $s_t$ | $f_t$ | $s_t$ |
| 峰度 | 2.34 | 2.37 | 1.84 | 1.76 | 1.98 | 2.01 | 3.79 | 3.64 |
| 样本个数 | 2 351 | 2 351 | 1 147 | 1 147 | 1 346 | 1 346 | 1 224 | 1 224 |
| 正态性检验　$JB$ | 120.2 | 97.6 | 67.0 | 80.1 | 85.2 | 56.3 | 295.3 | 232.2 |
| 　　　　　　$P$ | 0.00 | 0.00 | 0.00 | 0.00 | 0.00 | 0.00 | 0.00 | 0.00 |
| 自相关性检验　$Q$ (1) | 2 346* | 2 352* | 1 143* | 1 147* | 1 337* | 1 346* | 1 211* | 1 214* |
| 　　　　　　$P$ | 0.00 | 0.00 | 0.00 | 0.00 | 0.00 | 0.00 | 0.00 | 0.00 |
| 　　　　　　$Q$ (36) | 79 437* | 79 563* | 37 530* | 38 513* | 43 043* | 44 004* | 34 935* | 35 254* |
| 　　　　　　$P$ | 0.00 | 0.00 | 0.00 | 0.00 | 0.00 | 0.00 | 0.00 | 0.00 |

注：$Q$ 统计量数值后的 * 表示存在自相关性。

**表 5 - 1b　黑色金属价格序列的描述性统计**

| 价格序列 | 焦煤 | | 焦炭 | | 硅铁 | | 锰硅 | |
|---|---|---|---|---|---|---|---|---|
| $f_t$、$s_t$ | $f_t$ | $s_t$ | $f_t$ | $s_t$ | $f_t$ | $s_t$ | $f_t$ | $s_t$ |
| 均值 | 987 | 114 | 1 574 | 1 593 | 5 512 | 5 788 | 6 884 | 7 125 |
| 偏度 | −0.01 | 0.19 | −0.17 | −0.01 | 0.15 | 0.84 | 0.04 | −0.06 |
| 峰度 | 1.68 | 1.19 | 1.93 | 1.92 | 2.93 | 3.97 | 2.20 | 1.87 |
| 样本个数 | 272 | 272 | 412 | 412 | 228 | 228 | 179 | 179 |
| 正态性检验　$JB$ | 19.76 | 38.61 | 21.44 | 20.04 | 0.90 | 35.36 | 4.79 | 9.61 |
| 　　　　　　$P$ | 0.00 | 0.00 | 0.00 | 0.00 | 0.64 | 0.00 | 0.09 | 0.01 |
| 自相关性检验　$Q$ (1) | 263* | 272* | 402* | 408* | 215* | 217* | 164* | 167* |
| 　　　　　　$P$ | 0.00 | 0.00 | 0.00 | 0.00 | 0.00 | 0.00 | 0.00 | 0.00 |
| 　　　　　　$Q$ (36) | 5 183* | 6 885* | 9 261* | 9 031* | 4 133* | 3 364* | 2 058* | 1 725* |
| 　　　　　　$P$ | 0.00 | 0.00 | 0.00 | 0.00 | 0.00 | 0.00 | 0.00 | 0.00 |

注：$Q$ 统计量数值后的 * 表示存在自相关性。

**表 5 - 2a　黑色金属对数价格序列的描述性统计**

| 对数价格 | 螺纹钢 | | 热轧卷板 | | 线材 | | 铁矿石 | |
|---|---|---|---|---|---|---|---|---|
| $f_t$、$s_t$ | $f_t$ | $s_t$ | $f_t$ | $s_t$ | $f_t$ | $s_t$ | $f_t$ | $s_t$ |
| 均值 | 8.14 | 8.19 | 8.00 | 8.07 | 7.99 | 8.09 | 6.23 | 6.12 |
| 偏度 | −0.90 | −0.82 | −0.50 | −0.47 | −0.62 | −0.27 | 0.51 | 0.36 |
| 峰度 | 2.93 | 2.83 | 2.14 | 2.02 | 2.29 | 2.02 | 2.93 | 2.86 |
| 样本个数 | 2 351 | 2 351 | 1 147 | 1 147 | 1 346 | 1 346 | 1 224 | 1 224 |

（续）

| 价格序列 $f_t$、$s_t$ | | 螺纹钢 | | 热轧卷板 | | 线材 | | 铁矿石 | |
|---|---|---|---|---|---|---|---|---|---|
| | | $f_t$ | $s_t$ | $f_t$ | $s_t$ | $f_t$ | $s_t$ | $f_t$ | $s_t$ |
| 正态性检验 | $JB$ | 315.2 | 268.0 | 82.4 | 88.6 | 113.4 | 70.8 | 53.0 | 27.11 |
| | $P$ | 0.00 | 0.00 | 0.00 | 0.00 | 0.00 | 0.00 | 0.00 | 0.00 |
| 自相关性检验 | $Q(1)$ | 2 347* | 2 352* | 1 144* | 1 147* | 1 339* | 1 346* | 1 212* | 1 215* |
| | $P$ | 0.00 | 0.00 | 0.00 | 0.00 | 0.00 | 0.00 | 0.00 | 0.00 |
| | $Q(36)$ | 80 079* | 80 096* | 37 694* | 8 614* | 3 492* | 4 418* | 35 012* | 35 115* |
| | $P$ | 0.00 | 0.00 | 0.00 | 0.00 | 0.00 | 0.00 | 0.00 | 0.00 |

注：$Q$统计量数值后的*表示存在自相关性。

表 5 - 2b　黑色金属对数价格序列的描述性统计

| 对数价格 $f_t$、$s_t$ | | 焦煤 | | 焦炭 | | 硅铁 | | 锰硅 | |
|---|---|---|---|---|---|---|---|---|---|
| | | $f_t$ | $s_t$ | $f_t$ | $s_t$ | $f_t$ | $s_t$ | $f_t$ | $s_t$ |
| 均值 | | 6.85 | 4.64 | 7.30 | 7.32 | 8.60 | 8.65 | 8.83 | 8.86 |
| 偏度 | | −0.31 | 0.04 | −0.66 | −0.45 | −0.31 | 0.35 | −0.24 | −0.27 |
| 峰度 | | 1.81 | 1.30 | 2.42 | 2.09 | 2.74 | 2.92 | 2.41 | 1.92 |
| 样本个数 | | 272 | 272 | 412 | 412 | 228 | 228 | 179 | 179 |
| 正态性检验 | $JB$ | 20.60 | 32.76 | 35.96 | 28.13 | 4.31 | 4.71 | 4.39 | 10.88 |
| | $P$ | 0.00 | 0.00 | 0.00 | 0.00 | 0.12 | 0.10 | 0.11 | 0.00 |
| 自相关性检验 | $Q(1)$ | 267.15* | 272.36* | 406.69* | 410.19* | 219.18* | 221.11* | 164.03* | 167.45* |
| | $P$ | 0.00 | 0.00 | 0.00 | 0.00 | 0.00 | 0.00 | 0.00 | 0.00 |
| | $Q(36)$ | 5 517* | 6 757* | 9 829* | 9 606* | 4 137* | 3 731* | 2 024* | 1 780* |
| | $P$ | 0.00 | 0.00 | 0.00 | 0.00 | 0.00 | 0.00 | 0.00 | 0.00 |

注：$Q$统计量数值后的*表示存在自相关性。

### 5.2.2　平稳性检验

本书在进行单位根检验时采用 ADF 检验法，对滞后阶数的确定主要依据 AIC 准则，检验结果由 Eviews8.0 软件完成，结果见表 5 - 3a、表 5 - 3b。

表 5 - 3a　黑色金属价格时间序列的 ADF 平稳性检验

| 序列 | | 螺纹钢 | | 热轧卷板 | | 线材 | | 铁矿石 | |
|---|---|---|---|---|---|---|---|---|---|
| | | 期货 | 现货 | 期货 | 现货 | 期货 | 现货 | 期货 | 现货 |
| 价格序列 $f_t$、$s_t$ | $t$ | −1.43* | −1.46* | −1.93* | −1.70* | −1.79* | −1.19* | −2.49* | −2.20* |
| | $P$ | 0.57 | 0.55 | 0.64 | 0.75 | 0.39 | 0.68 | 0.33 | 0.49 |
| 对数价格 $F_t$、$S_t$ | $t$ | −1.33* | −1.27* | −1.82* | −0.86* | −1.64* | −1.03* | −2.18* | −2.06* |
| | $P$ | 0.62 | 0.65 | 0.70 | 0.80 | 0.46 | 0.75 | 0.50 | 0.57 |

（续）

| 序列 | | 螺纹钢 | | 热轧卷板 | | 线材 | | 铁矿石 | |
|---|---|---|---|---|---|---|---|---|---|
| | | 期货 | 现货 | 期货 | 现货 | 期货 | 现货 | 期货 | 现货 |
| 一阶差分 | $t$ | −48.8 | −19.55 | −34.68 | −18.08 | −38.16 | −14.53 | −33.43 | −30.97 |
| $\Delta F_t$、$\Delta S_t$ | $P$ | 0.00 | 0.00 | 0.00 | 0.00 | 0.00 | 0.00 | 0.00 | 0.00 |

注：$t$ 统计量数值后的 * 表示不平稳。

**表 5 - 3b　黑色金属价格时间序列的 ADF 平稳性检验**

| 序列 | | 焦煤 | | 焦炭 | | 硅铁 | | 锰硅 | |
|---|---|---|---|---|---|---|---|---|---|
| | | 期货 | 现货 | 期货 | 现货 | 期货 | 现货 | 期货 | 现货 |
| 价格序列 | $t$ | −1.36* | −0.69* | −1.94 | −1.45* | −1.86* | −2.47* | −1.99* | −1.90* |
| $f_t$、$s_t$ | $P$ | 0.60 | 0.85 | 0.31 | 0.56 | 0.35 | 0.12 | 0.29 | 0.33 |
| 价格序列 | $t$ | −1.05* | −1.57* | −1.38* | −1.79* | −1.60* | −2.14* | −2.00* | −1.93* |
| $F_t$、$S_t$ | $P$ | 0.74 | 0.49 | 0.59 | 0.39 | 0.48 | 0.23 | 0.29 | 0.32 |
| 价格序列 | $t$ | −16.51 | −2.43* | −8.17 | −8.18 | −13.95 | −10.98 | −13.66 | −12.63 |
| $\Delta F_t$、$\Delta S_t$ | $P$ | 0.00 | 0.36 | 0.00 | 0.00 | 0.00 | 0.00 | 0.00 | 0.00 |

注：$t$ 统计量数值后的 * 表示不平稳。

从表 5 - 3a、表 5 - 3b 对黑色金属平稳性的 ADF 单位根检验可知，螺纹钢、热轧卷板、线材、铁矿石、焦煤、焦炭、硅铁、锰硅期货和现货价格序列（$f_t$、$s_t$）和对数价格序列（$F_t$、$S_t$）都是非平稳的时间序列。但是，螺纹钢、热轧卷板、线材、铁矿石、焦炭、硅铁、锰硅期货和现货对数价格序列（$F_t$、$S_t$）经过一阶差分后的序列 $\Delta F_t$、$\Delta S_t$ 变为平稳的时间序列，即对数价格序列（$F_t$、$S_t$）同为一阶单整 I（1）过程。然而，焦煤现货对数价格序列经过一阶差分后的序列 $\Delta S_t$ 仍然为非平稳的时间序列，即焦煤期货和现货价格序列不存在同阶单整关系。

### 5.2.3　协整检验和格兰杰因果关系检验

由黑色金属价格时间序列的 ADF 平稳性检验可知，虽然黑色金属商品期货和现货价格自身的长期变化规律难以把握，但是螺纹钢、热轧卷板、线材、铁矿石、焦炭、硅铁、锰硅期货和现货对数价格序列（$F_t$、$S_t$）同为一阶单整 I（1）过程，二者之间可能存在长期的均衡关系，可以分别对螺纹钢、热轧卷板、线材、铁矿石、焦炭、硅铁、锰硅期货和现货对数价格序列（$F_t$、$S_t$）进行进一步的协整检验。Johansen 协整检验，运用极大似然估计法，通过计算迹统计量和最大特征值统计量，将其与临界值做比较，以此来检验序列之间是否存在长期均衡的协整关系（表 5 - 4）。

**表 5－4　黑色金属商品期货对数价格序列（$F_t$、$S_t$）的 Johansen 协整检验**

| 品种 | 统计方法 | 滞后阶数 | 原假设下协整关系个数 | 特征值 | 迹统计量 | 5%临界值 | $P$ |
|---|---|---|---|---|---|---|---|
| 螺纹钢 | 迹统计 | 9 | $r=0$ | 0.007 2 | 18.47 | 15.49 | 0.017 3 |
| | | | $r \leqslant 1$ | 0.000 7 | 1.57 | 3.84 | 0.210 8 |
| | 最大特征根统计 | | $r=0$ | 0.007 2 | 16.90 | 14.26 | 0.018 7 |
| | | | $r \leqslant 1$ | 0.000 7 | 1.57 | 3.84 | 0.210 8 |
| 热轧卷板 | 迹统计 | 7 | $r=0$ | 0.021 9 | 26.19 | 15.49 | 0.000 9 |
| | | | $r \leqslant 1$ | 0.000 7 | 0.81 | 3.84 | 0.367 9 |
| | 最大特征根统计 | | $r=0$ | 0.021 9 | 25.38 | 14.26 | 0.000 9 |
| | | | $r \leqslant 1$ | 0.000 7 | 0.81 | 3.84 | 0.367 9 |
| 线材 | 迹统计 | 4 | $r=0$ | 0.015 0 | 21.64 | 15.49 | 0.005 2 |
| | | | $r \leqslant 1$ | 0.001 0 | 1.32 | 3.84 | 0.250 4 |
| | 最大特征根统计 | | $r=0$ | 0.015 0 | 20.32 | 14.26 | 0.004 9 |
| | | | $r \leqslant 1$ | 0.001 0 | 1.32 | 3.84 | 0.250 4 |
| 铁矿石 | 迹统计 | 10 | $r=0$ | 0.029 0 | 41.90 | 15.49 | 0.000 0 |
| | | | $r \leqslant 1$ | 0.005 0 | 6.10 | 3.84 | 0.013 5 |
| | 最大特征根统计 | | $r=0$ | 0.029 0 | 35.80 | 14.26 | 0.000 0 |
| | | | $r \leqslant 1$ | 0.005 0 | 6.10 | 3.84 | 0.013 5 |
| 焦炭 | 迹统计 | 6 | $r=0$ | 0.063 0 | 28.80 | 15.49 | 0.000 3 |
| | | | $r \leqslant 1$ | 0.006 0 | 2.29 | 3.83 | 0.129 5 |
| | 最大特征根统计 | | $r=0$ | 0.063 0 | 26.49 | 14.26 | 0.000 4 |
| | | | $r \leqslant 1$ | 0.005 0 | 2.30 | 3.84 | 0.129 5 |
| 硅铁 | 迹统计 | 3 | $r=0$ | 0.086 0 | 23.11 | 15.49 | 0.002 9 |
| | | | $r \leqslant 1$ | 0.013 0 | 2.92 | 3.84 | 0.087 3 |
| | 最大特征根统计 | | $r=0$ | 0.086 0 | 20.19 | 14.26 | 0.005 2 |
| | | | $r \leqslant 1$ | 0.013 0 | 2.92 | 3.84 | 0.087 3 |
| 锰硅 | 迹统计 | 6 | $r=0$ | 0.089 0 | 19.71 | 15.49 | 0.010 9 |
| | | | $r \leqslant 1$ | 0.022 0 | 3.77 | 3.84 | 0.052 1 |
| | 最大特征根统计 | | $r=0$ | 0.089 0 | 15.94 | 14.26 | 0.026 9 |
| | | | $r \leqslant 1$ | 0.022 0 | 3.77 | 3.84 | 0.052 1 |

通过对黑色金属商品期货和现货对数价格序列（$F_t$、$S_t$）的迹统计量和最大特征值统计量与临界值的比较可以发现，在 5% 的显著性水平下，可以拒绝螺纹钢、热轧卷板、线材、铁矿石、焦炭、硅铁、锰硅期货与现货市场之间协

整关系个数等于0的原假设，接受期货和现货市场之间协整关系个数小于等于1的原假设，这表明螺纹钢、热轧卷板、线材、铁矿石、焦炭、硅铁、锰硅期货市场和现货市场之间存在1个协整的均衡关系，期货价格是现货价格的无偏估计量，即在短时间内期货与现货价格可能偏离均衡状态，但二者之间仍保持长期的均衡关系。这也从一个侧面印证了螺纹钢、热轧卷板、线材、铁矿石、焦炭、硅铁、锰硅期货市场的运行在一定程度上是有效的，黑色金属商品期货价格发现功能得到一定程度的发挥，但是黑色金属商品期货和现货价格二者之间长期均衡关系的存在，还无法确定谁在价格发现中起主导作用。在协整检验的基础上，进一步对螺纹钢、热轧卷板、线材、铁矿石、焦炭、硅铁、锰硅期货与现货的对数价格序列（$F_t$、$S_t$）经过一阶差分后的平稳的时间序列$\Delta F_t$、$\Delta S_t$进行格兰杰因果关系检验，结果如表5-5所示。

**表5-5 黑色金属商品期货与现货的格兰杰因果关系检验**

| 品种 | 原假设 | 观测数 | 滞后阶数 | F统计量 | 相伴概率 | 是否拒绝原假设 |
|---|---|---|---|---|---|---|
| 螺纹钢 | 期货不是现货的格兰杰原因 | 2 341 | 9 | 35.59 | 2.00E-59 | 拒绝 |
| | 现货不是期货的格兰杰原因 | | | 2.33 | 0.013 1 | 拒绝 |
| 热轧卷板 | 期货不是现货的格兰杰原因 | 1 139 | 7 | 17.13 | 1.00E-21 | 拒绝 |
| | 现货不是期货的格兰杰原因 | | | 1.96 | 0.057 0 | 不拒绝 |
| 线材 | 期货不是现货的格兰杰原因 | 1 341 | 4 | 2.04 | 0.087 0 | 不拒绝 |
| | 现货不是期货的格兰杰原因 | | | 1.91 | 0.107 0 | 不拒绝 |
| 铁矿石 | 期货不是现货的格兰杰原因 | 1206 | 10 | 2.13 | 0.020 0 | 拒绝 |
| | 现货不是期货的格兰杰原因 | | | 5.01 | 4.00E-07 | 拒绝 |
| 焦炭 | 期货不是现货的格兰杰原因 | 412 | 6 | 19.78 | 1.00E-17 | 拒绝 |
| | 现货不是期货的格兰杰原因 | | | 1.99 | 0.078 7 | 不拒绝 |
| 硅铁 | 期货不是现货的格兰杰原因 | 228 | 3 | 12.39 | 2.00E-07 | 拒绝 |
| | 现货不是期货的格兰杰原因 | | | 1.270 | 0.285 5 | 不拒绝 |
| 锰硅 | 期货不是现货的格兰杰原因 | 179 | 6 | 6.14 | 8.00E-06 | 拒绝 |
| | 现货不是期货的格兰杰原因 | | | 1.82 | 0.098 2 | 不拒绝 |

如表5-5所示，在5%的显著性水平下，螺纹钢、铁矿石期货和现货均拒绝不是对方格兰杰原因的原假设，即螺纹钢、铁矿石期货和现货互为格兰杰原因，螺纹钢和铁矿石期货价格均有助于解释各自现货价格未来的变化，现货价格也有助于解释各自期货价格的未来变化；而线材期货和现货均不能拒绝不是对方格兰杰原因的原假设，即线材期货和现货相互不存在格兰杰因果关系，线材期货价格对解释现货价格未来变化没有显著作用，现货价格对解释期货价

格的未来变化也没有显著作用;而热轧卷板、焦炭、硅铁、锰硅拒绝期货不是现货格兰杰原因的原假设,不拒绝现货不是期货格兰杰原因的原假设,表明热轧卷板、焦炭、硅铁、锰硅只存在期货是现货格兰杰原因的单向关系,即热轧卷板、焦炭、硅铁、锰硅期货价格对解释各自现货价格的未来变化有作用,而现货价格对解释各自期货价格的未来变化没有显著作用。

## 5.3 VECM 模型的短期价格发现功能研究

由 Johansen 协整检验可知,螺纹钢、热轧卷板、线材、铁矿石、焦炭、硅铁、锰硅七个黑色金属品种的期货和现货对数价格序列之间均存在一阶协整,因此可以通过建立向量误差修正模型(VECM)来研究各个品种期货和现货之间面对信息冲击时,期货和现货之间短期的领先滞后的互动、引导关系。

### 5.3.1 最优滞后阶数的判定

根据 AIC 和 SC 信息准则确定 VECM 向量误差修正模型的短期调整最优滞后阶数 $p$,然而 AIC 与 SC 信息准则求得的最优滞后阶数 $p$ 不同,此时构造基于 VAR($p$)的期货和现货价格对数一阶差分序列的似然比统计量——LR 统计量来确定最优滞后阶数的选取原则。令 SC 信息准则确定的最优滞后阶数为 $p_1$、AIC 信息准则确定的最优滞后阶数为 $p_2$,则 LR 统计量定义为

$$LR = -2[\ln l(p_1) - \ln l(p_2)] \sim \chi_a^2(f)$$

其中,$\ln l(p_1)$ 和 $\ln l(p_2)$ 分别为 SC 和 AIC 信息准则下的最优滞后阶数对应的对数似然函数值,$f$ 为自由度,$f = (p_2 - p_1) \times 2^2$。原假设为 SC 信息准则确定的滞后阶数最优;备择假设为拒绝 SC 信息准则下的最优滞后阶数,接受 AIC 信息准则下的最优滞后阶数。LR 检验如表 5-6 所示。

表 5-6  最优滞后阶数的 LR 检验法

| 品种 | 螺纹钢 | | 热轧卷板 | | 线材 | | 铁矿石 | | 焦炭 | | 硅铁 | | 锰硅 | |
|---|---|---|---|---|---|---|---|---|---|---|---|---|---|---|
| 信息准则 | SC | AIC | SC | AIC | SC | AIC | SC | AIC | SC | AIC | SC | AIC | SC | AIC |
| $P$ | 1 | 9 | 1 | 7 | 1 | 4 | 1 | 10 | 3 | 6 | 2 | 3 | 1 | 6 |
| LN$l$($p$) | 15 562 | 15 640 | 6 621 | 6 658 | 8 452 | 8 484 | 6 209 | 6 259 | 1 659 | 1 678 | 829 | 836 | 543 | 566 |
| $f$ | 32 | | 24 | | 12 | | 36 | | 12 | | 4 | | 20 | |
| LR 统计量 | 156.000 | | 72.288 | | 64.276 | | 99.364 | | 38.000 | | 14.000 | | 46.000 | |
| $\chi_{0.05}^2$($f$) | 46.194 | | 36.415 | | 21.026 | | 50.998 | | 21.030 | | 9.490 | | 31.410 | |
| $\chi_{0.025}^2$($f$) | 49.480 | | 39.364 | | 23.337 | | 54.437 | | 23.340 | | 11.140 | | 34.170 | |
| $\chi_{0.01}^2$($f$) | 53.486 | | 42.980 | | 26.217 | | 58.619 | | 26.220 | | 13.280 | | 37.570 | |
| $P$ | 0.000 | | 0.000 | | 0.000 | | 0.000 | | 0.000 | | 0.000 | | 0.000 | |

如表 5-6 所示，螺纹钢、热轧卷板、线材、铁矿石、焦炭、硅铁、锰硅基于 VAR（$p$）的 LR 统计量均大于 99% 的置信区间（1% 的显著性水平）下的 $\chi_a^2$（$f$）值，因此拒绝原假设，AIC 信息准则确定的最优滞后阶数为 VECM 模型的最佳滞后阶数选择。由此可见，螺纹钢、热轧卷板、线材、铁矿石、焦炭、硅铁、锰硅期货和现货均衡关系的 VECM 模型的最优滞后阶数分别为 9 阶、7 阶、4 阶、10 阶、6 阶、3 阶、6 阶。

### 5.3.2 基于 VECM 模型的脉冲响应分析

价格发现功能是将各种信息反映到市场价格的过程，期货和现货市场价格的变动反映了新信息对市场的作用，哪个市场对信息做出回应的反应速度更快、更敏锐，则该市场便具备更高的价格发现效率。同时，哪个市场吸收了更多的价格信息，则该市场所占的信息份额就相对较大，该市场在价格发现功能中就发挥更重要的作用。基于 VECM 模型的脉冲响应和方差分解，可以分别从对信息的反应速度和市场信息份额这两个角度来分析信息冲击对期货和现货价格的短期动态冲击和影响。其中，脉冲响应函数表示的是来自 VECM 模型中期货和现货方程随机扰动项的信息冲击对系统内生变量期货和现货当前和未来价格的影响，扰动项对变量的冲击会直接影响变量本身，并通过 VECM 模型的方程组，影响其他所有的内生变量，即通过脉冲响应图可以看到分别来自一个单位的信息冲击对期货和现货价格的扰动。方差分解则提供了另外一种描述系统内部内生变量之间的短期冲击动态相关性的重要方法，方差分解的思路是将系统内部任意一个内生变量的预测均方差分解成各个内生变量对随机冲击所做的贡献，从而得出每个内生变量对系统动态变化的相对重要性的信息。螺纹钢、热轧卷板、线材、铁矿石、焦炭、硅铁、锰硅期货和现货面对短期信息冲击的脉冲响应如图 5-1a、图 5-1b、图 5-1c、图 5-1d、图 5-1e、图 5-1f、图 5-1g 所示。

如图 5-1a、图 5-1b、图 5-1c、图 5-1d、图 5-1e、图 5-1f、图 5-1g 所示，横轴代表时间和期数，纵轴代表一个变量的脉冲对另一个变量作用的累积效应。从上到下依次为螺纹钢、热轧卷板、线材、铁矿石、焦炭、硅铁、锰硅期货和现货的脉冲响应图，其中每一个子图中左侧两张图表示施加一个标准差的来自期货市场的信息冲击对期货和现货市场造成的影响，右侧两张图表示施加一个标准差的来自现货市场的信息冲击对期货和现货市场造成的影响；而第一行表示期货市场价格对信息冲击的反应大小和反应速度，第二行表示现货市场对信息冲击的反应大小和反应速度。通过对黑色金属每一个细分品种的脉冲响应图进行具体分析，并进行归纳和对比可知。

第一，螺纹钢、热轧卷板、铁矿石、焦炭、硅铁和锰硅六个品种，来自期货市场的信息冲击和扰动既会对期货市场价格产生影响，也会对现货市场价格产生影响。其中，期货市场对来自期货市场的扰动的反应显著且迅速，期货价格的扰动在第 2 期迅速降至 0；而现货市场对来自期货市场的信息冲击和扰动的反应虽然也较显著，但现货市场的反应较缓慢且持久，信息扰动冲击的衰减较慢，螺纹钢、热轧卷板、铁矿石、焦炭、锰硅五个品种，在第 10 期冲击的影响才近乎趋于 0；而硅铁现货市场在第 5 期，其反应就趋近于 0。

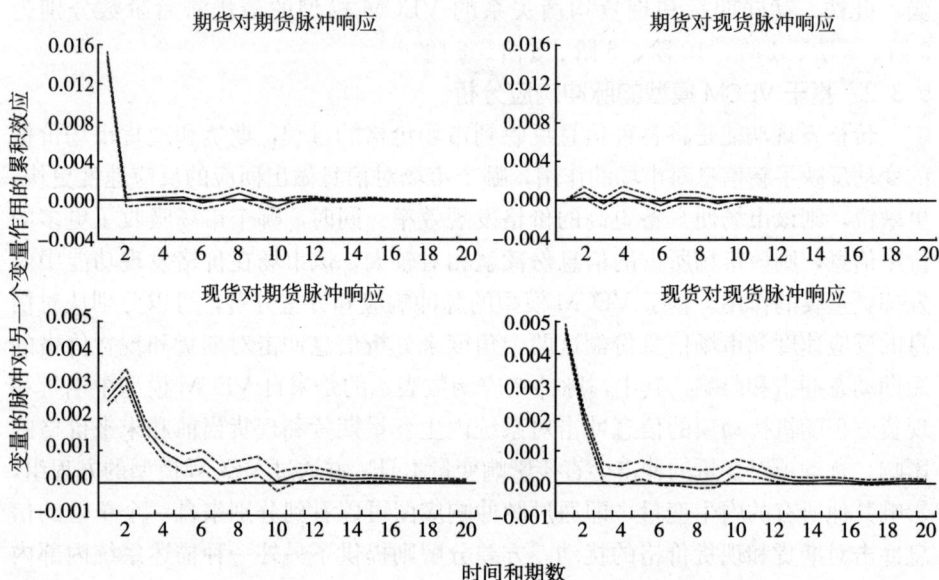

图 5 - 1a  螺纹钢期货现货脉冲响应

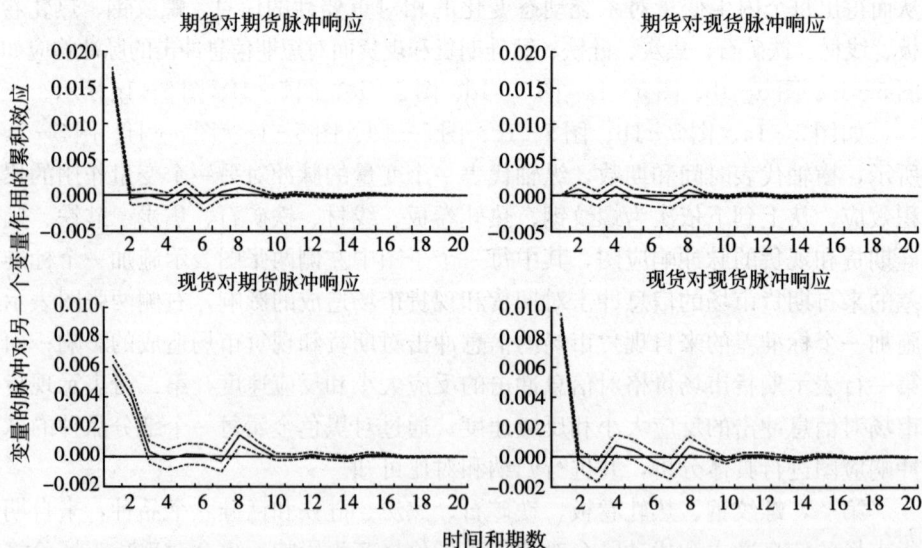

图 5 - 1b  热轧卷板期货现货脉冲响应

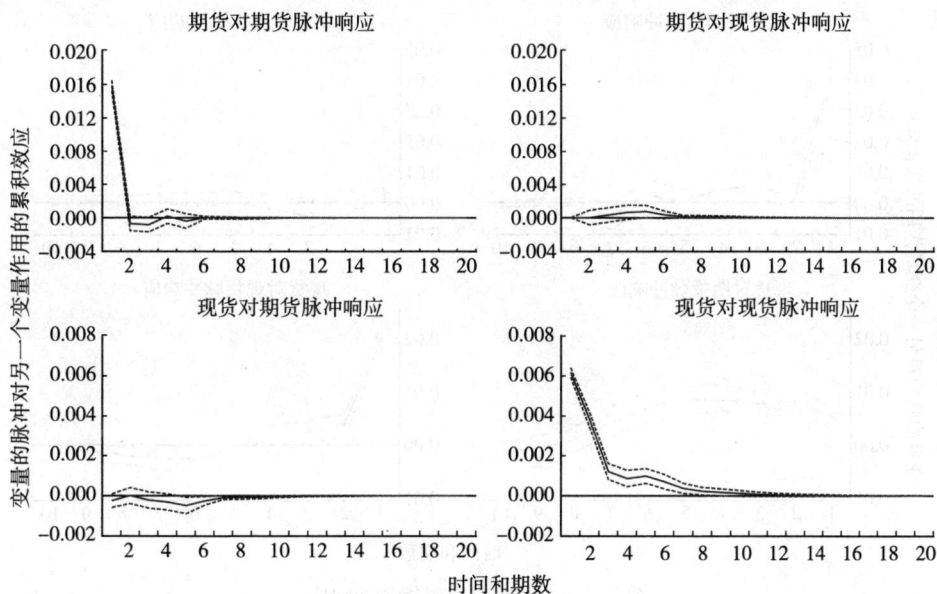

图 5 - 1c　线材期货现货脉冲响应

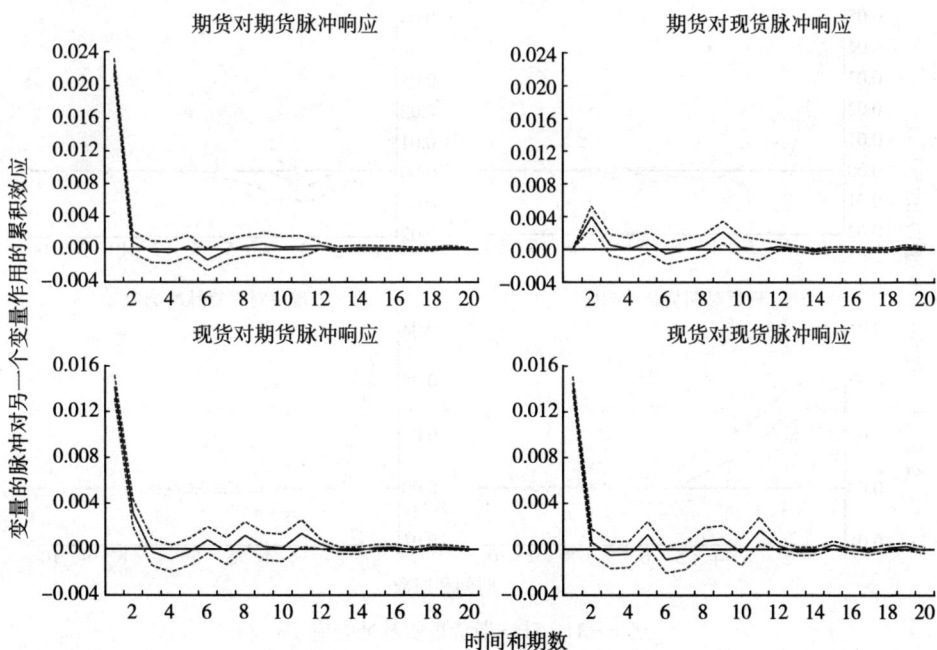

图 5 - 1d　铁矿石期货现货脉冲响应

期货对期货脉冲响应

期货对现货脉冲响应

现货对期货脉冲响应

现货对现货脉冲响应

时间和期数

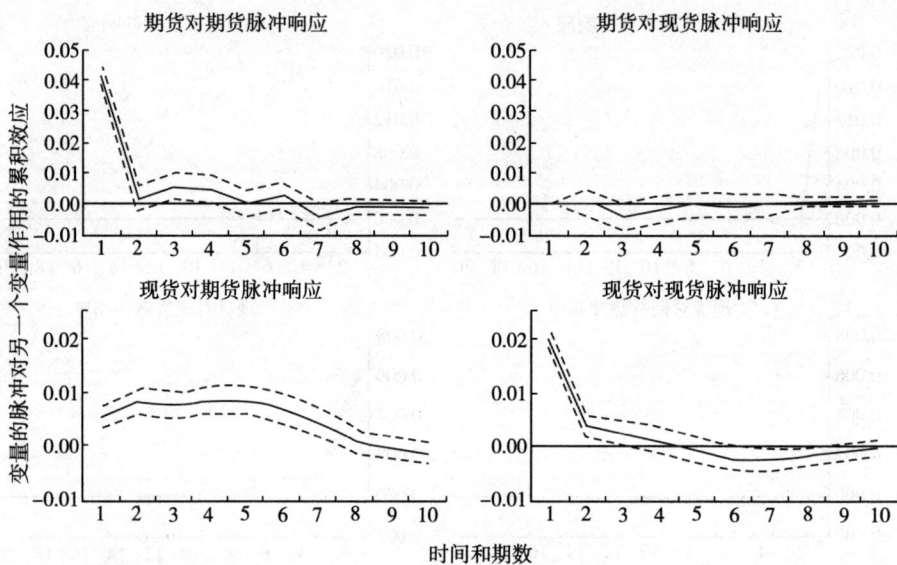

图 5 - 1e　焦炭期货现货脉冲响应

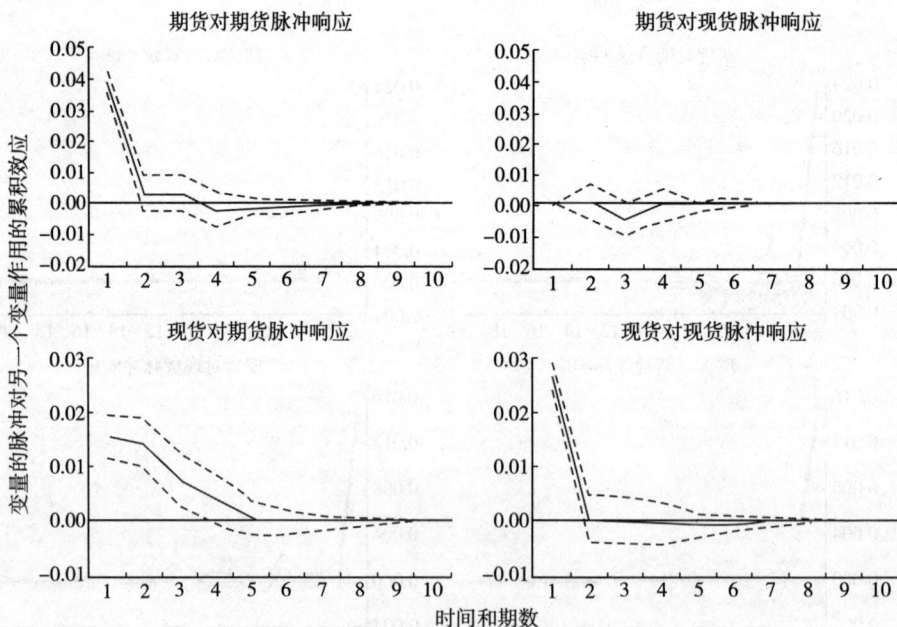

期货对期货脉冲响应

期货对现货脉冲响应

现货对期货脉冲响应

现货对现货脉冲响应

时间和期数

图 5 - 1f　硅铁期货现货脉冲响应

期货对期货脉冲响应　　　　　　期货对现货脉冲响应

现货对期货脉冲响应　　　　　　现货对现货脉冲响应

时间和期数

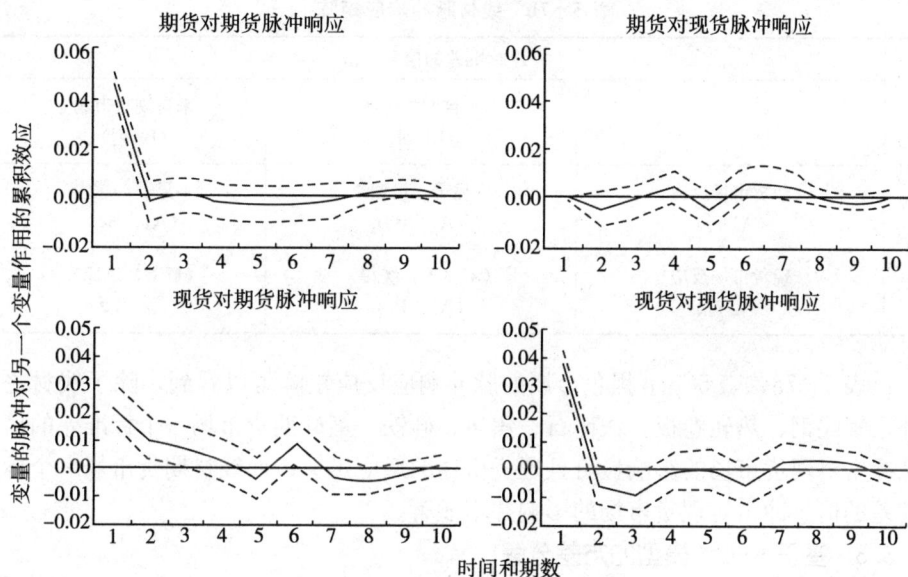

图5-1g　锰硅期货现货脉冲响应

　　第二，螺纹钢、热轧卷板、铁矿石、焦炭、硅铁、锰硅六个品种，来自现货市场的信息冲击仅对现货市场价格产生影响，对期货市场的影响较弱；且现货市场对来自现货市场的信息冲击和扰动的反应显著且迅速，现货价格的扰动在第2~4期便迅速降至0。

　　第三，来自线材期货市场的随机扰动仅对期货市场产生明显的影响和冲击，来自线材现货市场的随机扰动仅对现货市场产生明显的影响和冲击，线材期货和现货市场在面对来自对方市场的随机扰动时，未表现出明显的回应，二者在面对来自对方市场的随机扰动时体现出相互独立性。以下通过表格的形式对黑色金属的脉冲响应效果进行列示，如表5-7a、表5-7b所示。

表5-7a　螺纹钢、热轧卷板、铁矿石、焦炭、硅铁、锰硅脉冲响应矩阵

| 市场反应 | | 一个标准差的信息冲击 | |
|---|---|---|---|
| | | 来自期货市场<br>（B1列） | 来自现货市场<br>（B2列） |
| | 期货市场反应<br>（A1行） | （显著，迅速）<br>（A1，B1） | （不显著，缓慢）<br>（A1，B2） |
| | 现货市场反应<br>（A2行） | （显著，迅速）<br>（A2，B1） | （显著，迅速）<br>（A2，B2） |

表 5 - 7b　线材脉冲响应矩阵

| 市场反应 | 一个标准差的信息冲击 | | |
|---|---|---|---|
| | | 来自期货市场<br>（B1 列） | 来自现货市场<br>（B2 列） |
| | 期货市场反应<br>（A1 行） | （显著，迅速）<br>（A1，B1） | （不显著，缓慢）<br>（A1，B2） |
| | 现货市场反应<br>（A2 行） | （不显著，缓慢）<br>（A2，B1） | （显著，迅速）<br>（A2，B2） |

　　表 5 - 7a、表 5 - 7b 黑色金属的脉冲响应反应矩阵可以看到，除了线材之外，螺纹钢、热轧卷板、铁矿石、焦炭、硅铁、锰硅期货市场一个标准差的信息冲击对现货市场的影响显著且现货市场的反应迅速；而线材期货市场一个标准差的信息冲击对现货市场的影响并不显著。

### 5.3.3　基于 VECM 模型的方差分解

　　为了给出对黑色金属商品期货价格和黑色金属现货价格在价格发现功能中所占的信息份额作用大小，进一步分别将期货和现货价格的预测均方差进行了方差分解，如表 5 - 8a、表 5 - 8b、表 5 - 8c 所示。

表 5 - 8a　螺纹钢和热轧卷板的方差分解

单位：%

| | 螺纹钢 | | | | 热轧卷板 | | | |
|---|---|---|---|---|---|---|---|---|
| | 期货价格的<br>方差分解 | | 现货价格的<br>方差分解 | | 期货价格的<br>方差分解 | | 现货价格的<br>方差分解 | |
| | 期货比率 | 现货比率 | 期货比率 | 现货比率 | 期货比率 | 现货比率 | 期货比率 | 现货比率 |
| 1 | 100.00 | 0.00 | 22.62 | 77.38 | 100.00 | 0.00 | 30.58 | 69.42 |
| 2 | 99.72 | 0.28 | 38.92 | 61.08 | 99.77 | 0.23 | 38.75 | 61.25 |
| 3 | 99.68 | 0.32 | 42.41 | 57.59 | 99.70 | 0.30 | 38.52 | 61.48 |
| 4 | 99.38 | 0.62 | 43.40 | 56.60 | 99.19 | 0.81 | 38.37 | 61.63 |
| 5 | 99.35 | 0.65 | 43.66 | 56.34 | 99.18 | 0.82 | 38.32 | 61.68 |
| 6 | 99.24 | 0.76 | 44.21 | 55.79 | 99.10 | 0.90 | 38.30 | 61.70 |
| 7 | 99.21 | 0.79 | 44.24 | 55.77 | 98.94 | 1.06 | 38.19 | 61.81 |
| 8 | 99.18 | 0.82 | 44.39 | 55.61 | 98.76 | 1.24 | 38.92 | 61.08 |
| 9 | 99.14 | 0.86 | 44.67 | 55.33 | 98.76 | 1.24 | 39.06 | 60.94 |
| 10 | 99.14 | 0.86 | 44.44 | 55.56 | 98.75 | 1.25 | 39.04 | 60.96 |
| 11 | 99.13 | 0.87 | 44.36 | 55.64 | 98.74 | 1.26 | 39.04 | 60.96 |
| 12 | 99.13 | 0.87 | 44.43 | 55.57 | 98.73 | 1.27 | 39.04 | 60.96 |

### 表 5-8b　线材和铁矿石的方差分解

单位:%

| | 线材 | | | | 铁矿石 | | | |
|---|---|---|---|---|---|---|---|---|
| | 期货价格的方差分解 | | 现货价格的方差分解 | | 期货价格的方差分解 | | 现货价格的方差分解 | |
| | 期货比率 | 现货比率 | 期货比率 | 现货比率 | 期货比率 | 现货比率 | 期货比率 | 现货比率 |
| 1 | 100.00 | 0.00 | 0.16 | 99.84 | 100.00 | 0.00 | 48.99 | 51.01 |
| 2 | 99.99 | 0.01 | 0.12 | 99.88 | 96.99 | 3.01 | 50.15 | 49.85 |
| 3 | 99.95 | 0.05 | 0.20 | 99.80 | 96.94 | 3.06 | 50.12 | 49.88 |
| 4 | 99.79 | 0.21 | 0.38 | 99.62 | 96.94 | 3.06 | 50.18 | 49.82 |
| 5 | 99.57 | 0.43 | 0.79 | 99.21 | 96.80 | 3.20 | 49.50 | 50.00 |
| 6 | 99.52 | 0.48 | 0.90 | 99.10 | 96.75 | 3.25 | 49.97 | 50.03 |
| 7 | 99.52 | 0.48 | 0.92 | 99.08 | 96.75 | 3.25 | 49.93 | 50.07 |
| 8 | 99.51 | 0.49 | 0.93 | 99.07 | 96.71 | 3.29 | 50.04 | 49.96 |
| 9 | 99.50 | 0.50 | 0.94 | 99.06 | 95.88 | 4.12 | 49.95 | 50.05 |
| 10 | 99.50 | 0.50 | 0.94 | 99.06 | 95.87 | 4.13 | 49.94 | 50.06 |
| 11 | 99.50 | 0.50 | 0.94 | 99.06 | 95.87 | 4.13 | 49.85 | 50.15 |
| 12 | 99.50 | 0.50 | 0.94 | 99.06 | 95.85 | 4.15 | 49.86 | 50.14 |

### 表 5-8c　焦炭、硅铁、锰硅的方差分解

单位:%

| | 焦炭 | | | | 硅铁 | | | | 锰硅 | | | |
|---|---|---|---|---|---|---|---|---|---|---|---|---|
| | 期货价格的方差分解 | | 现货价格的方差分解 | | 期货价格的方差分解 | | 现货价格的方差分解 | | 期货价格的方差分解 | | 现货价格的方差分解 | |
| | 期货比率 | 现货比率 | 期货比率 | 现货比率 | 期货比率 | 现货比率 | 期货比率 | 现货比率 | 期货比率 | 现货比率 | 期货比率 | 现货比率 |
| 1 | 100.0 | 0.00 | 6.69 | 93.31 | 100.0 | 0.00 | 25.42 | 74.58 | 100.0 | 0.00 | 25.02 | 74.98 |
| 2 | 99.99 | 0.01 | 19.02 | 80.98 | 99.97 | 0.03 | 38.75 | 61.25 | 98.92 | 1.08 | 28.41 | 71.59 |
| 3 | 98.85 | 1.15 | 26.33 | 73.67 | 98.42 | 1.58 | 41.51 | 58.49 | 98.78 | 1.22 | 29.09 | 70.91 |
| 4 | 98.64 | 1.36 | 34.19 | 65.81 | 98.42 | 1.58 | 42.20 | 57.80 | 97.93 | 2.07 | 29.44 | 70.56 |
| 5 | 98.63 | 1.37 | 40.44 | 59.56 | 98.38 | 1.62 | 42.19 | 57.81 | 96.86 | 3.14 | 29.92 | 70.08 |
| 6 | 98.58 | 1.42 | 43.62 | 56.38 | 98.38 | 1.62 | 42.18 | 57.82 | 95.35 | 4.65 | 31.86 | 68.14 |
| 7 | 98.58 | 1.42 | 44.54 | 55.46 | 98.38 | 1.62 | 42.19 | 57.81 | 94.35 | 5.65 | 32.02 | 67.98 |
| 8 | 98.58 | 1.42 | 44.35 | 55.65 | 98.38 | 1.62 | 42.20 | 57.80 | 94.36 | 5.64 | 32.45 | 67.55 |
| 9 | 98.56 | 1.44 | 44.24 | 55.76 | 98.38 | 1.62 | 42.20 | 57.80 | 94.14 | 5.86 | 32.36 | 67.64 |
| 10 | 98.54 | 1.46 | 44.42 | 55.58 | 98.38 | 1.62 | 42.20 | 57.80 | 94.14 | 5.86 | 32.33 | 67.67 |

表5-8a、表5-8b、表5-8c黑色金属各品种的期货和现货价格预测均方差因子的分解可以表明如下。

第一，对螺纹钢、热轧卷板、线材、铁矿石、焦炭、硅铁、锰硅期货价格变动发挥长期作用的方差进行分析，可以发现影响最大的因素是来自自身期货市场的变化，期货市场自身长期趋于稳定的方差贡献度分别为99.13%、98.73%、99.50%、95.85%、98.54%、98.38%、94.14%。

第二，对黑色金属现货价格变动发挥长期作用的方差进行分析，可以发现螺纹钢、热轧卷板、线材、铁矿石、焦炭、硅铁、锰硅现货价格影响因素中来自期货和现货市场的贡献比重各不相同。其中，螺纹钢、热轧卷板、焦炭、硅铁、锰硅现货价格变动主要来自现货市场自身，现货市场自身长期趋于稳定的方差贡献比重分别为55.57%、60.96%、55.58%、57.80%、67.67%，来自期货市场的趋于长期稳定的方差贡献比重为44.43%、39.04%、44.42%、42.20%、32.33%。线材现货价格变动来自现货市场自身的方差贡献度为99.66%，来自期货市场的仅0.94%。铁矿石现货价格变动来自现货市场自身的方差贡献度和来自期货市场的贡献度分别占50%。

第三，在螺纹钢、热轧卷板、线材、铁矿石、焦炭、硅铁、锰硅七个黑色金属商品期货品种当中，从价格对短期信息冲击的反映维度来看，螺纹钢、热轧卷板、铁矿石、焦炭、硅铁、锰硅期货已经具备较强的价格发现功能；然而，线材期货和现货市场彼此相对独立，线材期货市场对现货市场价格的短期冲击影响微弱，从短期冲击的维度看，线材期货暂时不具备价格发现功能。

### 5.3.4　基于IS模型的价格发现静态度量

表5-9为根据公式5-7和公式5-8计算得到的期货、现货价格发现贡献度。

表5-9　IS模型的黑色金属商品期货现货价格发现贡献度

| | 期货 | | | 现货 | | |
|---|---|---|---|---|---|---|
| | $IS_f^U$ | $IS_f^L$ | 均值 | $IS_s^U$ | $IS_s^L$ | 均值 |
| 螺纹钢 | 0.961 8 | 0.590 6 | 0.776 2 | 0.409 4 | 0.038 2 | 0.223 8 |
| 热轧卷板 | 0.628 7 | 0.476 1 | 0.552 4 | 0.523 9 | 0.371 3 | 0.447 6 |
| 线材 | 0.015 2 | 0.006 7 | 0.010 9 | 0.993 3 | 0.984 8 | 0.989 1 |
| 铁矿石 | 0.826 1 | 0.124 7 | 0.475 4 | 0.875 3 | 0.173 9 | 0.524 6 |
| 焦炭 | 0.619 8 | 0.335 0 | 0.477 4 | 0.665 0 | 0.380 2 | 0.522 6 |

(续)

| | 期货 | | | 现货 | | |
|---|---|---|---|---|---|---|
| | $IS_f^U$ | $IS_f^L$ | 均值 | $IS_s^U$ | $IS_s^L$ | 均值 |
| 硅铁 | 0.999 1 | 0.756 1 | 0.877 6 | 0.243 9 | 0.000 9 | 0.122 4 |
| 锰硅 | 0.984 2 | 0.076 3 | 0.530 2 | 0.923 7 | 0.015 8 | 0.469 8 |

如表 5-9 所示，螺纹钢期货市场信息份额的上限估计值为 0.961 8，下限值为 0.590 6，均值为 0.776 2；螺纹钢现货市场信息份额的上限估计值为 0.409 4，下限值为 0.038 2，均值为 0.223 8；螺纹钢期货市场的价格发现贡献度更大。硅铁期货市场信息份额的上限估计值为 0.999 1，下限值为 0.756 1，均值为 0.877 6；硅铁现货市场信息份额的上限估计值为 0.243 9，下限值为 0.000 9，均值为 0.122 4。螺纹钢、硅铁期货的信息份额对价格发现的贡献度均值分别高达 0.776 2 和 0.877 6，螺纹钢和硅铁期货市场已发挥了重要的价格发现功能。

热轧卷板期货市场信息份额的上限估计值为 0.628 7，下限值为 0.476 1，均值为 0.552 4；热轧卷板现货市场信息份额的上限估计值为 0.523 9，下限值为 0.371 3，均值为 0.447 6。焦炭期货市场信息份额的上限估计值为 0.619 8，下限值为 0.335 0，均值为 0.477 4；焦炭现货市场信息份额的上限估计值为 0.665 0，下限值为 0.380 2，均值为 0.522 6；热轧卷板期货和焦炭期货其市场信息份额在价格发现中的贡献度约 0.5，其价格发现功能得到了较好的发挥。

铁矿石期货市场信息份额的上限估计值为 0.826 1，下限值为 0.124 7，均值为 0.475 4；铁矿石现货市场信息份额的上限估计值为 0.875 3，下限值为 0.173 9，均值为 0.524 6。锰硅期货市场信息份额的上限估计值为 0.984 2，下限值为 0.076 3，均值为 0.530 2；锰硅现货市场信息份额的上限估计值为 0.923 7，下限值为 0.015 8，均值为 0.469 8。虽然，铁矿石、锰硅期货市场信息份额的均值约 0.5，铁矿石、锰硅期货已发挥了一定程度的价格发现功能，但期货信息份额的贡献度的上限和下限的差异较大，这反映了铁矿石、锰硅期货价格发现贡献度波动幅度较大的特点。

线材期货市场信息份额的上限估计值为 0.015 2，下限值为 0.006 7，均值为 0.010 9；线材现货市场信息份额的上限估计值为 0.993 3，下限值为 0.984 8，均值为 0.989 1；线材期货市场的价格发现贡献度非常微弱。

综上所述，基于 IS 信息份额模型，螺纹钢期货和硅铁期货的价格发现贡献度均值超过 0.75，新的信息主要是通过期货价格变化来反映的，期货市场在价格发现中发挥主导作用；热轧卷板期货和焦炭期货的价格发现贡献度约 0.5，已具备一定的价格发现能力；铁矿石期货和锰硅期货信息份额的贡献度上下限差异显著，其价格发现能力不稳定；线材期货市场的价格发现贡献度非常微弱，新的信息主要通过现货价格变化来反映，目前价格发现功能并没有得到有效的发挥。

## 5.4 基于 VECM 模型的价格发现贡献度的动态测度

### 5.4.1 基于 VECM 的状态空间方程

在 VECM 模型基础上，运用状态空间方程和卡尔曼滤波的迭代算法，将期货价格和现货价格在长期均衡关系中各自的价格发现动态贡献系数用图形表示出来，如图 5-2a、图 5-2b、图 5-2c、图 5-2d、图 5-2e、图 5-2f、图 5-2g所示。

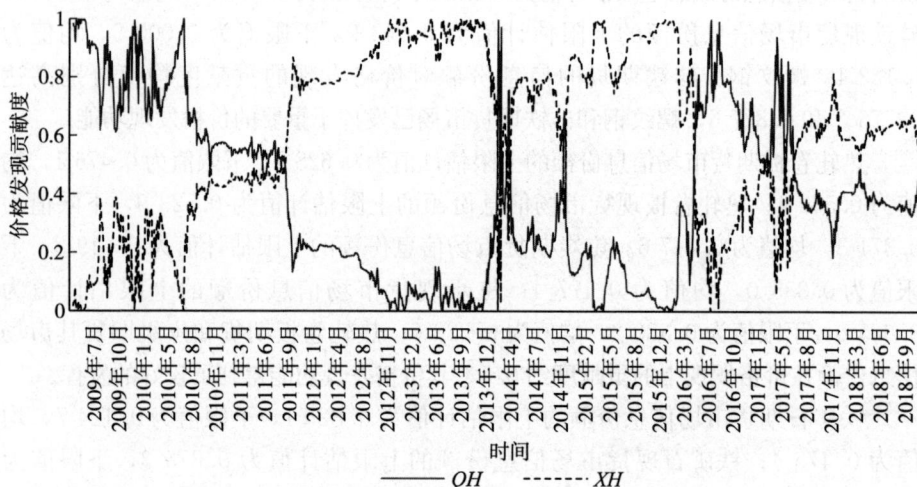

图 5-2a 螺纹钢期货和现货长期均衡中价格发现贡献度

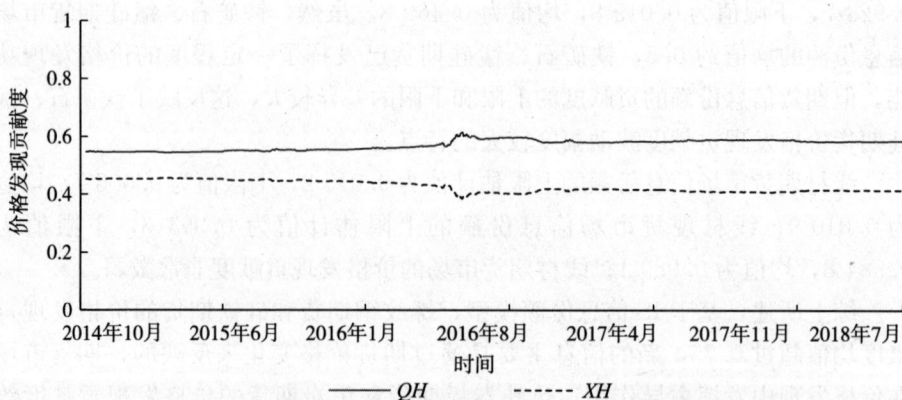

图 5-2b 热轧卷板期货和现货长期均衡中价格发现贡献度

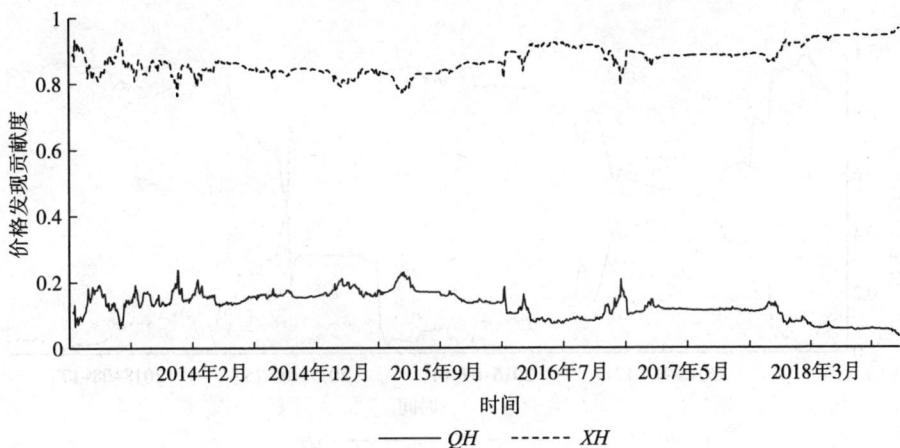

图 5 - 2c　线材期货和现货长期均衡中价格发现贡献度

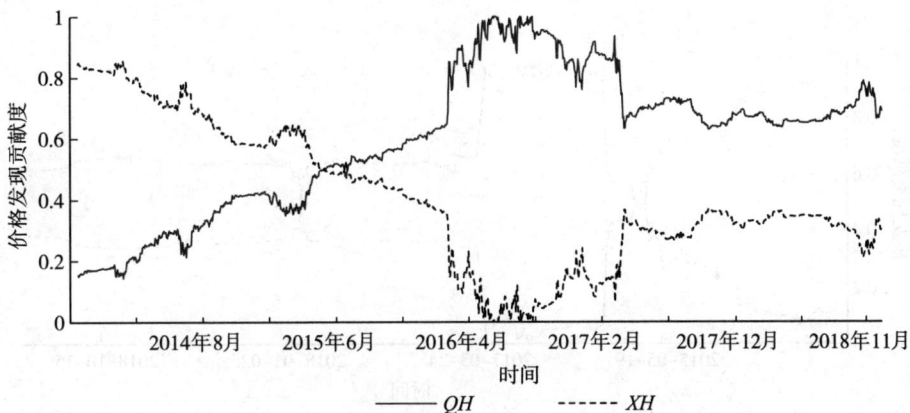

图 5 - 2d　铁矿石期货和现货长期均衡中价格发现贡献度

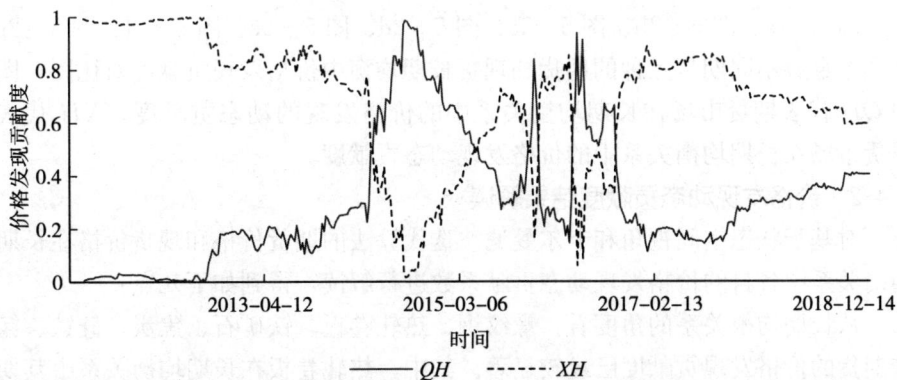

图 5 - 2e　焦炭期货和现货长期均衡中价格发现贡献度

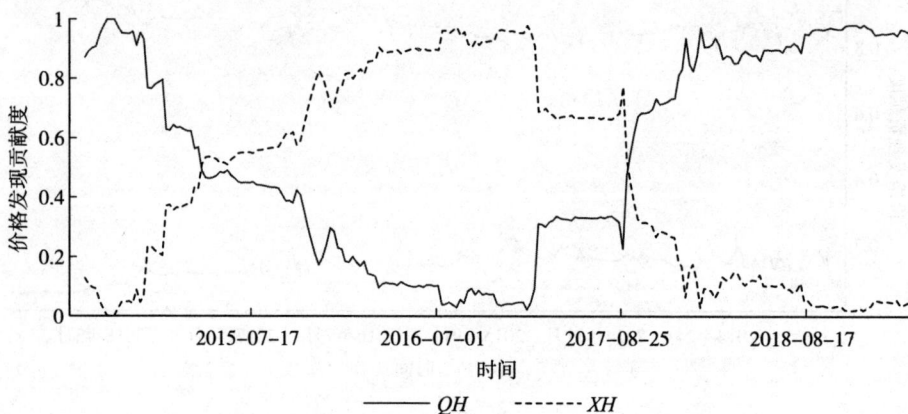

图 5-2f 硅铁期货和现货长期均衡中价格发现贡献度

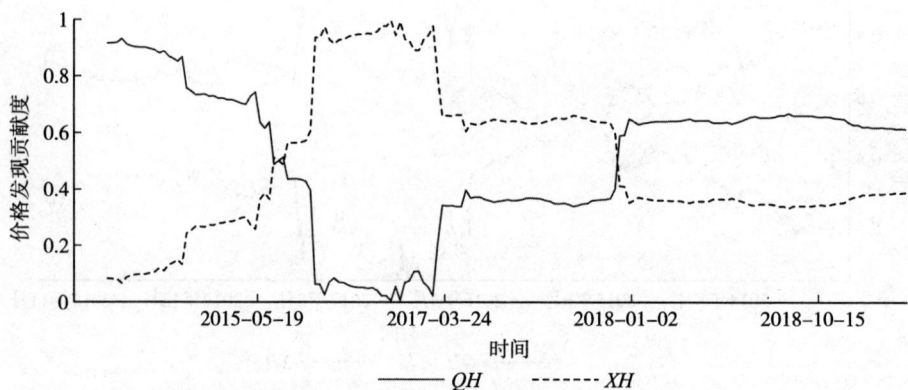

图 5-2g 锰硅期货和现货长期均衡中价格发现贡献度

图 5-2a、图 5-2b、图 5-2c、图 5-2d、图 5-2e、图 5-2f、图 5-2g 是黑色金属不同期货品种的期货和现货长期均衡中价格发现贡献度对比图，图中 QH 代表期货市场在长期均衡关系中的价格发现的动态贡献度，XH 代表现货市场在长期均衡关系中的价格发现动态贡献度。

### 5.4.2 价格发现动态贡献度结果解读

对基于状态空间视角和卡尔曼滤波迭代算法的期货价格和现货价格在长期均衡关系中各自的价格发现动态贡献系数进行解读，得到如下几点：

从长期均衡关系的角度看，螺纹钢、热轧卷板、铁矿石、焦炭、硅铁、锰硅期货的价格发现贡献度已经较显著。其中，热轧卷板在长期均衡关系中其期货价格发现贡献系数较稳定地维持在 0.6 左右。虽然螺纹钢、铁矿石、焦炭、硅铁、锰硅期货的价格发现贡献系数则经历了较大的波动，但是目前螺纹钢期货价格发现贡献系数维持在 0.5 左右，铁矿石期货和锰硅期货的价格发现贡献系数维持在 0.6 左右，焦炭期货的价格发现贡献系数维持在 0.4 左右，硅铁期货的价格发现贡献系数目前则保持在 0.8 以上。

具体来看，螺纹钢期货在长期均衡关系中其价格发现贡献系数波动较大，期货与现货在价格发现的长期动态变化中，表现出紧密的相互引导的复杂波动关系。自 2009 年 3 月螺纹钢期货上市至 2013 年 12 月，螺纹钢期货的价格发现贡献系数由 0.9 持续下降，一度降至约 0.05 的低位；2014 年 1 月至 2015 年 12 月，螺纹钢期货和现货价格发现贡献度波动较大，在此阶段螺纹钢期货价格发现贡献系数曾一度高达 0.996，但随后迅速下降最低降至 0.015；2016 年以后，螺纹钢期货价格发现贡献度回升，目前螺纹钢期货价格发现贡献度约为 0.4。总体而言，螺纹钢期货和现货之间表现出相互引导的紧密联系。

然而，与螺纹钢、热轧卷板、铁矿石、焦炭、硅铁、锰硅期货形成鲜明对比的是线材，线材期货在长期均衡关系中，其价格发现贡献系数一直在 0.2 以下，线材期货市场从长期动态均衡角度看并没有发挥应有的价格发现功能。导致线材期货并未发挥价格发现的功能，原因主要有如下两点：第一，线材与螺纹钢的高度替代性，因为线材与螺纹钢同为建筑领域使用的钢材品种，二者具有较高的相互替代性。在实际的生产和贸易流通中，线材现货的流通量远远小于螺纹钢，螺纹钢较线材有更庞大的现货需求量，大量流通领域的现货企业参与螺纹钢期货交易进行风险对冲。第二，相较于现货的需求量而言，线材期货合约交易单位设置较大，这给套期保值者带来不便，导致市场参与度很低，逐渐成为期货市场的"僵尸"品种。

## 5.5　黑色金属商品期货均值溢出效应总结

### 5.5.1　黑色金属商品期货与现货之间均值溢出效应的结果解读

本章将向量误差校正模型与状态空间模型相结合，运用脉冲响应、方差分解、IS 信息份额模型和卡尔曼滤波算法，对我国黑色金属商品期货与现货之间基于持有成本理论所体现的均值溢出效应进行系统分析。本章所体现的均值溢出效应，即期货与现货市场价格之间基于对信息的反映而体现出来的相互引导和溢出关系，它体现了期货市场价格发现的基本功能。根据本章对期货市场与现货市场均值溢出的详细分析，对黑色金属商品期货每一个品种的价格发现贡献程度进行由短期到长期、由静态到动态的全面分析，得出图 5-3。

```
                ┌──────────┐                    ┌──────────┐
                │ 期货价格  │◄──────────────────►│ 现货价格  │
                └──────────┘                    └──────────┘
                      ▲          ┌────────┐          ▲
                      └──────────│市场信息│──────────┘
                                 └────────┘
                                     │
                              ┌────────────┐
                              │ 均值溢出效应│
                              └────────────┘
                                     │
                              ┌────────────┐
                              │ 持有成本理论│
                              └────────────┘
```

┌────────────────┐   ┌──────────────────┐   ┌──────────────────┐
│ 协整检验        │   │ 向量误差修正模型  │   │ 状态空间视角      │
│ 格兰杰因果检验  │──►│ （VECM）          │◄─►│ 卡尔曼滤波算法    │
└────────────────┘   └──────────────────┘   └──────────────────┘

┌──────────┐ ┌──────────┐ ┌──────────┐ ┌──────────────┐ ┌────────┐
│ 长期视角  │ │ 脉冲响应  │ │ 方差分解  │ │ IS信息份额    │ │动态视角│
└──────────┘ └──────────┘ └──────────┘ └──────────────┘ └────────┘

┌────────┐
│ 结论    │
└────────┘

**螺纹钢**

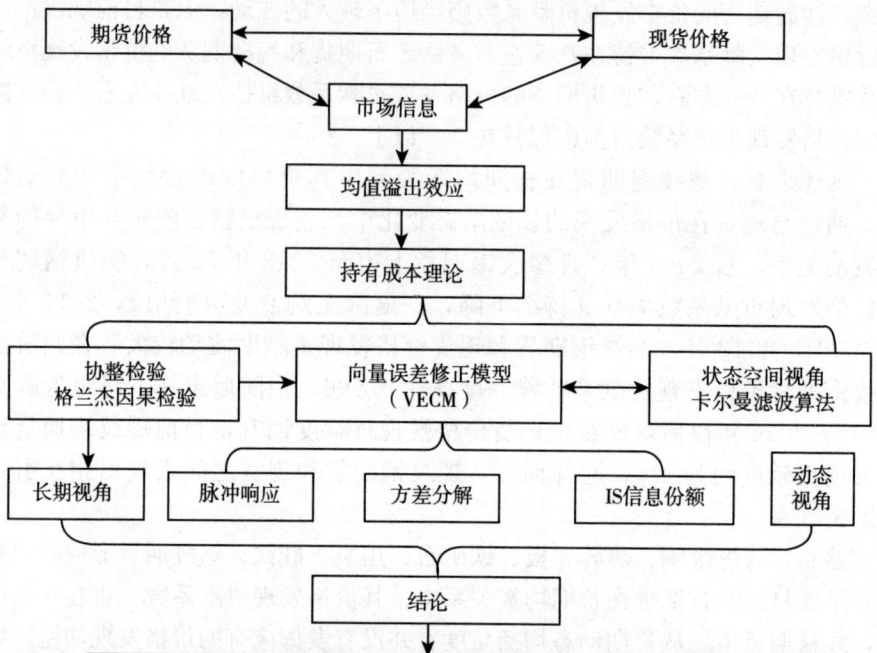

① 期货与现货价格存在协整关系，且期货与现货互为对方的兰杰原因。
② 脉冲响应：期货市场信息冲击既影响期货价格又影响现货价格，现货市场信息冲击仅影响现货价格。
③ 方差分解：期货价格变动中期货方差贡献度99.1%，现货方差贡献度0.9%；现货价期货变动中现货方差56%，期货方差贡献度44%。
④ IS信息份额：期货市场平均份额77.62%，现货市场平均信息份额22.38%。
⑤ 动态角度：期货价格发现贡献系数经历过大幅波动，但目前稳定在0.5左右。
结论：螺纹钢期货已具备良好的价格发现功能，期货市场价格信息对现货市场产生重要影响

**热轧卷板**

① 期货与现货价格存在协整关系，期货是现货的格兰杰原因。
② 脉冲响应：期货市场信息冲击既影响期货价格又影响现货价格，现货市场信息冲击仅影响现货价格。
③ 方差分解：期货价格变动中期货方差贡献度98.7%，现货方差贡献度1.3%；现货价期货变动中现货方差贡献度61%，期货方差贡献度39%。
④ IS信息份额：期货市场平均份额55.24%，现货市场平均信息份额44.76%。
⑤ 动态角度：期货价格发现贡献系数稳定维持在0.6左右。
结论：热轧卷板期货已具备良好的价格发现功能，期货市场价格信息对现货市场产生重要影响

**线材**

① 期货与现货价格存在协整关系，但期货与现货互相不为对方的格兰杰原因。
② 脉冲响应：期货市场信息冲击只影响期货价格，现货市场信息冲击只影响现货价格。
③ 方差分解：期货价格变动中期货方差贡献度99.5%，现货方差贡献度0.5%；现货价期货变动中现货方差贡献度99%，期货方差贡献度1%。
④ IS信息份额：期货市场平均份额1.09%，现货市场平均信息份额98.91%。
⑤ 动态角度：期货价格发现贡献系数一直低于0.2。
结论：现货市场和期货市场相互较为独立，期货市场价格信息对现货市场产生的影响微弱，线材期货目前还不具备价格发现功能

铁矿石 → ① 期货与现货价格存在协整关系，且期货与现货互为对方的格兰杰原因。
② 脉冲响应：期货市场信息冲击既影响期货价格又影响现货价格，现货市场信息冲击仅影响现货价格。
③ 方差分解：期货价格变动中期货方差贡献度95.9%，现货方差贡献度4.1%；现货价期货变动中现货方差贡献度58%，期货方差贡献度42%。
④ IS信息份额：期货市场平均份额47.54%，现货市场平均信息份额52.46%。
⑤ 动态角度：期货价格发现贡献系数体质在0.6左右。
结论：铁矿石期货已具备良好的价格发现功能，期货市场价格信息对现货市场产生重要影响

焦炭 → ① 期货与现货价格存在协整关系，期货是现货的格兰杰原因。
② 脉冲响应：期货市场信息冲击既影响期货价格又影响现货价格，现货市场信息冲击仅影响现货价格。
③ 方差分解：期货价格变动中期货方差贡献度98.5%，现货方差贡献度1.5%；现货价期货变动中现货方差贡献度56%，期货方差贡献度44%。
④ IS信息份额：期货市场平均份额44.74%，现货市场平均信息份额52.26%。
⑤ 动态角度：期货价格发现贡献系数稳定维持在0.4左右。
结论：焦炭期货已具备一定的价格发现功能，期货市场价格信息对现货市场产生一定的影响

硅铁 → ① 期货与现货价格存在协整关系，期货是现货的格兰杰原因。
② 脉冲响应：期货市场信息冲击既影响期货价格又影响现货价格，现货市场信息冲击仅影响现货价格。
③ 方差分解：期货价格变动中期货方差贡献度98.4%，现货方差贡献度1.6%；现货价期货变动中现货方差贡献度58%，期货方差贡献度42%。
④ IS信息份额：期货市场平均份额87.76%，现货市场平均信息份额12.24%。
⑤ 动态角度：期货价格发现贡献系数稳定维持在0.8以上。
结论：焦炭期货已具备一定的价格发现功能，期货市场价格信息对现货市场产生重要的影响

锰硅 → ① 期货与现货价格存在协整关系，期货是现货的格兰杰原因。
② 脉冲响应：期货市场信息冲击既影响期货价格又影响现货价格，现货市场信息冲击仅影响现货价格。
③ 方差分解：期货价格变动中期货方差贡献度94.1%，现货方差贡献度5.9%；现货价期货变动中现货方差贡献度68%，期货方差贡献度32%。
④ IS信息份额：期货市场平均份额53.02%，现货市场平均信息份额46.98%。
⑤ 动态角度：期货价格发现贡献系数稳定维持在0.6左右。
结论：焦炭期货已具备一定的价格发现功能，期货市场价格信息对现货市场产生重要的影响

焦煤 → 期货价格与现货价格不存在协整关系，二者相互独立，期货市场暂时没有发挥引导现货价格的作用

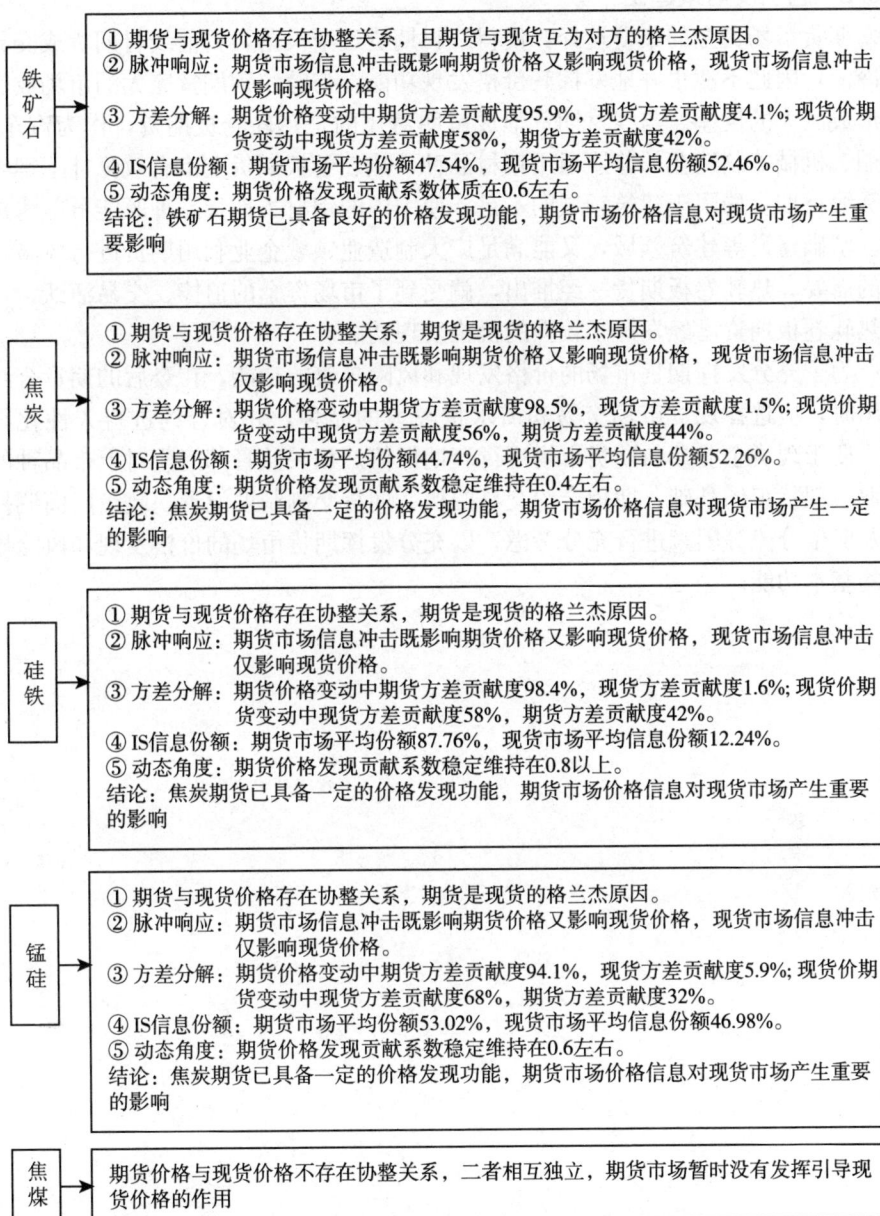

图 5 - 3　黑色金属商品期货与现货均值溢出效应示意图

　　如图 5 - 3所示，无论从短期信息冲击的反应视角，还是从长期均衡的角度分析，螺纹钢、热轧卷板、铁矿石、焦炭、硅铁、锰硅期货市场已经具备较强的价格发现功能；然而，线材和焦煤期货市场暂时不具备价格发现功能。

### 5.5.2 启示及对策建议

期货市场资金的集群选择，使得线材期货逐渐没落，目前线材期货成交异常冷清，因此不能很好地发挥其价格发现功能，与螺纹钢期货庞大的市场成交量形成巨大的反差。与线材期货形成鲜明对比的是热轧卷板期货，作为汽车、船舶、机械等制造业的普遍通用钢材品种，热轧卷板期货上市有效弥补了螺纹钢和线材期货局限于建筑领域的不足，使中国的钢材类期货品种既能覆盖房地产、基础建设等建筑领域，又能满足广大制造业领域企业利用期货进行风险对冲的需要。热轧卷板期货一经推出，就受到了市场资金的追捧、交易活跃，目前热轧卷板期货已经发挥了较强的价格发现功能。

为了充分发挥期货市场的价格发现和风险规避的功能，在今后的期货合约推出时，应选择现货市场交易和需求量较大的品种，并对合约进行人性化设计，便于现货企业参与期货市场进行套期保值。相关监管部门应对上市品种的选取、现货市场基础、期货合约交易门槛、期货交割制度设置、政策层面调控以及资金分流等因素进行充分考虑，以充分发挥期货市场的价格发现和风险规避的基本功能。

# 第6章 黑色金属商品期货市场波动溢出效应研究

波动性反映了金融市场资产价格变动的不确定性，是金融市场的重要特征，也是金融市场风险的来源之一。金融资产价格时间序列收益率的波动率成为刻画这种波动性的重要指标，在资产定价、风险管理、投资组合与配置等方面发挥着重要作用。波动率在统计上具有聚集效应、杠杆效应和在固定范围内连续变化的特征。由于在客观上风险波动具有时变性，随时间的变化收益率序列往往表现出显著的异方差特性，因此针对异方差性进行建模，成为刻画金融市场波动性和进行风险描述与防范的重要手段。随着经济和金融全球化，以及我国改革开放的持续深入，我国金融市场日益发展和繁荣，市场交易、投融资行为越来越活跃、频繁，对波动率进行参数估计和预测，对金融时间序列的异方差建模成为投资业界和金融研究领域的热点之一。由于我国金融市场起步较晚，具有高波动、高风险等特点，与国外发达资本市场国家全面开展金融市场波动率研究相比，国内学术界对这一领域的研究较早开始于股票市场，目前仍处于发展阶段。近年，随着我国金融衍生品市场创新的不断深入，期货、期权等金融衍生工具成为波动率异方差模型的重要研究领域。

波动溢出效应能够对市场风险和波动的传导进行刻画。为了更加全面考察中国特色的黑色金属商品期货市场的波动溢出效应，本章运用 DCC‐GARCH 和 BEKK‐GARCH 模型相结合的方法，从黑色金属商品期货与现货之间、黑色金属商品期货各个期货品种之间、黑色金属商品期货与其他板块商品期货之间、黑色金属商品期货与证券市场相关板块之间四个方面进行考察，对黑色金属商品期货市场的波动溢出效应进行全面分析刻画。

## 6.1 波动溢出效应的研究方法

### 6.1.1 ARCH 效应检验

由于采用广义自回归条件异方差模型（即 GARCH 模型）来分析黑色金属商品期货市场与现货之间、黑色金属与其他板块商品期货之间、黑色金属与证券市场相关板块之间的波动溢出效应，因此在进行 GARCH 建模之前，需要检验一下时间序列的条件异方差性。

$$R_{f,t} = \varphi_0^f + \sum_{i=1}^{p} \varphi_i^f R_{f,t-i} + \varepsilon_i \qquad (6-1)$$

其中$R_{f,t}$为对数收益率序列，$\varphi_0^f$为对数收益率序列的自回归（$AR$）项系数，这部分代表收益率均值方程中能够预测到的部分；$\varepsilon_i$是不存在自相关性的残差项，它代表了新息（innovation）引起的非预期收益率。令残差项公式如下

$$\varepsilon_i^2 = \alpha_0 + \sum_{i=1}^{p} \alpha_i \varepsilon_{t-i}^2 + \mu_t \qquad (6-2)$$

根据残差项公式构造拉格朗日乘数检验（LM test），用于检验残差序列$\varepsilon_i$是否存在序列相关性，统计量$LM = T \times R^2 \sim \chi_a^2\ (p)$，其中$T$是样本个数，$R^2$是残差平方自回归方程的可决系数，$p$为自回归方程的滞后阶数。若统计量$LM$足够大，则拒绝原假设，即$\alpha_0$、$\alpha_1$、$\alpha_2$……$\alpha_p$不全为零，收益率残差项的平方$\varepsilon_i^2$存在序列相关性，则收益率方程存在 ARCH 效应，此时收益率序列的残差项$\varepsilon_i$存在高阶自相关性。此时，需要建立 GARCH 族模型，才能进一步揭示出收益率存在的二阶矩特征。

### 6.1.2 DCC－GARCH（1，1）模型

首先单独对收益率序列分别建立单变量 GARCH（1，1）模型，具体模型设定公式如下

$$R_t = \varphi_0 + \sum_{i=1}^{p} \varphi_i R_{t-i} + \varepsilon_i \qquad (6-3)$$

$$\varepsilon_i = \sigma_t z_i; \varepsilon_i \mid \Omega_{t-1} \sim N(0, \sigma_t^2) \qquad (6-4)$$

$$\sigma_t^2 = \omega + \alpha \varepsilon_{t-1}^2 + \beta \sigma_{t-1}^2 \qquad (6-5)$$

其中，$\sigma_t^2$是条件方差，$z_t$是$\varepsilon_i$的标准残差，$\Omega_{t-1}$是第$t-1$期所获取的所有历史信息的集合。$\alpha$为残差滞后期的系数，即 ARCH 效应系数，代表波动的集聚性；$\beta$为条件方差的自回归系数，即 GARCH 效应系数，代表波动的持续性；$\beta$和$\alpha$之和越接近 1 就表明当期波动对下一期的波动影响越大。

为了研究黑色金属商品期货市场与现货之间、黑色金属商品期货内部普通期货品种之间、黑色金属期货与其他板块商品期货之间、黑色金属与证券市场相关板块之间的波动溢出效应，分别构建 DCC－MGARCH（1，1）模型，模型具体设定如下

①定义$i=1$，2；$j=1$，2；1、2 分别代表黑色金属各个期货品种的期货市场和现货市场；②定义$i=1$，2，3，4，5；$j=1$，2，3，4，5；1、2、3、4、5 分别代表螺纹钢期货、热轧卷板期货、铁矿石期货、焦煤期货、焦炭期货；③定义$i=1$，2，3，4，5；$j=1$，2，3，4，5；1、2、3、4、5 分别代表黑色金属商品期货板块指数、贵金属商品期货板块指数、有色金属商品期货板

块指数、能源期货板块指数、化工产品期货板块指数的对数收益率序列；④定义 $i$=1，2，3，4，5，6，7；$j$=1，2，3，4，5，6，7；1、2、3、4、5、6、7 分别代表黑色金属商品期货、钢铁板块、房地产板块、建筑材料板块、汽车制造板块、机械设备板块、家用电器板块股票价格指数的对数收益率序列。则根据上述定义，两两市场均值方程残差之间的相关系数可以表示为

$$\rho_{ij,t} = \frac{E(\varepsilon_{i,t}\,\varepsilon_{j,t})}{\sqrt{E(\varepsilon_{i,t}^2)E(\varepsilon_{j,t}^2)}} = \frac{q_{ij,t}}{\sqrt{q_{ii,t}\,q_{jj,t}}} \qquad (6-6)$$

在公式 6-6 中，$\rho_{ij,t}$ 即为第 $t$ 期 $\varepsilon_{i,t}$ 和 $\varepsilon_{j,t}$ 之间的相关系数，变量均值为零；其中 $q_{ij,t}$ 可以表示为

$$q_{ij,t} = \bar{q}_{ij} + \theta(z_{i,t-1}\,z_{j,t-1} - \bar{q}_{ij}) + \eta(q_{ij,t-1} - \bar{q}_{ij}) \qquad (6-7)$$

在公式 6-7 中，$\bar{q}_{ij}$ 为非条件方差。令

$$\boldsymbol{Q}_t = (q_{ij,t})_{2\times2}; \boldsymbol{Q}_t^* = \mathrm{diag}(\sqrt{q_{11,t}}, \sqrt{q_{22,t}}) \qquad (6-8)$$

则动态相关矩阵：

$$\boldsymbol{R}_t = (\rho_{ij,t})_{2\times2} = \boldsymbol{Q}_t^{*-1}\boldsymbol{Q}_t\boldsymbol{Q}_t^{*-1} \qquad (6-9)$$

两两市场之间的条件方差协方差矩阵表示为

$$\boldsymbol{H}_t = (\rho_{ij,t}, \sigma_{ii,t} \times \sigma_{jj,t}) = \boldsymbol{D}_t\boldsymbol{R}_t\boldsymbol{D}_t \qquad (6-10)$$

其中，$D_t = \mathrm{diag}\,(\sigma_{11,t}, \sigma_{22,t})$，通过观察动态相关矩阵 $R_t$ 的元素 $\rho_{12,t}$ 的变化，可以了解期货和现货两个市场关联性的动态变化。

### 6.1.3　BEKK-MGARCH 模型

DCC-GARCH 模型仅限于通过波动率之间的相关系数来体现市场之间联动效应，但是不能体现具体两个市场之间的波动溢出效应的方向，这需要借助 BEKK-GARCH 模型对两市场之间的波动溢出效应进行研究。与 DCC-GARCH 相比，BEKK-GARCH 模型将残差向量 $\varepsilon_t$ 的条件方差协方差矩阵服从如下变化过程

$$H_t = C_0 C_0^T + \sum_{i=1}^{p} A_i \varepsilon_{t-i} \varepsilon_{t-i}^T A_i^T + \sum_{j=1}^{q} B_j H_{t-j} B_j^T \qquad (6-11)$$

其中，$C_0$ 为下三角矩阵，$A_i$ 和 $B_j$ 均是方阵，现定义 $i$=1，2，$j$=1，2；1、2 分别代表两个不同的市场，则两变量的 BEKK-GARCH（1，1）模型的方程组表达式为

$$h_{11,t} = c_{11}^2 + (a_{11}^2\,\varepsilon_{1,t-1}^2 + 2\,a_{11}\,a_{12}\,\varepsilon_{1,t-1}\,\varepsilon_{2,t-1} + a_{12}^2\,\varepsilon_{2,t-1}^2) +$$
$$(b_{11}^2\,h_{11,t-1} + 2\,b_{11}\,b_{12}h_{12,t-1} + b_{12}^2\,h_{22,t-1}) \qquad (6-12)$$

$$h_{22,t} = c_{22}^2 + (a_{22}^2\,\varepsilon_{2,t-1}^2 + 2\,a_{22}\,a_{12}\,\varepsilon_{1,t-1}\,\varepsilon_{2,t-1} + a_{21}^2\,\varepsilon_{1,t-1}^2) +$$
$$(b_{22}^2\,h_{22,t-1} + 2\,b_{22}\,b_{21}h_{12,t-1} + b_{21}^2\,h_{22,t-1}) \qquad (6-13)$$

$$h_{12,t} = c_{11}\,c_{21} + [a_{11}\,a_{21}\,\varepsilon_{1,t-1}^2 + (a_{12}\,a_{21} + a_{11}\,a_{21})\,\varepsilon_{1,t-1}\,\varepsilon_{2,t-1} + a_{12}\,a_{22}\,\varepsilon_{2,t-1}^2 +$$
$$b_{11}\,b_{21}h_{11,t-1} + (b_{12}\,b_{21} + b_{11}\,b_{22})h_{12,t-1} + b_{12}\,b_{22}\,h_{22,t-1}] \qquad (6-14)$$

两变量的 BEKK - GARCH（1，1）模型的矩阵表达式为

$$H_t = \begin{bmatrix} h_{11,t} & h_{12,t} \\ h_{21,t} & h_{22,t} \end{bmatrix}, C_0 = \begin{bmatrix} c_{11} & 0 \\ c_{21} & c_{22} \end{bmatrix}, A = \begin{bmatrix} a_{11} & a_{12} \\ a_{21} & a_{22} \end{bmatrix}, B = \begin{bmatrix} b_{11} & b_{12} \\ b_{21} & b_{22} \end{bmatrix}$$

$$(\varepsilon_{t-1}\,\varepsilon_{t-1}^T) = \begin{bmatrix} \varepsilon_{1,t-1}^2 & \varepsilon_{1,t-1}\,\varepsilon_{2,t-1} \\ \varepsilon_{2,t-1}\,\varepsilon_{1,t-1} & \varepsilon_{2,t-1}^2 \end{bmatrix}, H_{t-1} = \begin{bmatrix} h_{11,t-1} & h_{12,t-1} \\ h_{21,t-1} & h_{22,t-1} \end{bmatrix}$$

公式 6-12 和公式 6-13 为两变量的 BEKK - GARCH（1，1）模型的期货和现货条件方差方程，$h_t$ 为均值方程残差的条件方差，其中两个公式中第一个括号内的项为 ARCH 项，即前一期条件方差 $h_{t-1}$ 对本期条件方差 $h_t$ 的影响。因此，期货对现货波动溢出的效应主要体现在系数 $a_{21}$ 和 $b_{21}$ 上，而现货对期货的波动溢出效应主要体现在系数 $a_{12}$ 和 $b_{12}$ 上，零假设条件是 $a_{12}=b_{12}=0$；$a_{21}=b_{21}=0$。期货品种 1 对期货品种 2 的波动溢出的效应主要体现在系数 $a_{21}$ 和 $b_{21}$ 上，而期货品种 2 对期货品种 1 的波动溢出的效应主要体现在系数 $a_{12}$ 和 $b_{12}$ 上，零假设条件是 $a_{12}=b_{12}=0$；$a_{21}=b_{21}=0$。

## 6.2  黑色金属商品期货与现货市场之间的波动溢出效应

### 6.2.1  描述性统计

如表 6-1 所示，从偏度、峰度值可以看出，螺纹钢、热轧卷板、线材、铁矿石期货和现货的日对数收益率序列均拒绝正态分布的假设检验，表现出"尖峰"和"厚尾"的统计特征。因此，在 BEKK 模型中放松正态分布的假设，改用 $t$ 分布假设。随后，从含有截距项和时间趋势项 ADF 统计量可以看出，在既包含截距项又包含时间趋势项的形式下，在 1% 的显著性水平下显著，螺纹钢、热轧卷板、线材、铁矿石期货和现货的日对数收益率序列均拒绝单位根的假设，黑色金属商品期货、现货日对数收益率序列全都是平稳的时间序列。

表 6-1  黑色金属商品期货收益率序列的描述性统计

| 对数收益率 | 螺纹钢 | | 热轧卷板 | | 线材 | | 铁矿石 | |
|---|---|---|---|---|---|---|---|---|
| | $R_{f,t}$ | $R_{s,t}$ | $R_{f,t}$ | $R_{s,t}$ | $R_{f,t}$ | $R_{s,t}$ | $R_{f,t}$ | $R_{s,t}$ |
| 均值 | 0.00 | 0.000 1 | −0.000 03 | 0.000 06 | −0.000 1 | 0.000 1 | −0.000 6 | −0.000 6 |
| 最大值 | 0.105 | 0.108 | 0.079 | 0.126 | 0.107 | 0.088 | 0.074 | 0.182 |
| 最小值 | −0.09 | −0.04 | −0.08 | −0.09 | −0.16 | −0.04 | −0.18 | −0.11 |
| 标准差 | 0.015 | 0.007 | 0.017 | 0.012 | 0.016 | 0.008 | 0.023 | 0.021 |
| 偏度 | 0.171 | 2.567 | −0.243 | 0.730 | −0.419 | 2.472 | −0.651 | 0.520 |
| 峰度 | 8.91 | 35.00 | 5.85 | 19.54 | 21.31 | 27.86 | 7.87 | 10.57 |
| 样本个数 | 2 350 | 2 350 | 1 146 | 1 146 | 1 345 | 1 345 | 1216 | 1 216 |

（续）

| 对数收益率 | | 螺纹钢 | | 热轧卷板 | | 线材 | | 铁矿石 | |
|---|---|---|---|---|---|---|---|---|---|
| | | $R_{f,t}$ | $R_{s,t}$ | $R_{f,t}$ | $R_{s,t}$ | $R_{f,t}$ | $R_{s,t}$ | $R_{f,t}$ | $R_{s,t}$ |
| 正态性检验 | $JB$ | 3 434 | 102 798 | 400 | 13 164 | 18 824 | 36 016 | 1 288 | 2 961 |
| | $P$ 值 | 0.00 | 0.00 | 0.00 | 0.00 | 0.00 | 0.00 | 0.00 | 0.00 |
| 自相关性检验 | $Q(1)$ | 0.152 | 735* | 1.031 | 33* | 1.959 | 411* | 2.624 | 19* |
| | $P$ | 0.70 | 0.00 | 0.31 | 0.00 | 0.16 | 0.00 | 0.11 | 0.00 |
| | $Q(36)$ | 35 | 1 332* | 62 | 121* | 39 | 784* | 40 | 76 |
| | $P$ | 0.52 | 0.00 | 0.01 | 0.00 | 0.35 | 0.00 | 0.31 | 0.00 |
| 平稳性检验 | $t$ | −48.8 | −19.55 | −34.68 | −18.08 | −38.16 | −14.53 | −33.27 | −30.72 |
| | $p$ | 0.00 | 0.00 | 0.00 | 0.00 | 0.00 | 0.00 | 0.00 | 0.00 |

注：$Q$ 统计量数值后的 * 表示存在自相关性。

## 6.2.2　黑色金属商品期货与现货收益率序列波动集聚性

图 6-1 分别代表螺纹钢、热轧卷板、线材、铁矿石期货和现货的收益率变动图，从图中可知黑色金属商品期货和现货的收益率均有较大的波动，且存在波动的集聚特征。

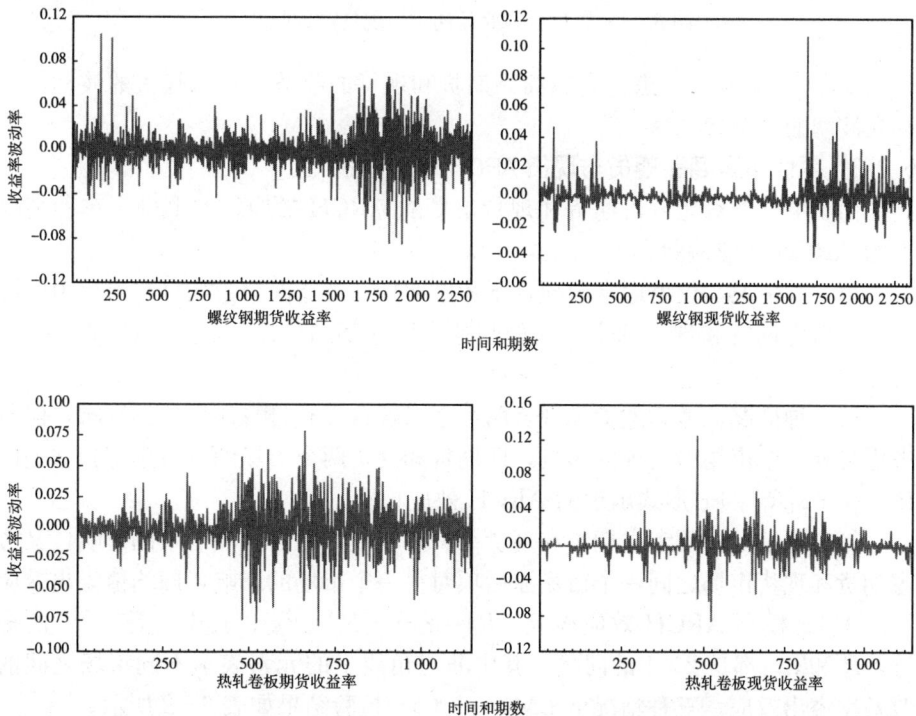

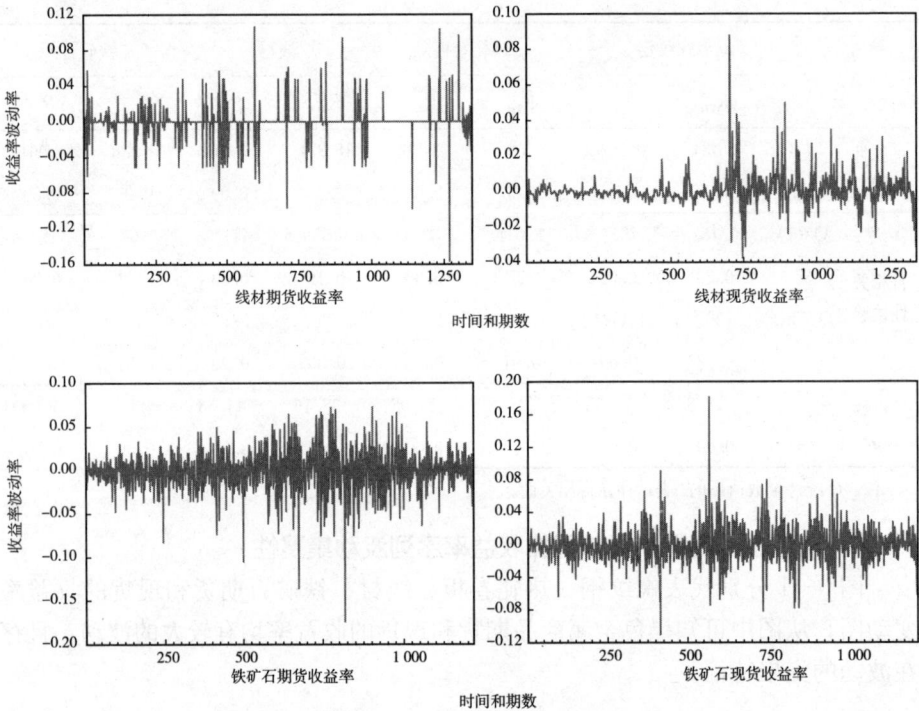

图 6-1 黑色金属商品期货、现货对数收益率

如图 6-1 所示，黑色金属商品期货和现货的收益率均有较大的波动，且存在波动的集聚特征。

### 6.2.3 黑色金属商品期货与现货 ARCH 效应检验

为了更好地对比分析期货和现货市场的 ARCH 效应，本书做了三种情况下的 ARCH 效应检验。

第一种情况，仅考虑常数项，不考虑期货和现货两个市场自身滞后项的影响，即认为期货和现货两个市场的收益率序列都满足 $R_t = \varphi_0 + \varepsilon_t$ 的 ARCH 效应检验。

第二种情况，考虑期货和现货两个市场各自带有自身滞后项的影响，但不考虑另外一个市场滞后项的影响，即期货和现货两个市场的收益率都独立地以 $R_t = \varphi_0 + \varphi_1 R_{t-1} + \varepsilon_t$ 形式出现的 ARCH 效应检验。

第三种情况，既考虑期货和现货单一市场收益率自身滞后项的影响，又考虑期货和现货市场之间一个市场滞后项对另一个市场的影响，即均值溢出效应下的 VAR 模型 ARCH 效应检验，$R_t = \varphi_0 + \varphi_1 R_{t-1} + \varepsilon_t$，其中 $\varphi_1$ 是 $2 \times 2$ 的矩阵，$R_t$ 和 $R_{t-1}$ 都是 $2 \times 1$ 的向量，其中非对角线上的元素表示不同市场之间的收益率溢出效应。三种情况下 $LM \sim \chi_a^2 (p)$ 检验结果如表 6-2 所示。

**表 6 - 2　黑色金属商品期货和现货 ARCH 效应检验**

| 品种 | 指标 | 情况一：AR (0) LM 统计量 [P] | 情况二：AR (1) LM 统计量 [P] | 情况三：VAR (1) LM 统计量 [P] | 是否存在 ARCHC 效应 |
|---|---|---|---|---|---|
| 螺纹钢 | $R_{f,t}$ | 136.78*** [0.000] | 137.26*** [0.000] | 68.88*** [0.000] | 存在 |
| | $R_{s,t}$ | 185.94*** [0.000] | 62.27*** [0.000] | 27.99*** [0.000] | 存在 |
| 热轧卷板 | $R_{f,t}$ | 75.66*** [0.000] | 78.16*** [0.000] | 46.53*** [0.000] | 存在 |
| | $R_{s,t}$ | 45.83*** [0.000] | 46.46*** [0.000] | 36.19*** [0.000] | 存在 |
| 线材 | $R_{f,t}$ | 40.12*** [0.000] | 35.78*** [0.000] | 41.48*** [0.000] | 存在 |
| | $R_{s,t}$ | 2 333.01*** [0.000] | 38.99*** [0.000] | 31.62*** [0.000] | 存在 |
| 铁矿石 | $R_{f,t}$ | 10.64** [0.013 9] | 11.13** [0.011 1] | 25.06** [0.000] | 存在 |
| | $R_{s,t}$ | 53.92*** [0.000] | 65.56*** [0.000] | 38.11*** [0.000] | 存在 |

注："***""**"分别表示 1%、5%的显著水平，方括号内的值为 $\chi^2$ (p) 分布的相伴概率。

显然，螺纹钢、热轧卷板、线材和铁矿石期货和现货市场全部存在非常显著的 ARCH 效应，即存在均值方程的误差项二阶矩的自回归过程，这就为利用 GARCH 族模型对黑色金属商品期货和现货波动率建模提供了合理性论证。

### 6.2.4　基于 DCC - GARCH 模型的研究

**1. 单个对数收益率序列的 GARCH (1，1) 模型**

为了得到黑色金属商品期货和现货之间波动率的动态相关系数，首先对螺纹钢、热轧卷板、线材和铁矿石期货和现货收益率序列分别建立公式 6 - 3、公式 6 - 4、公式 6 - 5 的 GARCH (1，1) 模型，并进行参数估计，其结果如表 6 - 3 所示。

**表 6 - 3　黑色金属各残差序列基于 GARCH (1，1) 模型的估计结果**

| 黑色金属 | | ARCH (1) 效应系数 ($\alpha$) | GARCH (1) 效应系数 ($\beta$) |
|---|---|---|---|
| 螺纹钢 | 期货 | 0.057 (0.073) | 0.938 (1.182) |
| | 现货 | 0.138* (1.877) | 0.861*** (12.243) |
| 热轧卷板 | 期货 | 0.084*** (3.534) | 0.914*** (38.973) |
| | 现货 | 0.181*** (3.305) | 0.818*** (22.012) |
| 线材 | 期货 | 0.035*** (5.009) | 0.952*** (2 241.463) |
| | 现货 | 0.106** (2.306) | 0.893*** (22.532) |
| 铁矿石 | 期货 | 0.043 (0.862) | 0.954*** (17.335) |
| | 现货 | 0.125*** (4.340) | 0.862*** (16.733) |

注："***""**"" *"分别代表 1%、5%、10%的显著性水平，括号内为相应的 t 值。

如表 6 - 3 所示，除了螺纹钢期货的 ARCH（1）效应系数（$\alpha$）和 GARCH（1）效应系数（$\beta$）以及铁矿石期货的 ARCH（1）效应系数（$\alpha$）在 10% 的显著性水平下仍然不显著以外，其余收益率序列的 ARCH（1）效应系数（$\alpha$）和 GARCH（1）效应系数（$\beta$）均在 10% 的显著性水平下通过检验。这表明螺纹钢现货、热轧卷板期货和现货、线材期货和现货、铁矿石现货的对数收益率序列的 ARCH（1）效应和 GARCH（1）效应显著，且每个品种的 $\alpha$ 和 $\beta$ 系数之和均接近于 1，说明上述市场的波动率都具有聚集性和持久性的特征。然而，螺纹钢期货的对数收益率序列的 ARCH（1）效应和 GARCH（1）效应，铁矿石期货的对数收益率序列的 ARCH（1）效应不显著；即螺纹钢期货的波动率集聚性和持续性不显著，而铁矿石期货的对数收益率序列的波动率集聚性不显著。

**2. 基于 DCC - GARCH 模型的期现货动态相关系数**

在 GARCH（1，1）模型估计结果的基础上，基于公式 6 - 6、公式 6 - 7、公式 6 - 8、公式 6 - 9、公式 6 - 10 的 DCC 模型进行极大似然估计，期货和现货市场均值方程残差之间的动态相关系数的条件方差 $q_{ij,t}$，其参数 $\theta$ 和 $\eta$ 的估计结果如表 6 - 4 所示。

**表 6 - 4  DCC 模型的参数估计结果**

| 黑色金属 | 参数 $\theta$ | 参数 $\eta$ |
|---|---|---|
| 螺纹钢 | 0.002***（6.112） | 0.997 6***（481.270） |
| 热轧卷板 | 0.018（1.572） | 0.954 0***（44.363） |
| 线材 | 0.008（0.664） | 0.944 0***（34.838） |
| 铁矿石 | 0.007（1.408） | 0.993 0***（192.520） |

注："***""**""*"分别代表 1%、5%、10% 的显著性水平，括号内为相应的 $t$ 值。

如表 6 - 4 所示，螺纹钢期货和现货市场之间的相关系数参数 $\theta$ 和 $\eta$ 在 1% 的显著性水平下通过检验，表明螺纹钢期货和现货市场之间的动态关联性明显。热轧卷板、线材和铁矿石期货和现货市场之间的相关系数参数 $\eta$ 在 1% 的显著性水平下通过检验，表明螺纹钢期货和现货市场之间的动态关联性明显。自螺纹钢、热轧卷板、线材、铁矿石期货上市之日至 2019 年 3 月，黑色金属商品期货和现货之间的动态相关系数如图 6 - 2a、图 6 - 2b、图 6 - 2c、图 6 - 2d，其均值如表 6 - 5 所示。

基于 DCC - GARCH 模型的螺纹钢、热轧卷板、线材、铁矿石期货和现货之间的动态相关系数均值如表 6 - 5 所示。

图 6 - 2a  螺纹钢期货现货之间的动态相关系数

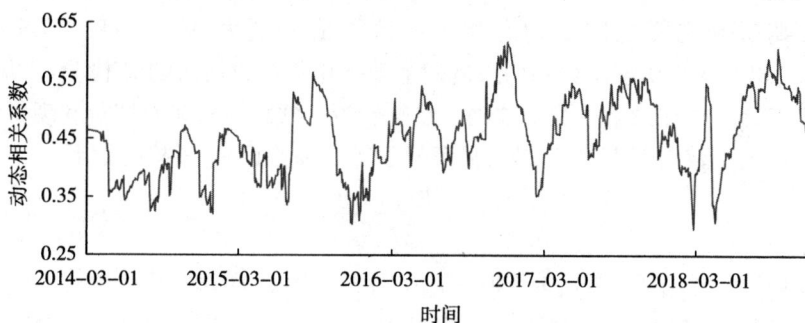

图 6 - 2b  热轧卷板期货现货之间的动态相关系数

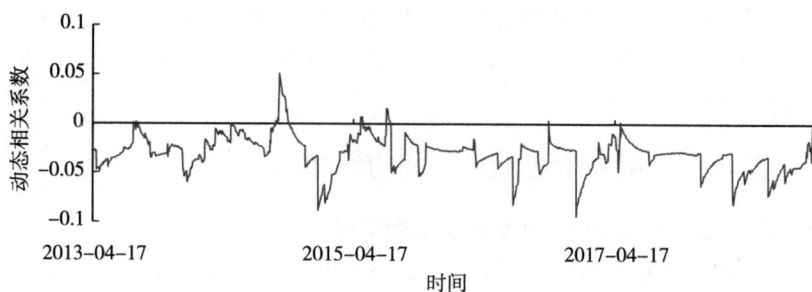

图 6 - 2c  线材期货现货之间的动态相关系数

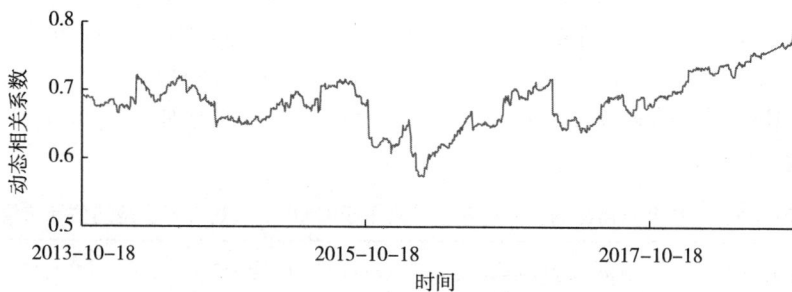

图 6 - 2d  铁矿石期货现货之间的动态相关系数

表 6 - 5　黑色金属商品期货现货动态相关系数均值

| 品种 | $E(\rho)$ |
|---|---|
| 螺纹钢 | 0.338 41***（280.286 4） |
| 热轧卷板 | 0.454 38***（227.098 7） |
| 线材 | −0.030 39***（−64.399 3） |
| 铁矿石 | 0.680 99***（632.398 8） |

注："***""**""*"分别代表 1%、5%、10%的显著性水平，括号内为相应的 $Z$ 值。

如表 6 - 5 所示，基于 DCC - GARCH 模型的螺纹钢、热轧卷板、线材、铁矿石期货和现货之间的动态相关系数均值分别为 0.338 41、0.454 38、−0.030 39、0.680 99。分别构造这四个动态相关系数均值的 $Z$ 检验，以此用标准正态分布的理论来检验螺纹钢、热轧卷板、线材、铁矿石期货和现货之间的动态相关系数均值 $E(\rho)$ 是否显著异于零（原假设）。$Z$ 检验如下

$$Z = \frac{E(\rho) - 0}{s / \sqrt{n}}$$

原假设：$E(\rho) = 0$；备择假设：$E(\rho) \neq 0$；$s$ 代表期货和现货之间的动态相关系数时间序列的标准差，$\sqrt{n}$ 代表样本容量。如表 6 - 5 所示，螺纹钢、热轧卷板、线材、铁矿石期货和现货之间的动态相关系数均值在 1% 的显著性水平下，显著异于零，说明黑色金属商品期货和现货之间存在动态关联。其中铁矿石期货和现货之间的相关程度最高，其次为热轧卷板和螺纹钢，线材期货和现货之间的相关度微弱。

## 6.3　黑色金属商品期货各品种之间的波动溢出效应

### 6.3.1　基于 DCC - GARCH 模型的动态相关性

为了得到黑色金属商品期货各个品种之间的波动率的动态相关系数，首先对螺纹钢、热轧卷板、线材、铁矿石、焦煤、焦炭期货收益率序列分别建立 GARCH（1，1）模型并进行参数估计，其结果见表 6 - 6 中 ARCH（1）系数（$\alpha$）和 GARCH（1）系数（$\beta$）。在 GARCH（1，1）模型估计结果的基础上，基于 DCC 模型进行极大似然估计，黑色金属商品期货品种均值方程残差之间的动态相关系数的条件方差 $q_{ij,t}$，其参数 $\theta$ 和 $\eta$ 的估计结果如表 6 - 6 中 DCC 方程系数。

表 6 - 6　黑色金属商品期货品种残差序列基于 GARCH（1，1）模型的估计结果

| 黑色金属商品期货 | ARCH（1）系数（$\alpha$） | GARCH（1）系数（$\beta$） | DCC 方程 |
|---|---|---|---|
| 螺纹钢 | 0.090 43***（4.272） | 0.904 04***（42.822） | $\theta$ |

（续）

| 黑色金属商品期货 | ARCH（1）系数（$\alpha$） | GARCH（1）系数（$\beta$） | DCC 方程 |
|---|---|---|---|
| 热轧卷板 | 0.082 67*** (3.597) | 0.915 18*** (39.968) | 0.025 29** (2.321) |
| 铁矿石 | 0.025 89* (1.840) | 0.970 42*** (61.205) | $\eta$ |
| 焦煤 | 0.089 99 (1.619) | 0.902 73*** (52.387) | 0.875 31*** (14.971) |
| 焦炭 | 0.101 32** (2.400) | 0.897 68*** (17.367) | 对数似然值 16 811.1 |

注："***""**""*"分别代表 1%、5%、10%的显著性水平，括号内为相应的 $t$ 值。

如表 6-6 所示，除了焦煤期货的 ARCH（1）效应系数（$\alpha$）在 10%的显著性水平下仍然不显著以外，其余收益率序列的 ARCH（1）效应系数（$\alpha$）和 GARCH（1）效应系数（$\beta$）均在 10%的显著性水平下通过检验。这表明黑色金属商品期货对数收益率序列的 ARCH（1）效应和 GARCH（1）效应普遍存在，且每个品种的 $\alpha$ 和 $\beta$ 系数之和均接近于 1，说明除焦煤期货的收益率序列波动率的集聚性未通过显著性检验之外，黑色金属商品期货其他品种收益率序列的波动率都具有聚集性和持久性的特征。同时，螺纹钢、热轧卷板、线材、铁矿石、焦煤、焦炭期货之间的相关系数参数 $\theta$ 和 $\eta$ 在 5%的显著性水平下通过检验，表明黑色金属商品期货各品种之间的动态关联性明显。基于 DCC-GARCH 模型的黑色金属商品期货品种两两之间的动态相关系数均值如表 6-7，动态相关系数如图 6-3。

**表 6-7　基于 DCC-GARCH 模型的黑色金属商品期货品种之间动态相关系数均值**

| 品种 | $E$（$\rho$） |
|---|---|
| 螺纹钢—热轧卷板 | 0.863*** (1 113.23) |
| 螺纹钢—铁矿石 | 0.692*** (630.61) |
| 螺纹钢—焦煤 | 0.530*** (396.29) |
| 螺纹钢—焦炭 | 0.607*** (451.47) |
| 热轧卷板—铁矿石 | 0.653*** (646.05) |
| 热轧卷板—焦煤 | 0.490*** (366.85) |
| 热轧卷板—焦炭 | 0.576*** (441.01) |
| 铁矿石—焦煤 | 0.517*** (367.82) |
| 铁矿石—焦炭 | 0.568*** (407.44) |
| 焦煤—焦炭 | 0.688*** (416.75) |

注："***""**""*"分别代表 1%、5%、10%的显著性水平，括号内为相应的 $Z$ 值。

如表 6‑7 所示，分别构造基于 DCC‑GARCH 模型的螺纹钢、热轧卷板、线材、铁矿石、焦煤、焦炭期货两两之间的动态相关系数均值的 Z 检验，以此用标准正态分布的理论来检验黑色金属商品期货各品种两两之间的动态相关系数均值 $E(\rho)$ 是否显著异于零（原假设）。Z 检验如下

$$Z = \frac{E(\rho) - 0}{s/\sqrt{n}}$$

原假设：$E(\rho) = 0$；备择假设：$E(\rho) \neq 0$；s 代表期货动态相关系数时间序列的标准差，$\sqrt{n}$ 代表样本容量。如表 6‑7 所示，螺纹钢、热轧卷板、线材、铁矿石、焦煤、焦炭期货两两之间的动态相关系数均值在 1% 的显著性水平下，显著异于零，说明黑色金属商品期货各品种之间的动态相关关系显著。其中，螺纹钢和热轧卷板两个重要的钢材成材期货品种之间的相关程度最高；铁矿石作为炼钢的重要原材料，与成材期货螺纹钢和热轧卷板期货之间的动态相关系数均值都超过 0.6；焦煤作为焦炭冶炼的主要原料，这两个期货品种之间的动态相关系数均值超过 0.6（图 6‑3）。

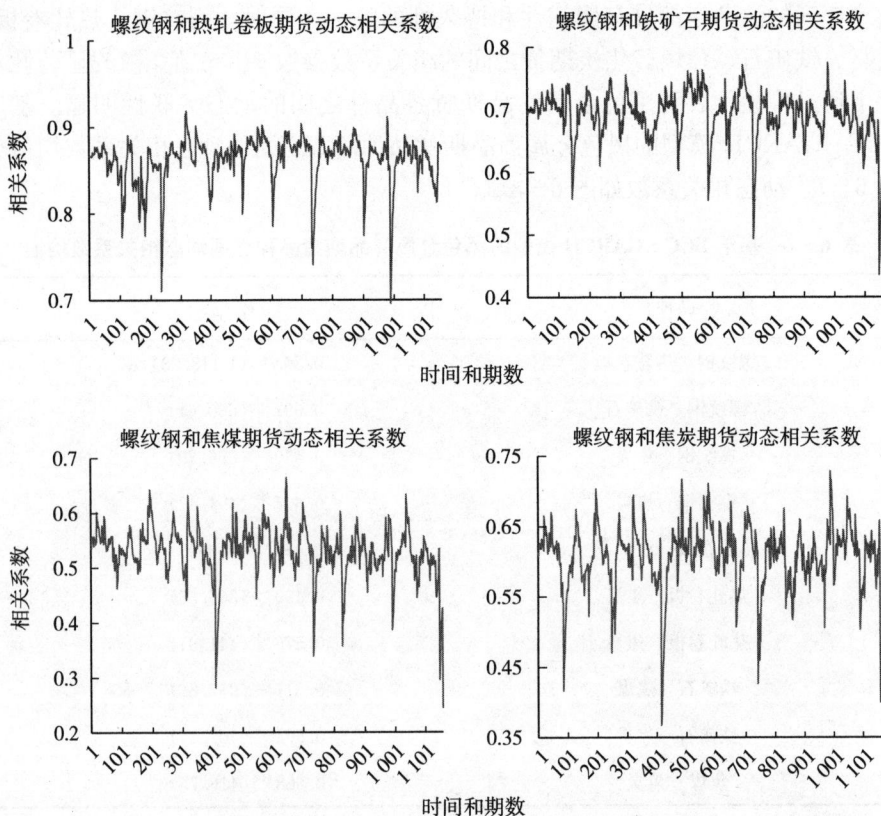

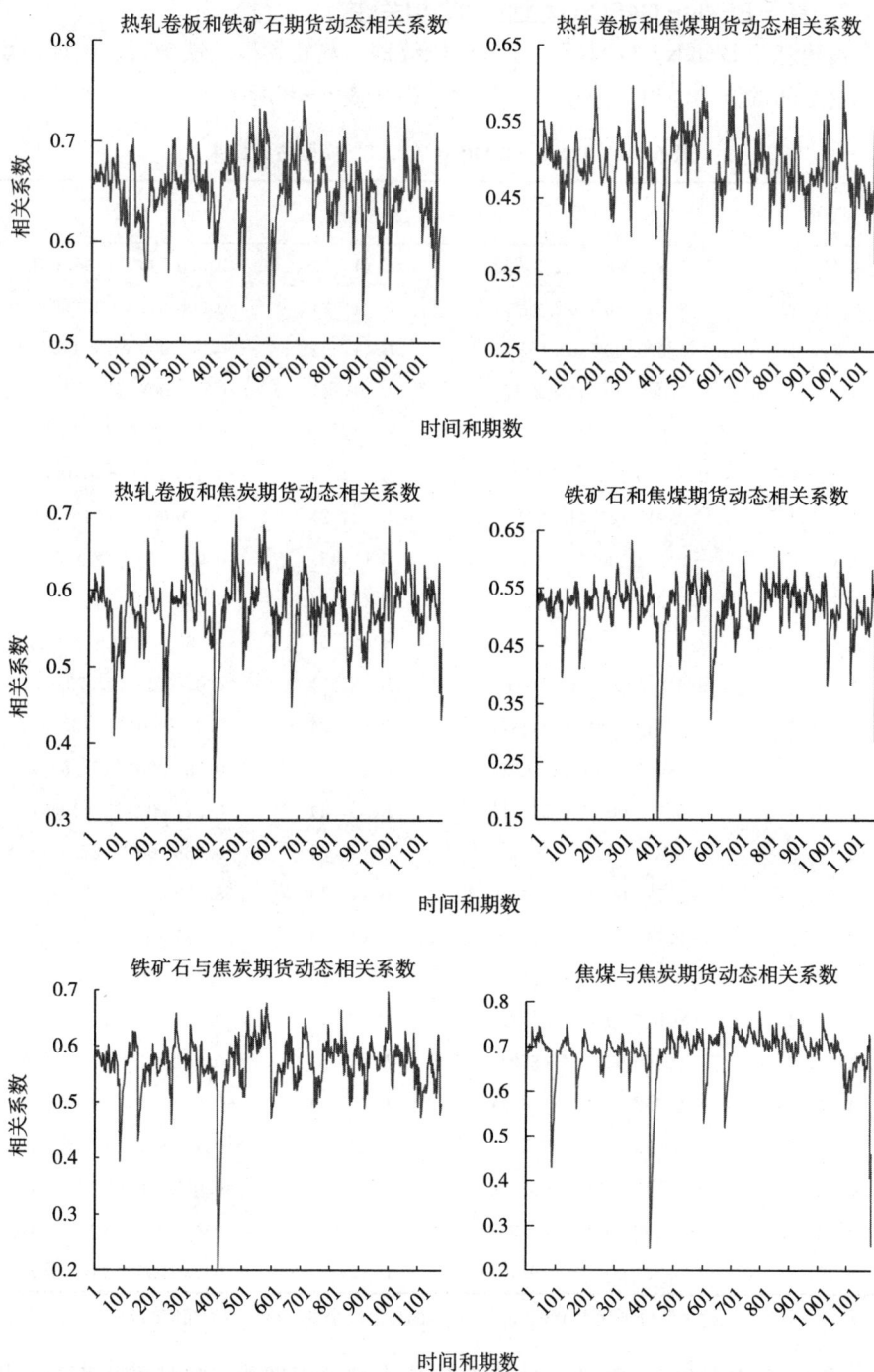

图6-3　基于DCC-GARCH模型的黑色金属商品期货品种之间的动态相关系数

### 6.3.2 基于 BEKK - GARCH 模型的动态相关性

构建基于 BEKK - GARCH 模型的螺纹钢、热轧卷板、铁矿石、焦煤、焦炭期货之间的波动溢出效应模型，估计结果如表 6-8 所示。

**表 6-8　BEKK - GARCH (1，1) 模型估计结果**

| 变量 | 参数 | 变量 | 参数 |
|---|---|---|---|
| $A$ (1，1) | 0.319 300 *** (15.473) | $B$ (1，1) | 0.950 000 *** (155.190) |
| $A$ (1，2) | 0.000 002 *** (2.993) | $B$ (1，2) | −0.000 001 (−1.369) |
| $A$ (1，3) | 0.000 002 ** (2.195) | $B$ (1，3) | −0.000 000 (−1.110) |
| $A$ (1，4) | −0.000 004 *** (−2.727) | $B$ (1，4) | 0.000 002 * (1.920) |
| $A$ (1，5) | 0.000 010 *** (6.753) | $B$ (1，5) | −0.000 003 *** (−3.768) |
| $A$ (2，1) | −332.180 000 * (−1.760) | $B$ (2，1) | −83.849 000 (−1.488) |
| $A$ (2，2) | 0.018 120 (1.036) | $B$ (2，2) | 0.906 000 *** (94.441) |
| $A$ (2，3) | −0.254 100 *** (−15.622) | $B$ (2，3) | 0.098 000 *** (7.827) |
| $A$ (2，4) | −0.223 900 *** (−5.335) | $B$ (2，4) | 0.630 000 *** (13.843) |
| $A$ (2，5) | −0.822 000 *** (−17.070) | $B$ (2，5) | −0.058 000 ** (−2.265) |
| $A$ (3，1) | 366.210 000 ** (2.190) | $B$ (3，1) | 4.358 000 (0.073) |
| $A$ (3，2) | 0.413 000 *** (22.737) | $B$ (3，2) | −0.034 000 *** (−3.501) |
| $A$ (3，3) | 0.465 000 *** (27.097) | $B$ (3，3) | 0.589 000 *** (67.521) |
| $A$ (3，4) | 0.628 000 *** (15.341) | $B$ (3，4) | −0.541 000 *** (−16.012) |
| $A$ (3，5) | 0.635 000 *** (15.174) | $B$ (3，5) | 0.938 000 *** (27.391) |
| $A$ (4，1) | 131.770 000 * (1.890) | $B$ (4，1) | 58.659 000 * (1.903) |
| $A$ (4，2) | −0.147 000 *** (−20.064) | $B$ (4，2) | 0.151 000 *** (26.199) |
| $A$ (4，3) | −0.057 000 *** (−7.462) | $B$ (4，3) | 0.187 000 *** (22.026) |
| $A$ (4，4) | −0.027 000 (−1.228) | $B$ (4，4) | 0.453 000 *** (45.777) |
| $A$ (4，5) | 0.160 000 *** (7.562) | $B$ (4，5) | −0.181 000 *** (−10.775) |
| $A$ (5，1) | −112.250 000 * (−1.648) | $B$ (5，1) | −9.680 000 (−0.250) |
| $A$ (5，2) | −0.213 000 *** (12.532) | $B$ (5，2) | −0.171 000 *** (−16.661) |
| $A$ (5，3) | −0.117 000 *** (−6.106) | $B$ (5，3) | 0.010 000 (1.259) |
| $A$ (5，4) | −0.157 000 *** (−5.378) | $B$ (5，4) | 0.439 000 *** (21.963) |
| $A$ (5，5) | −0.331 000 *** (−9.188) | $B$ (5，5) | 0.251 000 *** (17.455) |

注："***""**""*"分别代表 1%、5%、10% 的显著性水平，括号内为相应的 $t$ 值。

表 6-8 中系数 1、2、3、4、5 分别代表螺纹钢期货、热轧卷板期货、铁矿石期货、焦煤期货、焦炭期货。BEKK - GARCH (1，1) 模型参数估计的

结果中，ARCH 项的系数矩阵 $A$ 的对角元素 $A$（1，1）、$A$（3，3）、$A$（5，5）均在 1％的显著性水平上明显异于零，表明螺纹钢期货、铁矿石期货、焦炭期货滞后价格信息对当期价格的影响均较强，ARCH 型的波动溢出效应明显。同样，GARCH 项系数矩阵 $B$ 的各对角元素 $B$（1，1）、$B$（2，2）、$B$（3，3）、$B$（4，4）、$B$（5，5）均为显著且绝对值较高，说明螺纹钢期货、热轧卷板期货、铁矿石期货、焦煤期货和焦炭期货均具有很强的波动持久性。

对螺纹钢期货分别与热轧卷板期货、铁矿石期货、焦煤期货、焦炭期货之间的波动溢出效应做分析，得出如下结论：首先，螺纹钢期货和热轧卷板期货之间，非对称项系数矩阵元素 $A$（1，2）、$A$（2，1）在 10％的显著性水平下通过检验，而 $B$（1，2）和 $B$（2，1）在 10％的显著性水平下均未通过检验，表明螺纹钢和热轧卷板之间 ARCH 型的双向波动溢出效应明显，而 GARCH 型波动溢出效应不显著。其次，螺纹钢和铁矿石期货之间，非对称项系数矩阵元素 $A$（1，3）、$A$（3，1）在 5％的显著性水平下通过检验，而 $B$（1，3）和 $B$（3，1）在 10％的显著性水平下均未通过检验，表明螺纹钢和铁矿石期货之间 ARCH 型的双向波动溢出效应明显，而 GARCH 型波动溢出效应不显著。再次，螺纹钢和焦煤期货之间，非对称项系数矩阵元素 $A$（1，4）、$A$（4，1）以及 $B$（1，4）、$B$（4，1）在 10％的显著性水平下均通过检验，表明螺纹钢和焦煤期货之间的 ARCH 型和 GARCH 型双向波动溢出效应显著。最后，螺纹钢和焦炭期货之间，非对称项系数矩阵元素 $A$（1，5）、$A$（5，1）、$B$（1，5）在 10％的显著性水平下均通过检验，而 $B$（5，1）在 10％的显著性水平下并未通过检验，表明螺纹钢与焦炭期货之间存在双向的波动溢出效应，然而螺纹钢对焦炭期货以 ARCH 型溢出效应为主，而焦炭期货对螺纹钢期货的波动溢出效应为 ARCH 型和 GARCH 型波动溢出效应。

对热轧卷板期货分别与铁矿石期货、焦煤期货、焦炭期货之间的波动溢出效应进行分析，得出如下结论：首先，热轧卷板期货与铁矿石期货之间，非对称项系数矩阵元素 $A$（2，3）、$A$（3，2）、$B$（2，3）、$B$（3，2）在 1％的显著性水平下通过检验，表明热轧卷板期货与铁矿石期货之间的双向波动溢出效应显著。其次，热轧卷板期货与焦煤期货之间，非对称项系数矩阵元素 $A$（2，4）、$A$（4，2）、$B$（2，4）、$B$（4，2）在 1％的显著性水平下均通过检验，表明热轧卷板期货与焦煤期货之间的双向波动溢出效应显著。最后，热轧卷板期货与焦炭期货之间，非对称项系数矩阵元素 $A$（2，5）、$A$（5，2）、$B$（2，5）、$B$（5，2）在 5％的显著性水平下均通过检验，表明热轧卷板期货与焦炭期货之间的双向波动溢出效应显著。

对铁矿石期货分别与焦煤期货、焦炭期货之间的波动溢出效应做分析，得出如下结论：首先，铁矿石期货与焦煤期货之间，非对称项系数矩阵元素 $A$

（3，4）、$A$（4，3）、$B$（3，4）、$B$（4，3）在1％的显著性水平下通过检验，表明铁矿石期货与焦煤期货之间的双向波动溢出效应显著。其次，铁矿石期货与焦炭期货之间，非对称项系数矩阵元素 $A$（3，5）、$A$（5，3）、$B$（3，5）在1％的显著性水平下均通过检验，$B$（5，3）未通过10％的显著性检验，表明铁矿石期货与焦炭期货之间的双向波动溢出效应显著，但是焦炭对铁矿石期货的波动溢出效应通过 ARCH 和 GARCH 项进行传递，而铁矿石对焦炭期货的波动溢出效应则仅通过 ARCH 项进行传递。

对焦煤期货与焦炭期货之间的波动溢出效应做分析，得出如下结论：焦煤期货与焦炭期货之间，非对称项系数矩阵元素 $A$（4，5）、$A$（5，4）、$B$（4，5）、$B$（5，4）在1％的显著性水平下通过检验，表明焦煤期货与焦炭期货之间的双向波动溢出效应显著。

基于 BEKK - GARCH 模型的螺纹钢期货、热轧卷板期货、铁矿石期货、焦煤期货、焦炭期货之间波动溢出关系以及溢出方向，如表6-9所示。

**表6-9　BEKK - GARCH 模型下黑色金属商品期货各品种之间的波动溢出方向**

| 品种 | 波动溢出关系及方向 | |
| :---: | :---: | :---: |
| | 方向 | 溢出效应项 |
| 螺纹钢—热轧卷板 | 双向 | ARCH 项的双向溢出 |
| 螺纹钢—铁矿石 | 双向 | ARCH 项的双向溢出 |
| 螺纹钢—焦煤 | 双向 | ARCH 项和 GARCH 项双向溢出 |
| 螺纹钢—焦炭 | 双向 | 螺纹钢对焦炭：ARCH 项溢出，<br>焦炭对螺纹钢：ARCH 项和 GARCH 项溢出 |
| 热轧卷板—铁矿石 | 双向 | ARCH 项和 GARCH 项双向溢出 |
| 热轧卷板—焦煤 | 双向 | ARCH 项和 GARCH 项双向溢出 |
| 热轧卷板—焦炭 | 双向 | ARCH 项和 GARCH 项双向溢出 |
| 铁矿石—焦煤 | 双向 | ARCH 项和 GARCH 项双向溢出 |
| 铁矿石—焦炭 | 双向 | 铁矿石对焦炭：ARCH 项溢出，<br>焦炭对铁矿石：ARCH 项和 GARCH 项溢出 |
| 焦煤—焦炭 | 双向 | ARCH 项和 GARCH 项双向溢出 |

## 6.4　黑色金属商品期货与其他板块商品期货之间的波动溢出效应

### 6.4.1　数据的选取和描述性统计

为了研究黑色金属商品期货与其他板块商品期货之间的波动溢出效应，本书以 Wind 商品期货大类指数为参考依据，选取 Wind 煤焦钢矿指数、Wind 贵金属指数、Wind 有色金属指数、Wind 能源指数和 Wind 化工指数分别作为黑色金属商品期货、贵金属商品期货、有色金属商品期货、能源期货、化工产品期货的衡量指标，对商品期货板块之间的波动溢出效应做分析考察。期货板块分类及所包含的具体期货品种如表6-10所示。

**表6-10　期货板块指数及其品种分类**

| 期货板块指数 | 包含期货品种 |
| --- | --- |
| 黑色金属指数（JJRI. WI） | 螺纹钢、热卷、线材、铁矿石、焦煤、焦炭、硅铁、锰硅 |
| 贵金属指数（NMFI. WI） | 黄金、白银 |
| 有色金属指数（NFFI. WI） | 铜、铝、铅、锌、镍、锡 |
| 能源指数（ENFI. WI） | 燃料油、动力煤、原油 |
| 化工指数（CIFI. WI） | LLDPE、聚丙烯、PTA、甲醇、橡胶、沥青 |

数据来源：Wind资讯。

数据选取时间为2009年3月27日至2018年12月14日共2 367个交易日日度Wind商品期货大类指数，其中 $DLNHSJS$、$DLNGJS$、$DLNYSJS$、$DLNNY$、$DLNHG$ 分别代表黑色金属商品期货板块指数、贵金属商品期货板块指数、有色金属商品期货板块指数、能源期货板块指数、化工产品期货板块指数的对数收益率序列，数据的描述性统计如表6-11所示。

**表6-11　期货板块指数的对数收益率序列的描述性统计**

| 对数收益率序列 | | $DLNHSJS$ | $DLNGJS$ | $DLNYSJS$ | $DLNNY$ | $DLNHG$ |
| --- | --- | --- | --- | --- | --- | --- |
| 均值 | | −0.000 169 | −1.37E−05 | 0.000 125 | −6.69E−05 | −4.96E−05 |
| 最大值 | | 0.065 9 | 0.065 6 | 0.056 2 | 0.112 8 | 0.061 2 |
| 最小值 | | −0.075 9 | −0.093 0 | −0.062 7 | −0.177 9 | −0.059 3 |
| 标准差 | | 0.014 3 | 0.012 1 | 0.013 0 | 0.013 2 | 0.015 2 |
| 偏度 | | 0.003 8 | −0.256 7 | −0.142 1 | −0.893 7 | −0.165 7 |
| 峰度 | | 6.394 0 | 8.129 1 | 5.711 6 | 25.182 9 | 4.205 5 |
| 样本个数 | | 2 366 | 2 366 | 2 366 | 2 366 | 2 366 |
| 正态性检验 | $JB$ | 1 135.6 | 2 619.5 | 732.8 | 48 825.8 | 154.1 |
| | $P$值 | 0 | 0 | 0 | 0 | 0 |
| 自相关性检验 | $Q(1)$ | 0.025 | 2.104 | 8.658 1* | 11.939* | 0.016 |
| | $P$ | 0.875 | 0.147 | 0.003 | 0.001 | 0.898 |
| | $Q(36)$ | 49.72 | 43.51 | 68.033* | 113.65* | 42.96 |
| | $P$ | 0.064 | 0.104 | 0.001 | 0.000 | 0.198 |
| ADF平稳性检验 | $t$ | −48.47 | −50.09 | −51.66 | −32.87 | −48.74 |
| | $P$ | 0.00 | 0.00 | 0.00 | 0.00 | 0.00 |

注：①自相关性检验 $Q$ 统计量数值后面 * 表示存在自相关性；②平稳性检验 $t$ 统计量数值后面 * 表示不平稳。

如表6-11所示，各商品期货板块指数的对数收益率序列的 Jarque-Bera

统计量都显著超过了拒绝正态分布的假设检验临界值,因此不承认样本概率服从正态分布。从自相关性的 $Q$ 统计量可以看出,有色金属商品期货板块指数、能源期货板块指数的对数收益率序列拒绝序列不存在自相关性的原假设,各商品期货板块指数的对数序列存在显著的自相关性。从平稳性的 ADF 检验可以看出,拒绝单位根存在的原假设,各商品期货板块指数的对数收益率序列全都是平稳的时间序列。

## 6.4.2　ARCH 效应检验

为了更好地对比分析各商品期货板块指数的对数收益率序列的 ARCH 效应,本书做了三种情况下的 ARCH 效应检验:第一种情况,仅考虑常数项,不考虑自身滞后项的影响的 ARCH 效应检验。第二种情况,考虑各商品期货板块指数的对数收益率序列自身滞后项的影响,但不考虑其他市场滞后项的影响,即各板块指数对数收益率序列都独立地以 $R_t = \varphi_0 + \varphi_1 R_{t-1} + \varepsilon_t$ 形式出现的 ARCH 效应检验。第三种情况,既考虑单一市场收益率自身滞后项的影响,又考虑黑色金属、贵金属、有色金属、能源、化工期货市场之间一个市场滞后项对另一个市场的影响,即均值溢出效应下的 VAR 模型 ARCH 效应检验,$R_t = \varphi_0 + \varphi_1 R_{t-1} + \varepsilon_t$,其中 $\varphi_1$ 是 $5 \times 5$ 的矩阵,$R_t$ 和 $R_{t-1}$ 都是 $5 \times 1$ 的向量,其中非对角线上的元素表示不同市场之间的收益率溢出效应。三种情况下 $LM \sim \chi_a^2(p)$ 检验结果如表 6-12 所示。

表 6-12　各商品期货板块指数的对数收益率序列的 ARCH 效应检验

| 指标 | 情况一:AR(0) | 情况二:AR(1) | 情况三:VAR(1) | 是否存在 |
| --- | --- | --- | --- | --- |
| | LM 统计量 [P] | LM 统计量 [P] | LM 统计量 [P] | ARCH 效应 |
| 黑色金属 | 37.786 000*** [0.00] | 37.489 000*** [0.00] | | 是 |
| 贵金属 | 60.610 190*** [0.00] | 62.223 350*** [0.00] | | 是 |
| 有色金属 | 71.780 760*** [0.00] | 73.222 830*** [0.00] | 2 387.749*** [0.00] | 是 |
| 能源 | 16.451 530*** [0.00] | 18.651 890*** [0.00] | | 是 |
| 化工 | 9.708 159*** [0.001 8] | 9.750 568*** [0.001 8] | | 是 |

注:"***""**"分别表示 1%、5%的显著水平,方括号内的值为 $\chi^2(p)$ 分布的相伴概率。

显然,黑色金属、贵金属、有色金属、能源、化工期货市场全部存在非常显著的 ARCH 效应,即存在均值方程的误差项二阶矩的自回归过程,这就为利用 GARCH 族模型对黑色金属商品期货和贵金属、有色金属、能源、化工商品期货板块的波动溢出效应的研究提供了合理性论证。

## 6.4.3　DCC-GARCH 模型下的动态相关性研究

为了得到黑色金属商品期货与其他板块商品期货之间的波动率的动态相关系数,首先对黑色金属、贵金属、有色金属、能源、化工期货板块指数的对数收益率序列分别建立 GARCH(1,1)模型,并进行参数估计,其结果见

表 6 - 13 中 ARCH（1）系数（$\alpha$）和 GARCH（1）系数（$\beta$）。在 GARCH（1，1）模型估计结果的基础上，基于 DCC 模型进行极大似然估计，黑色金属商品期货与其他板块商品期货的动态相关系数的条件方差 $q_{ij,t}$，其参数 $\theta$ 和 $\eta$ 的估计结果见表 6 - 13 中 DCC 方程系数。

**表 6 - 13　基于 DCC - GARCH（1，1）模型的估计结果**

| 板块 | ARCH（1）系数 $\alpha$ | GARCH（1）系数 $\beta$ | DCC 方程 |
|---|---|---|---|
| 黑色金属商品期货 | 0.071 75*（1.752） | 0.924 10***（22.833） | $\theta$ |
| 贵金属期货 | 0.034 10***（7.033） | 0.965 00***（222.075） | 0.015 20***（5.142） |
| 有色金属期货 | 0.072 50***（6.518） | 0.906 60***（61.250） | $\eta$ |
| 能源期货 | 0.064 60*（1.861） | 0.933 80***（26.739） | 0.977 80***（187.480） |
| 化工期货 | 0.045 70*（1.720） | 0.942 50***（28.578） | 对数似然值 37 079.64 |

注："***""**""*"分别代表 1%、5%、10%的显著性水平，括号内为相应的 $t$ 值。

如表 6 - 13 所示，在 10%的显著性水平下，各商品期货板块的 ARCH（1）效应和 GARCH（1）效应普遍存在，且每个品种的 $\alpha$ 和 $\beta$ 系数之和均接近于 1，说明各商品期货板块的波动率都具有聚集性和持久性的特征。同时，黑色金属、贵金属、有色金属、能源、化工期货板块指数的相关系数参数 $\theta$ 和 $\eta$ 在 1%的显著性水平下通过检验，表明黑色金属期货与其他板块商品期货的动态关联性明显。基于 DCC - GARCH 模型的黑色金属商品分别与贵金属、有色金属、能源、化工期货两两之间的动态相关系数均值见表 6 - 14，动态相关系数如图 6 - 4 所示。

**表 6 - 14　DCC - GARCH 模型下黑色金属商品期货与其他商品期货动态相关系数均值**

| 品种 | $E(\rho)$ |
|---|---|
| 黑色金属—贵金属 | 0.191***（100.39） |
| 黑色金属—有色金属 | 0.496***（253.72） |
| 黑色金属—能源 | 0.355***（164.01） |
| 黑色金属—化工 | 0.554***（416.62） |

注："***""**""*"分别代表 1%、5%、10%的显著性水平，括号内为相应的 $Z$ 值。

如表 6 - 14 所示，分别构造基于 DCC - GARCH 模型的黑色金属商品期货分别与贵金属商品期货、有色金属商品期货、能源类商品期货和化工商品期货之间的动态相关系数均值的 $Z$ 检验，以此用标准正态分布的理论来检验黑色金属商品期货与其他各商品期货板块之间的动态相关系数均值 $E(\rho)$ 是否显著异于零（原假设）。$Z$ 检验如下

$$Z = \frac{E(\rho) - 0}{s / \sqrt{n}}$$

原假设：$E(\rho)=0$；备择假设：$E(\rho)\neq0$；$s$ 代表期货动态相关系数时间序列的标准差，$\sqrt{n}$ 代表样本容量。如表 6-14 所示，黑色金属商品期货分别与贵金属商品期货、有色金属商品期货、能源类商品期货和化工商品期货之间的动态相关系数均值在 1% 的显著性水平下，显著异于零，说明黑色金属商品期货与贵金属商品期货、有色金属商品期货、能源类商品期货、化工商品期货之间分别存在显著的动态相关关系。其中，黑色金属商品期货与化工板块期货的动态相关系数均值最高，达 0.554；黑色金属商品期货与有色金属商品期货之间的动态相关程度也较高，其动态相关系数均值也高达 0.496；黑色金属商品期货与能源类商品期货之间的动态相关系数均值为 0.355，黑色金属商品期货与原油和动力煤等也存在一定的动态相关性；黑色金属商品期货与贵金属商品期货之间的动态相关系数均值最低，仅为 0.191（图 6-4）。

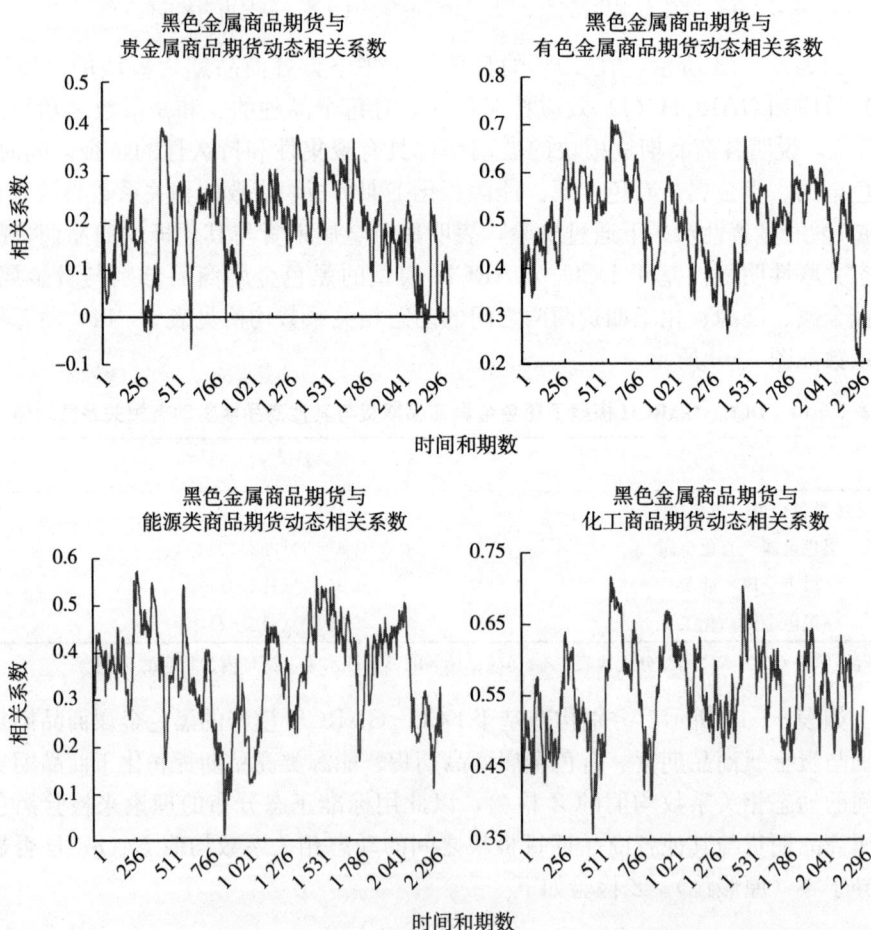

图 6-4 DCC-GARCH 模型下黑色金属商品期货与其他商品期货动态相关系数

## 6.4.4　BEKK－GARCH 模型下的波动溢出效应

表6－15中 BEKK－GARCH（1，1）模型参数估计的结果显示，ARCH 项的系数矩阵 A 的对角元素 A（1，1）、A（2，2）、A（3，3）、A（4，4）、A（5，5）均在1％的显著性水平上明显异于零，表明黑色金属、贵金属、有色金属、能源、化工期货滞后价格信息对当期价格的影响均较强，ARCH 型的波动溢出效应明显。同样，GARCH 项系数矩阵 B 的各对角元素 B（1，1）、B（2，2）、B（3，3）、B（4，4）、B（5，5）均为显著且绝对值较高，说明黑色金属、贵金属、有色金属、能源、化工期货均具有很强的波动持久性。

**表6－15　BEKK－GARCH（1，1）模型估计结果**

| 变量 | 参数 | 变量 | 参数 |
| --- | --- | --- | --- |
| A（1，1） | 0.188 3*** (15.060) | B（1，1） | 0.981 0*** (385.415) |
| A（1，2） | 0.000 2 (0.021 9) | B（1，2） | −0.001 2 (−0.678) |
| A（1，3） | −0.004 9*** (−0.367) | B（1，3） | −0.000 5 (−0.151) |
| A（1，4） | −0.091 9*** (−7.328) | B（1，4） | 0.020 2*** (8.039) |
| A（1，5） | −0.038 0** (−2.334) | B（1，5） | 0.011 3*** (2.712) |
| A（2，1） | −0.034 2*** (−4.042) | B（2，1） | 0.007 2*** (4.015) |
| A（2，2） | 0.165 2*** (15.757) | B（2，2） | 0.985 2*** (562.410) |
| A（3，1） | 0.039 2*** (2.872) | B（3，1） | −0.020 8*** (−4.918) |
| A（3，3） | 0.261 5*** (14.565) | B（3，3） | 0.936 8*** (123.428) |
| A（4，1） | −0.000 5 (−0.046) | B（4，1） | 0.001 2 (0.431) |
| A（4，4） | 0.156 9*** (16.129) | B（4，4） | 0.980 5*** (461.067) |
| A（5，1） | 0.009 7 (0.837) | B（5，1） | 0.004 5 (1.336) |
| A（5，5） | 0.185 6*** (9.737) | B（5，5） | 0.969 6*** (117.483) |

注："***""**""*"分别代表1％、5％、10％的显著性水平，括号内为相应的 t 值。

非对称项系数矩阵元素 A（1，2）、B（1，2）在10％的显著性水平下不显著，而 A（2，1）、B（2，1）在1％的显著性水平下显著，表明在黑色金属商品期货和贵金属商品期货之间，仅存在黑色金属商品期货对贵金属商品期货的单向波动溢出效应，而不存在贵金属商品期货对黑色金属商品期货的波动溢出效应。A（1，3）、A（3，1）、B（3，1）在1％的显著性水平下显著，而 B（1，3）在10％的显著性水平下不显著，表明存在黑色金属商品期货对有色金属商品期货的波动溢出效应，而有色金属商品期货对黑色金属商品期货的波动溢出效应仅通过 ARCH 效应体现，GARCH 效应不显著。$A$（1，4）、$B$（1，4）在 1% 的显著性水平下显著，而 $A$（4，1）、$B$（4，1）在 10% 的显著性水平下不显著，表明存在能源类商品期货对黑色金属商品期货单向的波动溢出效应，黑色金属商品期货对能源类商品期货的波动溢出效应则不显著。$A$（1，5）、$B$（1，5）在 5% 的显著性水平下均显著，而 $A$（5，1）、$B$（5，1）在 10% 的显著性水平下不显著，表明存在化工商品期货对黑色金属商品期货单向的波动溢出效应，黑色金属商品期货对化工商品期货的波动溢出效应则不显著。基于 BEKK - GARCH 模型的黑色金属商品期货分别与贵金属、有色金属、能源、化工板块商品期货之间波动溢出效应的关系和方向如表 6 - 16、图 6 - 5 所示。

**表 6 - 16　黑色金属商品期货分别与其他商品期货板块的波动溢出效应**

| 品种 | 波动溢出效应方向 |
| --- | --- |
| 黑色金属—贵金属 | 黑色金属→贵金属 |
| 黑色金属—有色金属 | 黑色金属↔有色金属 |
| 黑色金属—能源 | 黑色金属←能源 |
| 黑色金属—化工 | 黑色金属←化工 |

图 6 - 5　黑色金属商品期货与其他板块商品期货之间波动溢出效应

## 6.5　黑色金属商品期货与证券市场的波动溢出关系

### 6.5.1　描述性统计

　　为了考察黑色金属商品期货与股票市场钢铁产业链企业之间的影响，本书选取申银万国发布的申万一级行业分类中的钢铁、房地产、建筑材料、汽车制造、机械设备、家用电器行业股价指数作为衡量相应行业领域的指标。每个交易日数据选取时间为 2009 年 3 月 27 日至 2018 年 12 月 14 日共 2 367 个交易日日度申万一级行业指数，其中 DLNHJQH、DLNGTZS、DLNFDCZS、DLN-JZCLZS、DLNQCZS、DLNJXSBZS、DLNJYDQZS 分别代表黑色金属商品期货、钢铁板块、房地产板块、建筑材料板块、汽车制造板块、机械设备板块、家用电器板块指数的对数收益率序列，数据的描述性统计如表 6 - 17 所示。

**表 6 - 17　黑色金属商品期货与股票行业指数对数收益率序列的描述性统计**

| 对数收益率序列 | DLNHJQH 黑色金属商品期货 | DLNGTZS 钢铁 | DLNFDCZS 房地产 | DLNJZCLZS 建筑材料 | DLNQCZS 汽车 | DLNJXSBZS 机械设备 | DLNJYDQZS 家用电器 |
|---|---|---|---|---|---|---|---|
| 均值 | −0.000 17 | −0.000 06 | 0.000 15 | 0.000 18 | 0.000 23 | 0.000 12 | 0.000 58 |
| 最大值 | 0.065 9 | 0.074 3 | 0.074 5 | 0.072 2 | 0.071 7 | 0.069 7 | 0.073 3 |
| 最小值 | −0.076 | −0.090 | −0.090 | −0.090 | −0.094 | −0.093 | −0.092 |
| 标准差 | 0.014 3 | 0.018 7 | 0.019 0 | 0.019 3 | 0.017 9 | 0.018 2 | 0.017 6 |
| 偏度 | 0.00 | −0.55 | −0.62 | −0.66 | −0.61 | −0.83 | −0.41 |
| 峰度 | 6.39 | 5.95 | 5.88 | 5.46 | 6.10 | 6.16 | 5.34 |
| 样本个数 | 2 366 | 2 366 | 2 366 | 2 366 | 2 366 | 2 366 | 2 366 |
| 正态性检验　$JB$ | 1 136 | 974 | 968 | 767 | 1 099 | 1 253 | 607 |
| $P$ 值 | 0.00 | 0.00 | 0.00 | 0.00 | 0.00 | 0.00 | 0.00 |
| 自相关性检验　$Q(1)$ | 0.02 | 2.37 | 3.77 | 15.396* | 9.496 1* | 15.533* | 2.92 |
| $P$ | 0.88 | 0.12 | 0.05 | 0.00 | 0.00 | 0.00 | 0.09 |
| $Q(36)$ | 49.72 | 65.018* | 57.139* | 64.325* | 70.384* | 74.027* | 74.61* |
| $P$ | 0.06 | 0.00 | 0.01 | 0.00 | 0.00 | 0.00 | 0.00 |
| 平稳性检验　$ADF$ | −48.47 | −47.09 | −46.69 | −44.82 | −45.64 | −44.82 | −46.93 |
| $P$ | 0.00 | 0.00 | 0.00 | 0.00 | 0.00 | 0.00 | 0.00 |

注：①自相关性检验 $Q$ 统计量数值后面 * 表示存在自相关性；②平稳性检验 $t$ 统计量数值后面 * 表示不平稳。

如表 6 - 17 所示，黑色金属商品期货与股票行业指数对数收益率序列 JB 统计量都显著超过了拒绝正态分布的假设检验临界值，因此不承认样本概率服从正态分布。从平稳性的 ADF 检验可以看出，拒绝单位根存在的原假设，黑色金属商品期货与股票行业指数对数收益率序列的对数收益率序列全都是平稳的时间序列。

## 6.5.2　ARCH 效应检验

为了更好地对比分析黑色金属商品期货与股票行业指数对数收益率序列的 ARCH 效应，本书做了三种情况下的 ARCH 效应检验：第一种情况，仅考虑常数项，不考虑自身滞后项的影响的 ARCH 效应检验。第二种情况，考虑黑色金属商品期货与股票行业指数对数收益率序列自身滞后项的影响，但不考虑其他市场滞后项的影响，即各板块指数对数收益率序列都独立地以 $R_t = \varphi_0 + \varphi_1 R_{t-1} + \varepsilon_t$ 形式出现的 ARCH 效应检验。第三种情况，既考虑单一市场收益率自身滞后项的影响，又考虑黑色金属商品期货与股票市场之间一个市场滞后项对另一个市场的影响，即均值溢出效应下的 VAR 模型 ARCH 效应检验，$R_t = \varphi_0 + \varphi_1 R_{t-1} + \varepsilon_t$，其中 $\varphi_1$ 是 $7 \times 7$ 的矩阵，$R_t$ 和 $R_{t-1}$ 都是 $7 \times 1$ 的向量，其中非对角线上的元素表示不同市场之间的收益率溢出效应。三种情况下 $LM \sim \chi^2_a$（$p$）检验结果如表 6-18 所示。

**表 6-18　黑色金属商品期货与股票行业指数对数收益率序列的 ARCH 效应检验**

| 指标 | 情况一：AR（0）LM 统计量［P］ | 情况二：AR（1）LM 统计量［P］ | 情况三：VAR（1）LM 统计量［P］ | 是否存在 ARCH 效应 |
|---|---|---|---|---|
| 黑色金属 | 37.79 *** ［0.00］ | 37.49 *** ［0.00］ | | 是 |
| 钢铁指数 | 147.12 *** ［0.00］ | 158.60 *** ［0.00］ | | 是 |
| 房地产指数 | 32.31 *** ［0.00］ | 32.31 *** ［0.00］ | | 是 |
| 建筑材料指数 | 77.24 *** ［0.00］ | 68.98 *** ［0.00］ | 2 451.46 *** ［0.00］ | 是 |
| 汽车指数 | 83.20 *** ［0.00］ | 74.37 *** ［0.00］ | | 是 |
| 机械设备指数 | 81.42 *** ［0.00］ | 74.15 *** ［0.00］ | | 是 |
| 家用电器指数 | 95.52 *** ［0.00］ | 93.73 *** ［0.00］ | | 是 |

注："***"表示 1% 的显著水平，方括号内的值为 $x^2$（$P$）分布的相伴概率。

### 6.5.3　DCC-GARCH 模型下的动态相关性研究

为了得到黑色金属商品期货与其他板块商品期货之间的波动率的动态相关系数，首先对黑色金属商品期货、钢铁板块、房地产板块、建筑材料板块、汽车制造板块、机械设备板块、家用电器板块指数的对数收益率序列分别建立 GARCH（1，1）模型，并进行参数估计，其结果见表 6-19 中 ARCH（1）系数（$\alpha$）和 GARCH（1）系数（$\beta$）。在 GARCH（1，1）模型估计结果的基础上，基于 DCC 模型进行极大似然估计，黑色金属期货与其他板块商品期货的动态相关系数的条件方差 $q_{ij,t}$，其参数 $\theta$ 和 $\eta$ 的估计结果见表 6-19 中 DCC 方程系数。

**表 6-19　黑色金属商品期货与股票行业指数基于 DCC-GARCH 模型的估计结果**

| 板块 | ARCH（1）系数 $\alpha$ | GARCH（1）系数 $\beta$ | DCC 方程 |
|---|---|---|---|
| 黑色金属商品期货 | 0.071 8* (1.756 7) | 0.924 1*** (22.885 3) | $\theta$ 0.023 0*** (11.544 4) |
| 钢铁板块股价指数 | 0.053 4** (2.288 9) | 0.937 2*** (33.076 1) | |
| 房地产板块股价指数 | 0.051 8* (1.669 1) | 0.943 3*** (28.468 3) | |
| 建筑材料板块股价指数 | 0.044 2*** (2.803 4) | 0.948 6*** (50.907 7) | $\eta$ 0.970 3*** (307.125 4) |
| 汽车板块股价指数 | 0.043 4* (1.936 2) | 0.951 5*** (39.358 8) | |
| 机械设备板块股价指数 | 0.040 6*** (3.823 5) | 0.951 0*** (74.224 6) | 对数似然值 |
| 家用电器板块股价指数 | 0.047 3 (0.515 4) | 0.944 0*** (8.498 6) | 52 959.31 |

注："***""**""*"分别代表 1%、5%、10% 的显著性水平，括号内为相应的 $t$ 值。

如表 6-19 所示，在 10% 的显著性水平下，钢铁、房地产、建筑材料、汽车、机械设备、家用电器行业的股票指数的 ARCH（1）效应和 GARCH（1）效应普遍存在，且每个品种的 $\alpha$ 和 $\beta$ 系数之和均接近于 1，说明各行业股票指数的波动率都具有聚集性和持久性的特征。同时，各板块指数的相关系数参数 $\theta$ 和 $\eta$ 在 1% 的显著性水平下通过检验，表明黑色金属商品期货与钢铁、房地产、建筑材料、汽车、机械设备、家用电器行业股票指数的动态关联性明显。基于 DCC-GARCH 模型的黑色金属分别与钢铁、房地产、建筑材料、汽车、机械设备、家用电器行业的股票指数之间的动态相关系数均值如表 6-20 所示，动态相关系数如图 6-6 所示。

**表 6-20　DCC-GARCH 模型下黑色金属商品期货与股票行业指数动态相关系数均值**

| 品种 | $E(\rho)$ |
| --- | --- |
| 黑色金属商品期货—钢铁股价指数 | 0.366*** (147.090) |
| 黑色金属商品期货—房地产股价指数 | 0.223*** (73.254) |
| 黑色金属商品期货—建筑材料股价指数 | 0.273*** (97.181) |
| 黑色金属商品期货—汽车股价指数 | 0.252*** (87.279) |
| 黑色金属商品期货—机械设备股价指数 | 0.256*** (87.519) |
| 黑色金属商品期货—家用电器股价指数 | 0.230*** (79.913) |

如表 6-20 所示，构造基于 DCC-GARCH 模型的黑色金属商品期货分别与钢铁、房地产、建筑材料、汽车、机械设备、家用电器行业的股票指数之间的动态相关系数均值的 Z 检验，以此用标准正态分布的理论来检验黑色金属商品期货与股市行业板块之间的动态相关系数均值 $E(\rho)$ 是否显著异于零（原假设）。Z 检验如下

$$Z = \frac{E(\rho) - 0}{s/\sqrt{n}}$$

原假设：$E(\rho) = 0$；备择假设：$E(\rho) \neq 0$；$s$ 代表期货动态相关系数时间序列的标准差，$\sqrt{n}$ 代表样本容量。如表 6-20 所示，黑色金属商品期货分别与钢铁、房地产、建筑材料、汽车、机械设备、家用电器行业的股票指数之间的动态相关系数均值在 1% 的显著性水平下，显著异于零，说明黑色金属商品期货与钢铁、房地产、建筑材料、汽车、机械设备、家用电器行业之间分别存在显著的动态相关关系。其中，黑色金属商品期货与钢铁板块股票指数的动态相关系数均值最高，达 0.366；黑色金属商品期货与钢铁产业链下游的房地产、建筑材料、汽车、机械设备、家用电器等产业链也存在明显的动态相关性，其动态相关系数均值分别达 0.223、0.273、0.252、0.256、0.230。

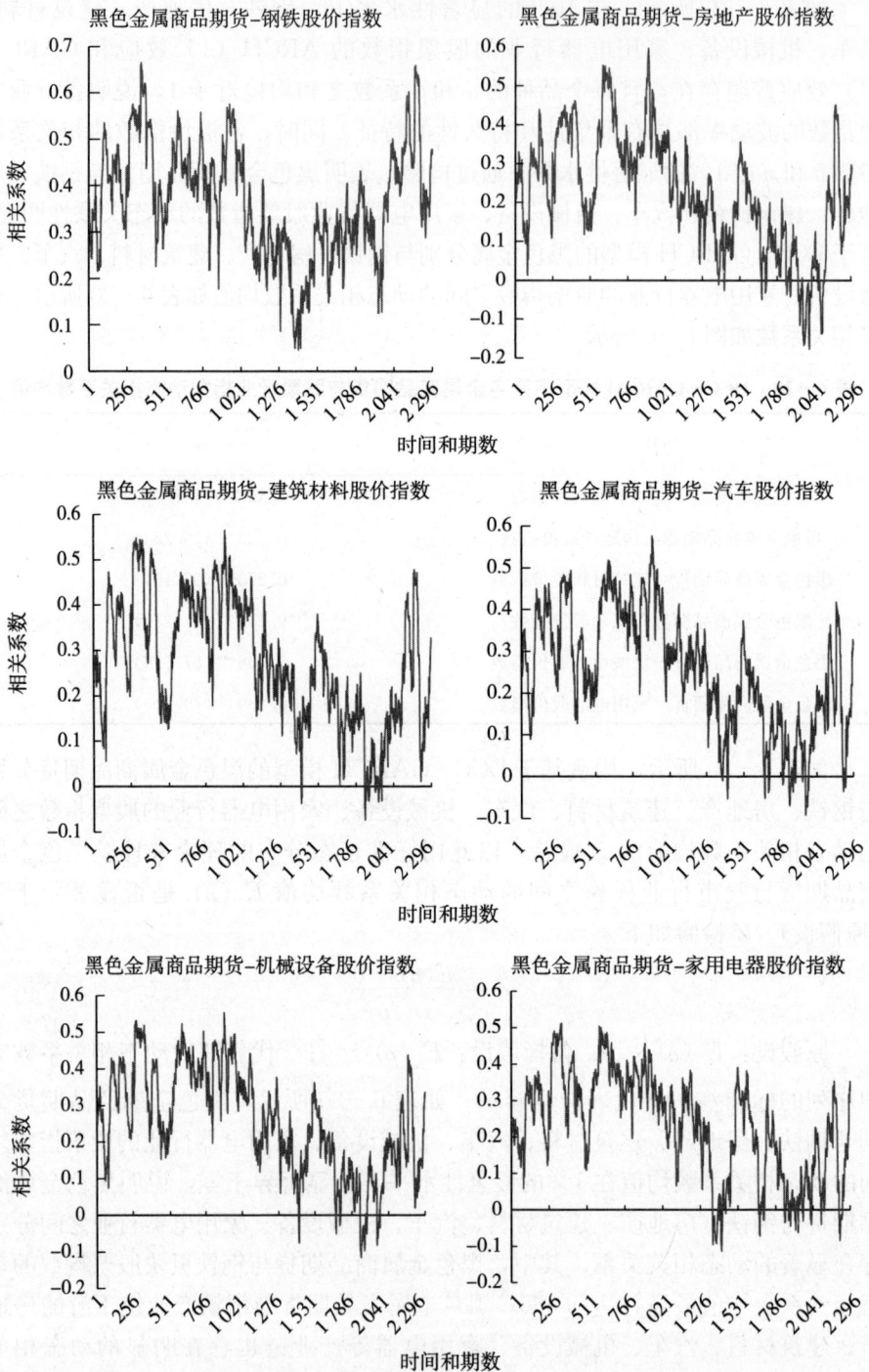

图 6-6  DCC-GARCH 模型下黑色金属商品期货与股票行业指数的动态相关系数

## 6.5.4　BEKK-GARCH 模型下的波动溢出效应

表 6-21 中 BEKK-GARCH（1，1）模型参数估计的结果显示，ARCH 项的系数矩阵 $A$ 的对角元素 $A$（1，1）、$A$（2，2）、$A$（3，3）、$A$（4，4）、$A$（5，5）、$A$（6，6）、$A$（7，7）均在 1% 的显著性水平上明显异于零，表明黑色金属商品期货以及钢铁、房地产、建筑材料、汽车、机械设备、家用电器行业的股票指数滞后价格信息对当期价格的影响均较强，ARCH 型的波动溢出效应明显。同样，GARCH 项系数矩阵 $B$ 的各对角元素 $B$（1，1）、$B$（2，2）、$B$（3，3）、$B$（4，4）、$B$（5，5）、$B$（6，6）、$B$（7，7）均为显著且绝对值较高，说明黑色金属商品期货以及钢铁、房地产、建筑材料、汽车、机械设备、家用电器行业的股票指数均具有很强的波动持久性。

### 表 6-21　BEKK-GARCH（1，1）模型估计结果

| 变量 | 参数 | 变量 | 参数 |
|---|---|---|---|
| $A$（1，1） | 0.176 4*** (15.399 7) | $B$（1，1） | 0.981 0*** (484.073 3) |
| $A$（1，2） | −0.028 0*** (−2.914 7) | $B$（1，2） | 0.005 5*** (2.753 8) |
| $A$（1，3） | 0.006 3 (0.801 1) | $B$（1，3） | −0.002 2 (−1.271 6) |
| $A$（1，4） | −0.007 9 (−1.041 3) | $B$（1，4） | 0.000 2 (0.118 9) |
| $A$（1，5） | −0.002 3 (−0.332 8) | $B$（1，5） | −0.000 5 (−0.328 8) |
| $A$（1，6） | −0.008 1 (−1.039 1) | $B$（1，6） | −0.000 1 (−0.049 9) |
| $A$（1，7） | 0.012 2 (1.581 9) | $B$（1，7） | −0.003 8** (−2.434 9) |
| $A$（2，1） | 0.000 7 (0.072 1) | $B$（2，1） | 0.007 0*** (2.760 5) |
| $A$（2，2） | 0.245 9*** (27.775 5) | $B$（2，2） | 0.967 2*** (347.860 0) |
| $A$（3，1） | −0.004 5 (−0.442 6) | $B$（3，1） | −0.003 7* (−1.691 5) |
| $A$（3，3） | 0.235 4*** (18.719 6) | $B$（3，3） | 0.962 6*** (353.040 0) |
| $A$（4，1） | −0.014 8 (−1.385 9) | $B$（4，1） | 0.004 0* (1.915 6) |
| $A$（4，4） | 0.124 9*** (14.913 1) | $B$（4，4） | 0.996 4*** (455.928 2) |
| $A$（5，1） | 0.009 7 (0.685 3) | $B$（5，1） | 0.003 9 (1.140 3) |
| $A$（5，5） | 0.186 3*** (10.494 7) | $B$（5，5） | 0.990 4*** (211.496 0) |
| $A$（6，1） | 0.015 7 (1.132 3) | $B$（6，1） | −0.016 4*** (−4.732 4) |
| $A$（6，6） | 0.106 1*** (9.409 9) | $B$（6，6） | 0.962 8*** (205.266 3) |
| $A$（7，1） | −0.008 1 (−0.703 8) | $B$（7，1） | 0.006 3*** (2.746 2) |
| $A$（7，7） | 0.121 4*** (12.664 5) | $B$（7，7） | 0.991 4*** (503.841 4) |

注："***""**""*"分别代表 1%、5%、10% 的显著性水平，括号内为相应的 $t$ 值。

非对称项系数矩阵元素 $A$（1，2）、$B$（1，2）、$B$（2，1）在 1% 的显著

性水平下显著，$A$（2，1）在 10% 的显著性水平下不显著，表明存在钢铁股票价格指数对黑色金属商品期货市场的波动溢出效应，而黑色金属商品期货对钢铁股票价格指数的波动溢出效应仅通过 GARCH 效应体现，ARCH 效应不显著。

$A$（1，3）、$B$（1，3）、$A$（3，1）在 10% 的显著性水平下均不显著，而 $B$（3，1）在 10% 的显著性水平下显著，表明黑色金属商品期货与房地产股价指数之间，仅存在黑色金属商品期货对房地产股价指数的单向的 GARCH 溢出效应。

$A$（1，4）、$B$（1，4）、$A$（4，1）在 10% 的显著性水平下均不显著，而 $B$（4，1）在 10% 的显著性水平下显著，表明黑色金属商品期货与建筑材料股价指数之间，仅存在黑色金属商品期货对建筑材料股价指数的单向的 GARCH 溢出效应。

$A$（1，5）、$B$（1，5）、$A$（5，1）、$B$（5，1）在 10% 的显著性水平下均不显著，表明黑色金属商品期货与汽车股价指数之间，不存在双向的溢出效应。

$A$（1，6）、$B$（1，6）、$A$（6，1）在 10% 的显著性水平下均不显著，而 $B$（6，1）在 1% 的显著性水平下显著，表明黑色金属商品期货与机械设备股价指数之间，仅存在黑色金属商品期货对机械设备股价指数的单向的 GARCH 溢出效应。

$A$（1，7）、$A$（7，1）在 10% 的显著性水平下均不显著，$B$（1，7）、$B$（7，1）在 5% 的显著性水平下显著，表明黑色金属商品期货与家用电器股价指数之间存在双向的 GARCH 溢出效应。

基于 BEKK - GARCH 模型的黑色金属商品期货分别与钢铁、房地产、建筑材料、汽车、机械设备、家用电器行业的股票价格指数之间的波动溢出效应的关系和方向如下表 6－22 所示。

**表 6－22　黑色金属商品期货分别与证券市场之间的波动溢出效应**

| 品种 | 波动溢出效应方向 |
| --- | --- |
| 黑色金属商品期货—钢铁股价指数 | 黑色金属商品期货↔钢铁股价指数 |
| 黑色金属商品期货—房地产股价指数 | 黑色金属商品期货→房地产股价指数 |
| 黑色金属商品期货—建筑材料股价指数 | 黑色金属商品期货→建筑材料股价指数 |
| 黑色金属商品期货—汽车股价指数 | — |
| 黑色金属商品期货—机械设备股价指数 | 黑色金属商品期货→机械设备股价指数 |
| 黑色金属商品期货—家用电器股价指数 | 黑色金属商品期货↔家用电器股价指数 |

## 6.6　本章小结

本章运用 DCC‐GARCH 和 BEKK‐GARCH 模型相结合的方法，从黑色金属商品期货与现货之间、黑色金属商品期货各期货品种之间、黑色金属商品期货与其他板块商品期货之间、黑色金属商品期货与证券市场相关板块之间四大方面对黑色金属商品期货市场的波动溢出效应进行全面分析刻画。基于本章上述研究，得出如下结论。

**1. 黑色金属商品期货与现货之间**

基于 DCC‐GARCH 模型，螺纹钢、热轧卷板、线材、铁矿石期货和现货之间的动态相关系数均值在 1‰的显著性水平下，显著异于零，动态相关系数均值分别为 0.338 41、045 438、−0.030 39、0.680 99，这说明黑色金属商品期货和现货之间存在显著的波动溢出关系，其中铁矿石期货和现货之间波动溢出程度最高，其次为热轧卷板和螺纹钢，线材期货和现货之间的波动溢出程度微弱。

**2. 黑色金属商品期货各个期货品种之间**

基于 DCC‐GARCH 模型，螺纹钢、热轧卷板、线材、铁矿石、焦煤、焦炭期货两两之间的动态相关系数均值在 1‰的显著性水平下显著异于零，说明黑色金属商品期货各品种之间的动态关系显著。其中，螺纹钢和热轧卷板两个重要的钢材成材期货品种之间的相关程度最高；铁矿石作为炼钢的重要原材料，与成材期货螺纹钢和热轧卷板期货之间的动态相关系数均值都超过 0.6；焦煤作为焦炭冶炼的主要原料，这两个期货品种之间的动态相关系数均值超过0.6。随后，通过 BEKK‐GARCH 模型研究可以发现，螺纹钢、热轧卷板、线材、铁矿石、焦煤、焦炭期货两两之间存在双向的波动溢出关系。

**3. 黑色金属商品期货与其他板块商品期货之间**

基于 DCC‐GARCH 模型，黑色金属商品期货与贵金属商品期货、有色金属商品期货、能源类商品期货、化工商品期货之间分别存在显著的动态相关关系。其中，黑色金属商品期货与化工板块期货的动态相关系数均值最高，达0.554；黑色金属商品期货与有色金属商品期货之间的动态相关程度也较高，其动态相关系数均值也高达 0.496；黑色金属商品期货与能源类商品期货之间的动态相关系数均值为 0.355，这表明黑色金属商品期货与原油和动力煤等也存在一定的动态相关性；黑色金属商品期货与贵金属商品期货之间的动态相关系数均值最低，仅为 0.191。

运用 BEKK‐GARCH 模型，对黑色金属商品期货与贵金属商品期货、有色金属商品期货、能源类商品期货、化工商品期货之间的波动溢出方向进行考查发现：黑色金属商品期货与有色金属商品期货之间为双向波动溢出效应；黑色金属商品和贵金属商品期货之间，仅存在黑色金属商品期货对贵金属商品期货的单向波动溢出效应；黑色金属商品与能源类商品期货之间，黑色金属商品期货与化工商品期货之间，仅存在能源类商品期货、化工商品期货对黑色金属商品期货的单向波动溢出关系。

**4. 黑色金属商品期货与证券市场相关板块之间**

基于 DCC - GARCH 模型和 BEKK - GARCH 模型，黑色金属商品期货与钢铁、房地产、建筑材料、机械设备、家用电器行业之间分别存在显著的动态相关关系。其中，黑色金属商品期货与钢铁板块股票指数的动态相关系数均值最高，达 0.366，且二者为双向波动溢出；黑色金属商品期货与房地产板块指数之间动态相关系数均值为 0.223，且存在黑色金属商品期货对房地产板块股票价格指数的单向波动溢出；黑色金属商品期货与建筑材料板块指数之间的动态相关系数均值为 0.273，且存在黑色金属商品期货对建筑材料板块指数的单向波动溢出效应；黑色金属商品期货与汽车股价指数之间的溢出效应并未通过 BEKK - GARCH 模型的显著性检验，二者的波动溢出效应不显著；黑色金属商品期货与机械设备板块指数之间的动态相关系数均值为 0.256，且存在黑色金属商品期货对机械设备板块指数的单向波动溢出效应；黑色金属商品期货与家用电器板块指数之间的动态相关系数均值为 0.230，且存在黑色金属商品期货与家用电器板块指数之间的双向波动溢出效应。

# 第7章 夜盘交易制度与黑色金属商品期货信息效率及溢出效应

交易制度是资本市场发挥作用的基石，是提高资本市场运行效率、降低交易成本的有效保障。全球各大知名的商品期货交易所都试图通过交易机制的设计和安排，延长交易的时间，基本实现交易全天覆盖，以增强其期货品种在国际资本市场上的影响力。例如，伦敦金属交易所（LME）在日间进行正常交易之外，增设电子盘（LME select）交易平台，该平台每天长达 18 小时连续开放，同时通过会员电话系统（inter-office telephone market）提供全天 24 小时不间断交易。

## 7.1 中国商品期货市场夜盘交易制度介绍

### 7.1.1 夜盘交易制度推出的背景

随着经济全球化的进程加速，国内商品期货市场受外盘影响越来越明显，价格波动幅度越来越大。在夜盘交易制度推出之前，与外盘联动较强的国内商品期货品种的交易价格，常常受到欧美等主要外盘交易市场隔夜信息的冲击，出现跳空、暴涨、暴跌等短期明显的剧烈波动，这使国内不少投资者带来猝不及防的损失。为了解决与外盘联动较强的期货品种的隔夜持仓风险和价格跳空等问题，顺应全球化的浪潮，提升中国商品期货交易品种国际市场上的影响力和定价能力，强化期货市场的价格发现功能，提升期货市场的风险管理效率，2013 年 7 月 5 日，黄金、白银期货的夜盘交易率先在上海期货交易所推出，在原有的每个交易日间断性 4 小时的交易时间基础上，新增长达 5.5 小时的夜盘连续交易（北京时间 21：00 至次日 2：30），基本覆盖了全球最大的黄金期货市场 COMEX 的活跃交易时段（北京时间 21：00 至次日 2：00）以及伦敦金银市场协会的每日第二次现货定盘价时间（北京时间 23：00）。2013 年 12 月，上海期货交易所又推出铜、铝、锌、铅等有色金属期货的夜盘交易。随后，大连商品交易所和郑州商品交易所也先后开启了包括豆粕、棉花等农产品以及铁矿石、动力煤、PTA 等工业品在内的十多个品种的夜盘交易。

### 7.1.2 期货夜盘交易品种及时段

截至 2018 年 4 月 1 日，中国已经有多达 30 个期货品种开展夜盘交易，占目前国内期货品种的半数以上，其中上海期货交易所已实现全部品种实行夜盘交易制度（表7-1）。

**表7-1 夜盘交易商品期货品种**

| 夜盘时段 | 交易商品品种 | 品种所在交易所 | 对应外盘 |
| --- | --- | --- | --- |
| 21：00至次日2：30 | 原油 | 上海国际能源交易中心 | 纽约商业交易所、伦敦洲际交易所 |
| 21：00—23：00 | 天然橡胶 | 上海期货交易所 | 东京商品交易所、新加坡商品交易所 |
| 21：00至次日1：00 | 铜、铝、锌、铅、镍、锡 | 上海期货交易所 | 伦敦金属交易所 |
| 21：00至次日2：30 | 黄金、白银 | 上海期货交易所 | 纽约商业交易所 |
| 21：00—23：30 | 黄大豆一号、豆粕、豆油 | 大连商品交易所 | 芝加哥交易所 |
| 21：00—23：30 | 铁矿石 | 大连商品交易所 | 新加坡交易所 |
| 21：00—23：30 | 白糖、棉花 | 郑州商品交易所 | 伦敦洲际交易所 |
| 21：00—23：00 | 螺纹钢、热卷、石油沥青 | 上海期货交易所 | 无 |
| 21：00—23：30 | 黄大豆二号、棕榈油、焦煤、焦炭 | 大连商品交易所 | 无 |
| 21：00—23：30 | 动力煤、玻璃、PTA、甲醇、菜籽油、菜粕、棉纱 | 郑州商品交易所 | 无 |

资料来源：上海期货交易所、大连商品交易所、郑州商品交易所。

我国的三大商品期货交易所在进行日内价格信息统计时，默认将前一个交易日（第 $t-1$ 个交易日）21：00夜盘开始的首单成交价作为当日（第 $t$ 个交易日）的开盘价，将当日（第 $t$ 个交易日）15：00结束交易时的最后成交价作为当日的收盘价。夜盘交易及开盘收盘价统计如图7-1所示。

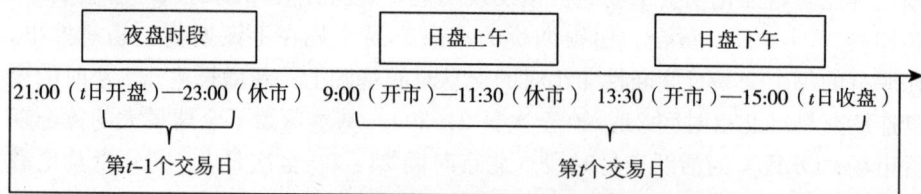

图7-1 夜盘上市后某期货品种日度交易时段

如图7-1所示，在夜盘交易制度上市以后，我国商品期货交易所在对外进行交易信息发布时，以上一个交易日夜盘和本交易日的日盘当做一个交易日进行统计。由于全球各个地区时差的存在，我国的日盘交易时段与欧美等金融市场发达的国家和地区的交易时间不重合，所以如果外盘市场出现突发状况，中国市场很有可能在次日开盘时发生价格跳空，投资者需承担隔夜持仓带来的价格剧烈变动甚至爆仓的风险。夜盘交易制度开设以后，国内价格能与外盘保持联动，在一些重要的经济数据和信息披露时刻，市场有机会做出调整仓位的反应，这也是开设夜盘的初衷所在。此外，夜盘带来交易量的增加和交易量的分流，同时投资者还可以在夜盘时段，利用同步交易的方式进行内外盘快速套利。

### 7.1.3　黑色金属商品期货夜盘交易

商品期货市场夜盘交易制度推出之后，黑色金属商品期货中螺纹钢、热轧卷板、铁矿石、焦煤、焦炭五个品种开通了夜盘时段交易，由于线材、硅铁、锰硅期货市场参与度不高，成交量稀少，尚未开通夜盘时段交易。黑色金属商品期货品种夜盘交易时段如表 7-2 所示。

表 7-2　黑色金属商品期货品种夜盘交易时段汇总

| 品种 | 交易所 | 交易期间 | 夜盘时段 | 夜盘时长（小时） |
|---|---|---|---|---|
| 螺纹钢、热轧卷板 | 上海期货交易所 | 上市首日至 2014 年 12 月 26 日 | 无 | 0 |
| | | 2014 年 12 月 29 日至 2016 年 5 月 3 日 | 21：00 至次日 1：00 | 4 |
| | | 2016 年 5 月 4 日至今 | 21：00—23：00 | 2 |
| 铁矿石、焦煤 | 大连商品交易所 | 上市首日至 2014 年 12 月 26 日 | 无 | 0 |
| | | 2014 年 12 月 29 日至 2015 年 5 月 7 日 | 21：00 至次日 2：30 | 5.5 |
| | | 2015 年 5 月 8 日至今 | 21：00—23：30 | 2.5 |
| 焦炭 | | 上市首日至 2014 年 7 月 4 日 | 无 | 0 |
| | | 2014 年 7 月 7 日至 2015 年 5 月 7 日 | 21：00 至次日 2：30 | 5.5 |
| | | 2015 年 5 月 8 日至今 | 21：00—23：30 | 2.5 |

螺纹钢和热轧卷板期货夜盘于 2014 年 12 月 29 日 21：00 上市交易，夜盘交易时段为 21：00 至次日 1：00，4 个小时；2016 年 5 月 4 日 21：00 起至今，夜盘交易时段调整为 21：00—23：00，缩短至 2 小时。铁矿石和焦煤期货夜盘于 2014 年 12 月 29 日 21：00 上市交易，夜盘交易时段为 21：00 至次日 2：30，5.5 个小时；2015 年 5 月 8 日至今，夜盘交易时段调整为 21：00—23：30，缩短至 2.5 个小时。焦炭期货夜盘于 2014 年 7 月 7 日 21：00 上市交易，夜盘交易时段为 21：00 至次日 2：30，5.5 个小时；2015 年 5 月 8 日 21：00 起至今，夜盘交易时段调整为 21：00—23：30，缩短至 2.5 个小时。

夜盘交易制度这一中国特色的期货市场交易机制，其推出的初衷是为了通过延长交易时间，使得中国的衍生品市场能够更好地与国际市场交易时段同步，通过国内外衍生品市场的联动，国内期货市场的参与者有更充裕的时间对国内外市场信息做出消化和反应，通过交易量和交易资金的时段分流，以防止市场剧烈波动和交易风险的发生；通过与国际接轨，吸引更多的国际投资者参与，有利于中国衍生品市场争夺全球衍生品领域的定价权。尽管如此，业界关于夜盘存在必要性的争论从设立之初就一直没有停歇。自 2009 年 3 月 27 日上市至今，螺纹钢期货已存在超过 9 年的时间，目前螺纹钢、热轧卷板等黑色金属商品期货品种以及部分农产品尚无关联外盘市场，与外盘关联度高的活跃品种相比，黑色金属商品期货的交易市场集中在国内商品期货市场。夜盘交易制度推出以后，不仅不能帮助减少隔夜跳价风险，反而在银行转账不方便情况下，给了投机资本介入炒作的机会，市场的波动明显增大，这种变化已经引起了监管层的注意。特别是 2016 年"双十一"的夜盘市场发生剧烈震动，大量主力期货合约价格从涨停到跌停、多空双边爆仓，这一事件之后，市场上关于取消与外盘关联性不强的品种夜盘交易的呼声更加强烈。所以，夜盘交易作为中国商品期货市场交易制度方面的创新，其实施能否有效提高作为中国特色商品期货的黑色金属商品期货市场的信息效率，提升黑色金属商品期货对现货市场的定价影响力？夜盘交易制度推出后，是否对黑色金属商品期货市场的信息溢出效应产生影响？这些问题都值得深入研究。

## 7.2  模型设定、指标选取及描述性统计

### 7.2.1  日内价差收益率的定义

以往学者利用期货市场的收益率进行建模，其收益率的计算方式通常是利用某一期收盘价与前一期收盘价之差进行计算，然而收盘价信息并不能完全反映某一时段之内价格变动的信息，也无法体现夜盘上市前后黑色金属商品期货市场日内价格的变动情况。因此，为了弥补收益率在价格信息刻画方面的这一缺陷，本章节在刻画夜盘交易制度对黑色金属商品期货市场信息效率和信息溢出效应的影响时，尝试选取日内开盘价与收盘价之差的开收盘价格差（Garman and Klass，1980）来构建日内价差收益率序列，并以该指标为基础构建夜盘的信息效率及溢出效应分析框架。令螺纹钢、热轧卷板、铁矿石、焦煤和焦炭期货的开盘收盘价差收益率为$R_{oc}$、日内价格极差收益率为$R_{hl}$，则公式表示为$R_{oc}=\ln\left(\dfrac{P_c}{P_o}\right)$。其中，$P_c$、$P_o$分别是当日收盘价和开盘价（表 7-3）。

表 7-3  螺纹钢、热轧卷板、铁矿石期货日内价差收益率描述性统计

| 指标 | 螺纹钢期货 $R_{oc}$ | 热轧卷板期货 $R_{oc}$ | 铁矿石期货 $R_{oc}$ | 焦煤期货 $R_{oc}$ | 焦炭期货 $R_{oc}$ |
|---|---|---|---|---|---|
| 均值 | −9.46E-06 | 3.32E-04 | −9.20E-05 | 0.00014 | 9.04E-05 |
| 中位数 | 0 | 0 | −0.001 | 0 | 0 |

（续）

| 指标 | | 螺纹钢期货 $R_{oc}$ | 热轧卷板期货 $R_{oc}$ | 铁矿石期货 $R_{oc}$ | 焦煤期货 $R_{oc}$ | 焦炭期货 $R_{oc}$ |
|---|---|---|---|---|---|---|
| 最大值 | | 0.083 | 0.104 | 0.091 | 0.090 | 0.091 |
| 最小值 | | −0.077 | −0.080 | −0.079 | −0.092 | −0.096 |
| 标准差 | | 0.014 | 0.017 | 0.020 | 0.019 | 0.018 |
| 偏度 | | 0.005 | 0.010 | 0.053 | −0.061 | −0.081 |
| 峰度 | | 7.793 | 6.522 | 4.636 | 5.594 | 6.445 |
| 样本个数 | | 2 363 | 1 156 | 1 260 | 1 444 | 1 915 |
| 正态性检验 | $JB$ | 2 261 | 597 | 141 | 406 | 949 |
| | $P$ | 0 | 0 | 0 | 0 | 0 |
| 自相关性检验 | $Q$ (1) | 47* | 4* | 0.14 | 5.40* | 1.48 |
| | $P$ | 0.007 | 0.038 | 0.711 | 0.02 | 0.224 |
| | $Q$ (36) | 49* | 44 | 52* | 62.20* | 66.23* |
| | $P$ | 0.039 | 0.16 | 0.042 | 0.004 | 0.002 |
| 平稳性检验 | $ADP$ | −50.245 | −36.119 | −35.844 | −40.452 | −45.142 |
| | $P$ | 0 | 0 | 0 | 0 | 0 |

注：$Q$ 统计量数值后的 * 表示存在自相关性。

如表 7-3 中所示，螺纹钢、热轧卷板、铁矿石、焦煤和焦炭期货的开盘收盘价差收益率 $R_{oc}$ 均不满足正态分布，表现出尖峰和厚尾的特征，并且均存在自相关性，但是其 ADF 平稳性检验结果表明，黑色金属商品期货日内价差收益率均为平稳的时间序列。黑色金属商品期货各品种的日内价差收益率走势如图 7-2a、图 7-2b、图 7-2c、图 7-2d、图 7-2e 所示。

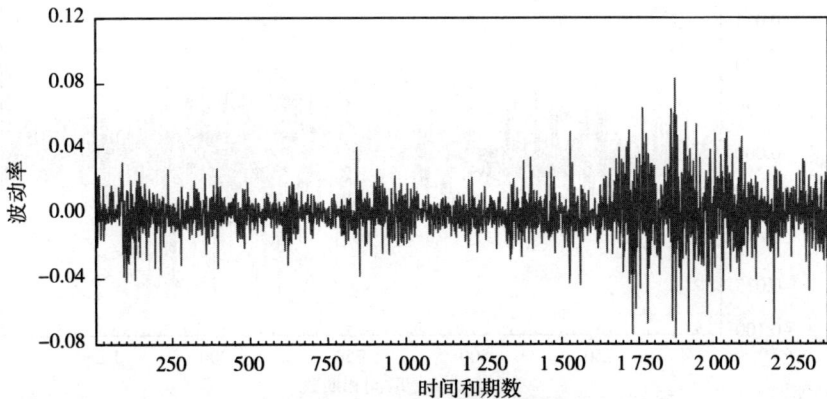

图 7-2a 螺纹钢开收盘价差收益率

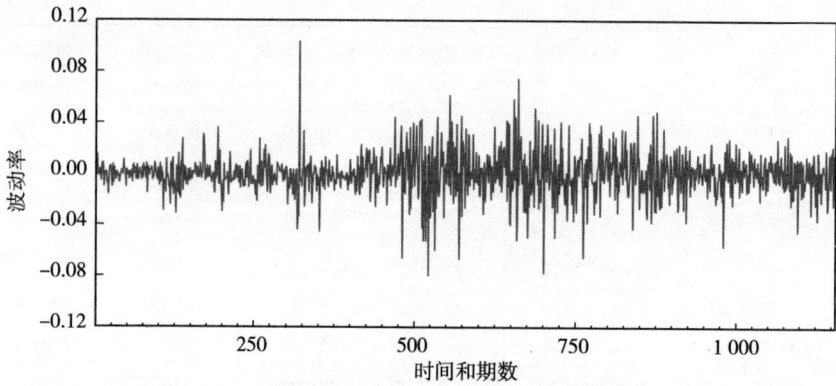

图7-2b　热轧卷板开收盘价差收益率

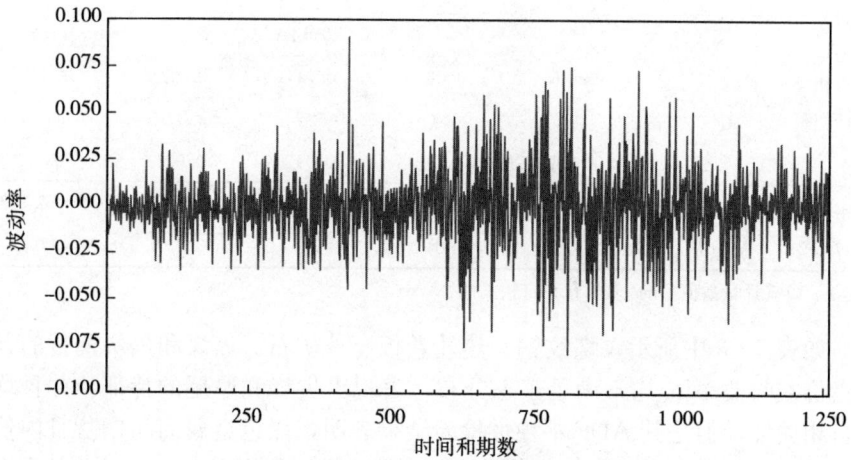

图7-2c　铁矿石期货开收盘价差收益率

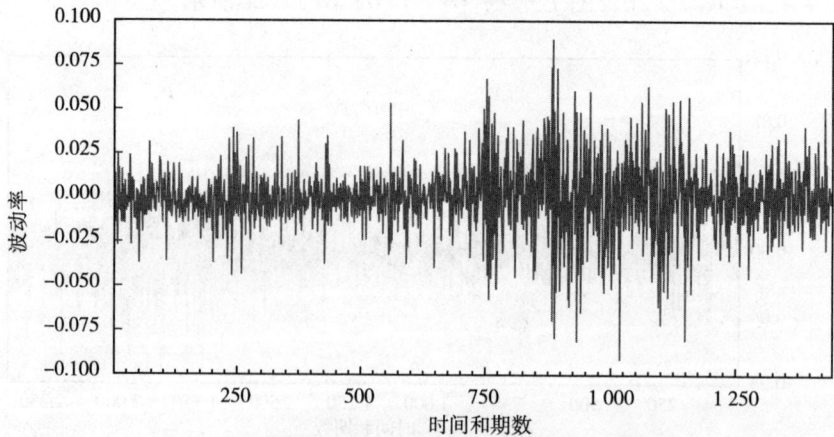

图7-2d　焦煤期货开收盘价差收益率

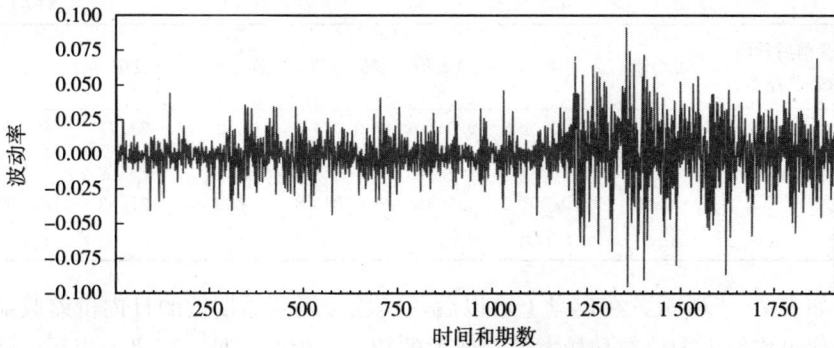

图 7 - 2e 焦炭期货开收盘价差收益率

螺纹钢、热轧卷板、铁矿石、焦煤期货均于 2014 年 12 月 26 日 21：00 开始上市夜盘交易，对应于图 7 - 2 中，螺纹钢期货为自第 1 400 个交易日起上市夜盘交易，热轧卷板期货自第 193 个交易日起上市夜盘交易，铁矿石期货自第 296 个交易日起上市夜盘交易，焦煤期货自第 431 个交易日起上市夜盘交易。焦炭期货于 2014 年 7 月 4 日 21：00 开始上市夜盘交易，对应于图 7 - 2 中，焦炭期货为自第 783 个交易日其上市夜盘交易。如图 7 - 2 所示，夜盘上市后，螺纹钢、热轧卷板、铁矿石、焦煤和焦炭期货以日内开盘、收盘价差收益率和日内价格极差收益率为衡量指标的日内价差收益率均有扩大的趋势。

### 7.2.2 夜盘前后日内价差收益率的对比

为了进一步确认夜盘上市后，黑色金属商品期货日内价差收益率变大的规律，将螺纹钢、热轧卷板、铁矿石、焦煤期货以 2014 年 12 月 26 日 21：00 夜盘上市为分界点，将焦炭期货以 2014 年 7 月 4 日 21：00 夜盘上市为分界点，将日内价差收益率进行分段，定义 $R_{\alpha-before}$ 和 $R_{\alpha-after}$ 分别为夜盘上市前和夜盘上市后的日内开盘收盘价差收益率，二者的描述性统计指标的对比见表 7 - 4。

表 7 - 4 黑色金属商品期货夜盘前后日内价差收益率描述性统计

| 夜盘前后日内价差收益率 | | 均值 | 中位数 | 最大值 | 最小值 | 样本数 | ADP | P |
|---|---|---|---|---|---|---|---|---|
| 螺纹钢期货 | $R_{\alpha-before}$ | −0.000 4 | −0.000 3 | 0.041 1 | −0.042 0 | 1 399 | −38.20 | 0.000 |
| | $R_{\alpha-after}$ | 0.000 6 | 0.000 4 | 0.083 3 | −0.076 7 | 964 | −32.23 | 0.000 |
| 热轧卷板期货 | $R_{\alpha-before}$ | −0.000 3 | 0.000 0 | 0.031 4 | −0.031 7 | 191 | −8.21 | 0.000 |
| | $R_{\alpha-after}$ | 0.000 5 | 0.000 0 | 0.103 6 | −0.079 9 | 965 | −33.05 | 0.000 |
| 铁矿石期货 | $R_{\alpha-before}$ | −0.001 7 | −0.002 7 | 0.033 1 | −0.034 9 | 295 | −16.76 | 0.000 |
| | $R_{\alpha-after}$ | 0.000 4 | 0.001 0 | 0.091 2 | −0.079 4 | 965 | −31.48 | 0.000 |

（续）

| 夜盘前后日内<br>价差收益率 | | 均值 | 中位数 | 最大值 | 最小值 | 样本数 | ADP | P |
|---|---|---|---|---|---|---|---|---|
| 焦煤 | $R_{\alpha-befor}$ | $-0.0016$ | $-0.0026$ | $0.0440$ | $-0.0444$ | 430 | $-21.71$ | 0.000 |
| 期货 | $R_{\alpha-after}$ | $0.0009$ | $0.0013$ | $0.0902$ | $-0.0916$ | 1 014 | $-33.98$ | 0.000 |
| 焦炭 | $R_{\alpha-befor}$ | $-0.0012$ | $-0.0012$ | $0.0642$ | $-0.0438$ | 782 | $-27.53$ | 0.000 |
| 期货 | $R_{\alpha-after}$ | $0.0010$ | $0.0008$ | $0.0914$ | $-0.0957$ | 1 133 | $-35.09$ | 0.000 |

如表 7-4 所示，在夜盘上市以后，黑色金属商品期货的日内价差收益率均表现出均值、中位数和最大值都变大的特征，由此可见，夜盘上市后，使得日内价差的变化增大，期货价格的日内波动增大。

### 7.2.3　日内价差收益率的 ARCH 效应检验

在建立 GARCH 模型之前，需要检验一下日内价差收益率是否存在条件异方差性的 ARCH 效应检验，令开盘收盘价差收益率$R_{oc}$表述为

$$R_{\alpha,t} = \varphi_0^{oc} + \sum_{i=1}^{p} \varphi_i^{oc} R_{\alpha,t-i} + \varepsilon_i \qquad (7-1)$$

$\varphi_0^{oc}$为常数，$\varphi_i^{oc}$为日内开盘收盘价差收益率的自回归（AR）项系数，这部分代表收益率均值方程中能够预测到的部分；$\varepsilon_i$是不存在自相关性的残差项，它代表了新息（innovation）引起的非预期收益率。令残差项公式如下

$$\varepsilon_i^2 = \alpha_0 + \sum_{i=1}^{q} \alpha_i \varepsilon_{t-i}^2 + \mu_t \qquad (7-2)$$

根据残差项公式构造拉格朗日乘数检验（LM test），用于检验残差序列$\varepsilon_i$是否存在序列相关性，统计量$LM_{oc} = T \times R_{oc}{}^2 \sim \chi_a^2$（q），$LM_{oc}$代表基于日内开盘和收盘价差收益率的拉格朗日乘数统计量，其中 T 是样本个数，$R_{oc}{}^2$是基于日内开盘和收盘价差收益率的残差平方自回归方程（公式 7-2）的可决系数，q 为自回归方程的滞后阶数。若统计量$LM_{oc}$足够大，则拒绝原假设，即$\alpha_0$、$\alpha_1$、$\alpha_2$……$\alpha_q$不全为零，收益率残差项的平方$\varepsilon_i^2$存在序列相关性，则收益率方程存在 ARCH 效应，此时收益率序列的残差项$\varepsilon_i$存在高阶自相关性。此时，可以建立 GARCH 族模型，进一步揭示出基于日内价差收益率的黑色金属商品期货市场的波动溢出效应。

为了更好地对基于日内价差的黑色金属商品期货市场的 ARCH 效应进行检验，本章节做了如下两种情况的 ARCH 效应检验：第一种情况，仅考虑常数项不考虑日内价差收益率自身滞后项的影响，即认为黑色金属商品期货市场的开收盘价差收益率和日内极差收益率序列都满足$R_t = \varphi_0 + \varepsilon_t$的 ARCH 效应检验；第二种情况，不仅考虑常数项，而且考虑日内价差收益率自身滞后项的影响，即黑色金属商品期货市场的开、收盘价差收益率和日内极差收益率序列

都独立地以 $R_t = \varphi_0 + \varphi_1 R_{t-1} + \varepsilon_t$ 形式出现的 ARCH 效应检验（表 7 - 5）。

**表 7 - 5　黑色金属商品期货日内价差收益率的 ARCH 效应检验**

| 品种 | 指标 | 情况一：AR（0）<br>LM 统计量 [P] | 情况二：AR（1）<br>LM 统计量 [P] | 是否存在<br>ARCHC 效应 |
| --- | --- | --- | --- | --- |
| 螺纹钢 | $R_{\alpha,t}$ | 285.27 *** [0.000] | 286.77 *** [0.000] | 存在 |
| 热轧卷板 | $R_{\alpha,t}$ | 54.34 *** [0.000] | 57.34 *** [0.000] | 存在 |
| 铁矿石 | $R_{\alpha,t}$ | 98.41 *** [0.000] | 98.24 *** [0.000] | 存在 |
| 焦煤 | $R_{\alpha,t}$ | 63.79 *** [0.000] | 74.57 *** [0.000] | 存在 |
| 焦炭 | $R_{\alpha,t}$ | 41.44 *** [0.000] | 48.36 *** [0.000] | 存在 |

注："***"表示在 1% 的显著性水平下显著。

如表 7 - 5 所示，螺纹钢、热轧卷和铁矿石期货日内开盘收盘价差收益率 $R_{\alpha,t}$ 均存在非常显著的 ARCH 效应，这为利用 GARCH 族模型对黑色金属商品期货夜盘上市前后波动溢出效应的对比分析提供了前提条件。

## 7.3　夜盘对黑色金属商品期货信息效率及溢出效应的影响

### 7.3.1　夜盘前后信息效率的 R/S 分析

为了将夜盘交易制度对黑色金属商品期货市场的信息效率进行实际验证和考察，本章节基于分形市场理论，运用经典的 R/S 分析法，对夜盘交易前后螺纹钢、热轧卷板、铁矿石、焦煤、焦炭期货价格时间序列的长期记忆性进行分析。在 R/S 分析中，为了对比夜盘交易制度上市前后，黑色金属商品期货市场分形特征的差异，选取日内收盘、开盘价差收益率进行实证分析。结果如表 7 - 6 所示。

**表 7 - 6　基于日内价差收益率的黑色金属商品期货分形特征的 R/S 分析**

| 品种 | 夜盘前后 | Hurst 指数（$H$） | n rang | 分形维度（$D$） | 信息效率 |
| --- | --- | --- | --- | --- | --- |
| 螺纹钢 | 夜盘前 | 0.580 1 | [2, 699] | 1.419 9 | |
| | 夜盘后 | 0.575 9 | [2, 507] | 1.424 1 | 提高 |
| 热轧卷板 | 夜盘前 | 0.695 4 | [2, 95] | 1.304 6 | |
| | 夜盘后 | 0.589 1 | [2, 507] | 1.410 9 | 提高 |
| 铁矿石 | 夜盘前 | 0.580 6 | [2, 147] | 1.419 4 | |
| | 夜盘后 | 0.551 6 | [2, 507] | 1.448 4 | 提高 |
| 焦煤 | 夜盘前 | 0.567 7 | [2, 215] | 1.432 3 | |
| | 夜盘后 | 0.586 1 | [2, 507] | 1.413 9 | 降低 |
| 焦炭 | 夜盘前 | 0.625 7 | [2, 391] | 1.374 3 | |
| | 夜盘后 | 0.598 4 | [2, 507] | 1.401 6 | 提高 |

分形维 $D$ 是对一般时间序列的分形维度的定义，它等于 2 减去 Hurst 指数的差值，用于度量时间序列 $\{x_i\}$ 的参差不齐性，反映了时间序列的随机程度及信息效率。当 $D$ 的数值小于 1.5 时，其越趋近于 1.5，则时间序列越倾向于随机游走，时间序列其趋势性越弱，其信息效率越高；当 $D$ 的数值大于 1.5 时，其越趋近于 1.5，则时间序列越倾向于随机游走，时间序列的"均值回复"特征越弱，其信息效率就越高。

如表 7-6 所示，首先，夜盘上市以后，螺纹钢、热轧卷板、铁矿石、焦炭期货的 Hurst 指数更趋近于 0.5，螺纹钢、热轧卷板、铁矿石、焦炭期货的长期记忆性呈现不同程度的下降趋势；夜盘交易推出以后历史信息对螺纹钢、热轧卷板、铁矿石、焦炭期货的影响明显变小，价格时间序列更加接近遵循随机游走的原则，即如果螺纹钢、热轧卷板、铁矿石、焦炭期货在前一个交易日是上涨（下跌）的，则其在下一个交易日这种上涨（下跌）趋势将明显减弱。这说明了夜盘交易制度使得对螺纹钢、热轧卷板、铁矿石和焦炭期货定价存在影响的信息得到了及时的表达，信息不对称现象得到了明显的改善，在一定程度上证明了期货市场的信息效率在夜盘交易后得到了明显的提升。

然而，在夜盘上市以后，焦煤期货的 Hurst 指数变大，其长记忆的趋势性增强，信息效率并未提高。即夜盘上市以后，如果焦煤期货在前一个交易日是上涨（下跌）的，则其在下一个交易日将具有更加明显的上涨（下跌）趋势，夜盘交易制度的推出，使得焦煤期货的长记忆特征增强。焦煤期货价格的波动在一定程度上受到历史信息的影响，对投资者而言，充分掌握对定价有关的历史信息将有可能帮助其从中获利。

### 7.3.2 夜盘前后均值溢出效应的变化

为了让夜盘交易制度推出对黑色金属商品期货市场的均值溢出效应产生的影响进行分析，本章采用共同因子模型（PT Model）和信息份额模型（IS Model）来测算夜盘交易制度推出前后螺纹钢、热轧卷板、铁矿石、焦煤和焦炭期货和现货市场分别在价格发现过程中的贡献程度，结果见表 7-7。

表 7-7　夜盘上市前黑色金属商品期货现货价格发现贡献度

| 市场类型 | 夜盘交易前后 | 共同因子权重（PT 模型） | 信息份额模型（IS 模型） | | |
| --- | --- | --- | --- | --- | --- |
| | | | 上限 | 下限 | 均值 |
| 螺纹钢期货市场 | 夜盘交易推出前 | 0.685 3 | 0.722 8 | 0.508 8 | 0.615 8 |
| 螺纹钢现货市场 | | 0.314 7 | 0.491 2 | 0.277 2 | 0.384 2 |
| 螺纹钢期货市场 | 夜盘交易推出后 | 0.716 8 | 0.737 6 | 0.678 0 | 0.707 8 |
| 螺纹钢现货市场 | | 0.283 2 | 0.322 0 | 0.262 4 | 0.292 2 |

（续）

| 市场类型 | 夜盘交易前后 | 共同因子权重（PT 模型） | 信息份额模型（IS 模型） | | |
|---|---|---|---|---|---|
| | | | 上限 | 下限 | 均值 |
| 热轧卷板期货市场 | 夜盘交易推出前 | 0.604 3 | 0.644 2 | 0.580 8 | 0.612 5 |
| 热轧卷板现货市场 | | 0.395 7 | 0.419 2 | 0.355 8 | 0.387 5 |
| 热轧卷板期货市场 | 夜盘交易推出后 | 0.954 5 | 0.999 4 | 0.924 2 | 0.961 8 |
| 热轧卷板现货市场 | | 0.045 5 | 0.075 8 | 0.000 6 | 0.038 2 |
| 铁矿石期货市场 | 夜盘交易推出前 | 0.668 9 | 0.744 2 | 0.641 2 | 0.692 7 |
| 铁矿石现货市场 | | 0.331 1 | 0.358 8 | 0.255 8 | 0.307 3 |
| 铁矿石期货市场 | 夜盘交易推出后 | 0.666 4 | 0.719 4 | 0.657 4 | 0.688 4 |
| 铁矿石现货市场 | | 0.333 6 | 0.342 6 | 0.280 6 | 0.311 6 |
| 焦煤期货市场 | 夜盘交易推出前 | 0.061 9 | 0.340 2 | 0.039 6 | 0.189 9 |
| 焦煤现货市场 | | 0.938 1 | 0.960 4 | 0.659 8 | 0.810 1 |
| 焦煤期货市场 | 夜盘交易推出后 | 0.081 7 | 0.112 9 | 0.071 3 | 0.092 1 |
| 焦煤现货市场 | | 0.918 3 | 0.928 7 | 0.887 1 | 0.907 9 |
| 焦炭期货市场 | 夜盘交易推出前 | 0.066 2 | 0.349 4 | 0.035 2 | 0.192 3 |
| 焦炭现货市场 | | 0.933 8 | 0.964 8 | 0.650 6 | 0.807 7 |
| 焦炭期货市场 | 夜盘交易推出后 | 0.114 1 | 0.211 9 | 0.052 9 | 0.132 4 |
| 焦炭现货市场 | | 0.885 9 | 0.947 1 | 0.788 1 | 0.867 6 |

根据共同因子模型（PT Model）和信息份额模型（IS Model），计算得出夜盘前后螺纹钢、热轧卷板、铁矿石、焦煤和焦炭期货和现货价格发现贡献度的共同因子权重和信息份额数值，由此可以判断出如下结论：

首先，无论夜盘交易制度推出前还是夜盘交易制度推出后，螺纹钢、热轧卷板、铁矿石期货市场对价格发现的贡献度均在 50％以上，螺纹钢、热轧卷板、铁矿石期货均在价格发现过程中发挥主导作用，螺纹钢、热轧卷板、铁矿石期货已具备较强的定价功能。无论夜盘交易制度推出前还是夜盘交易制度推出后，焦煤和焦炭现货市场对价格发现的贡献度均高达 80％以上，焦煤和焦炭期货市场并未在价格发现功能中发挥主导作用，焦煤和焦炭期货市场的定价功能还不强。

其次，在夜盘交易制度推出后，螺纹钢和热轧卷板期货市场对价格发现的贡献度均呈现显著提高。螺纹钢期货市场的共同因子权重由夜盘交易前的 0.685 3 提高到了夜盘交易后的 0.716 8，其信息份额均值也从夜盘交易前的 0.615 8 提升到了 0.707 8，提升幅度十分明显。热卷期期货市场的共同因子权重由夜盘交易前的 0.604 3 提高到了夜盘交易后的 0.954 5，其信息份额均值也从夜盘交易前的 0.612 5 提升到了 0.961 8，提升幅度十分明显。因而，夜盘交易的推出对螺纹钢期货市场和热轧卷板期货市场提升其在价格发现过程中的地位产生了显著的作用。

最后，与螺纹钢和热轧卷板期货形成鲜明对比的是，夜盘交易制度推出以后，焦煤和焦炭期货在价格发现功能中的共同因子权重和信息份额虽然略微提升，但并没有显著改善，夜盘交易制度的推出并没有明显改善铁矿石、焦煤和焦炭期货在价格发现的地位。

因此，基于持有成本理论，夜盘交易制度的推出，仅促进了钢铁产业链中，螺纹钢和热轧卷期货市场均值溢出效应的显著改善和提升，对铁矿石、焦煤和焦炭期货市场的均值溢出效应并未显著改善。

### 7.3.3 夜盘前后波动溢出效应的变化

复杂网络是将复杂的系统内部的各个元素简化为节点，各个节点之间的相互作用通过对应节点的各个连边进行表示，每一个复杂网络系统内部都具有独特的拓扑性质，这些拓扑特性代表了网络中各个元素之间的溢出关系，随后通过将系统元素之间的关系进行复杂网络图形化展示，来揭示系统内部之间的关系。由于节点数目众多，使得网络结构呈现出各异的特性；任意两个节点或者两个节点之间的连边的产生或者消失，以及新节点的加入和新连边的产生，都会造成复杂网络内部元素之间溢出关系的变化。随着经济、金融全球化的深入发展，将复杂网络引入金融市场领域的研究，探究资本市场的波动溢出效应，成为一个新的思路。

**1. 复杂网络模型的设定**

本章将黑色金属商品期货内部各个不同的期货品种之间，黑色金属商品期货市场与有色金属商品期货、贵金属商品期货、能源类商品期货、化工商品期货，证券市场中钢铁、房地产、建筑材料、汽车、机械制造、家用电器等行业板块指数之间，分别进行复杂网络建模，网络中各个节点分别代表将黑色金属商品期货内部各个不同的期货品种、期货市场各个板块指数以及证券市场相关行业板块指数，各连边对应各个节点之间的关系，即黑色金属商品期货市场不同品种之间、期货市场各个板块及证券市场相关行业板块之间的关系。通过对比夜盘上市前后，该复杂网络模型内部的节点连边特性的变化，来分析黑色金属商品期货市场不同品种之间、黑色金属商品期货与期货市场其他板块、证券市场相关领域之间的波动溢出效应的变化。复杂网络相关关系的计算通过 UCINET 软件完成。

首先，定义聚集系数，节点 $i$ 的聚集系数 $C_i = \dfrac{2 N_i}{[P_i (P_i - 1)]}$，其中 $N_i$ 为节点 $i$ 实际存在的与其他节点相关联的边数，$P_i$ 为可能存在的最大弧数，网络聚

集系数 $C = \frac{1}{L}\sum_{i=1}^{L} C_i$。随后，定义平均度。节点 $i$ 的度，即与节点 $i$ 连线的边的总数，它反映了整个网络中每个节点平均的度数。最后，边的设定，为了对夜盘交易制度前后黑色金属商品期货复杂网络关系进行对比，设定日内开收盘价差收益率 $R_{oc}$ 为复杂网络中连接边的参考指标，两个节点的日内开收盘价差收益率的相关系数 $C_{ij}$ 的绝对值大于阈值，则对应的节点连一条边。相关系数 $C_{ij} < 0.3$ 为弱相关，相关系数 $0.3 \leqslant C_{ij} < 0.7$ 为显著相关，相关系数 $0.7 \leqslant C_{ij}$ 为强相关。

**2. 夜盘前后黑色金属商品期货各品种网络模型**

图 7-3 为黑色金属商品期货中螺纹钢、热轧卷板、铁矿石、焦煤、焦炭期货之间，在夜盘交易制度上市前后，在强相关状态（即相关系数 $C_{ij} \geqslant 0.7$）下，各个品种之间的相关系数对比图。可以得出：第一，夜盘交易制度推出以后，螺纹钢期货与热轧卷板期货之间的相关系数由 0.8 提高到 0.9，二者之间的关联和溢出效应增强；第二，夜盘交易制度推出以后，热轧卷板期货和铁矿石期货之间的相关系数为 0.8，变为强相关，二者之间的关联和溢出效应增强；第三，夜盘交易制度推出以后，螺纹钢期货和焦煤期货之间、螺纹钢期货和焦炭期货之间的相关系数变弱，由夜盘交易制度推出前的 0.8 变为夜盘交易制度推出后的低于 0.7，螺纹钢期货和焦煤期货之间、螺纹钢期货和焦炭期货之间的关联和溢出效应减弱。综合来看，夜盘交易制度的推出，使得螺纹钢期货、热轧卷板期货、铁矿石期货三者之间的关联和溢出效应增强；而焦煤、焦炭期货二者与螺纹钢期货、热轧卷板期货、铁矿石期货之间的关联和波动溢出效应减弱。

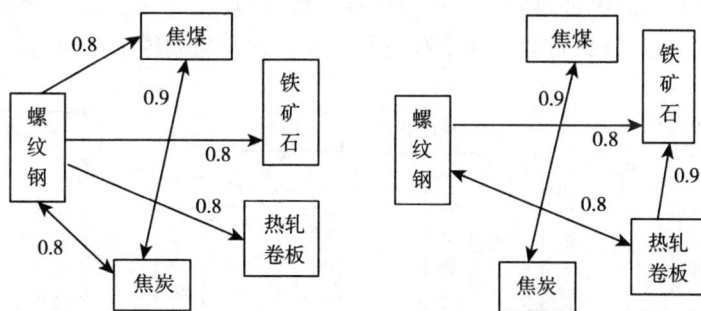

图 7-3　黑色金属商品期货各品种网络模型
（左图为夜盘前，右图为夜盘后）

**3. 夜盘前后黑色金属与其他板块商品期货网络模型**

图 7-4 为黑色金属商品期货与有色金属商品期货、贵金属商品期货、能

源类商品期货、化工商品期货之间，在夜盘交易制度上市前后，在显著相关状态（即相关系数$C_{ij} \geqslant 0.3$）下，各个品种之间的相关系数对比图。可以得出：第一，夜盘交易制度推出以后，黑色金属商品期货与有色金属期货之间的相关程度无明显变化，维持相关系数约0.5的显著相关状态，波动溢出方向为黑色金属商品期货对有色金属商品期货溢出；第二，夜盘交易制度推出以后，黑色金属商品期货与化工商品期货之间的相关程度增强，且波动溢出方向由黑色金属商品期货对化工商品期货的单向溢出变为黑色金属商品期货与化工商品期货之间的双向溢出；第三，夜盘交易制度推出以后，黑色金属商品期货对能源类商品期货的单向溢出效应增强。总体而言，夜盘交易制度的推出，使得黑色金属商品期货对化工商品期货、能源类商品期货的溢出效应增强。

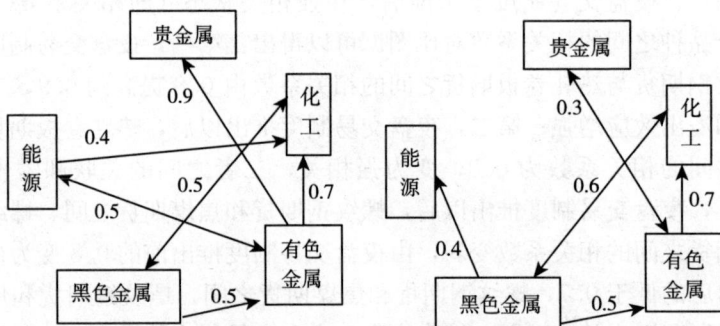

图7-4 黑色金属商品期货与其他板块商品期货网络模型
（左图为夜盘前，右图为夜盘后）

### 4. 夜盘前后黑色金属与证券市场相关板块网络模型

图7-5为黑色金属商品期货与证券市场房地产、机械设备、钢铁、汽车、家用电器、建筑材料行业板块指数之间，在夜盘交易制度上市前后，相关系数

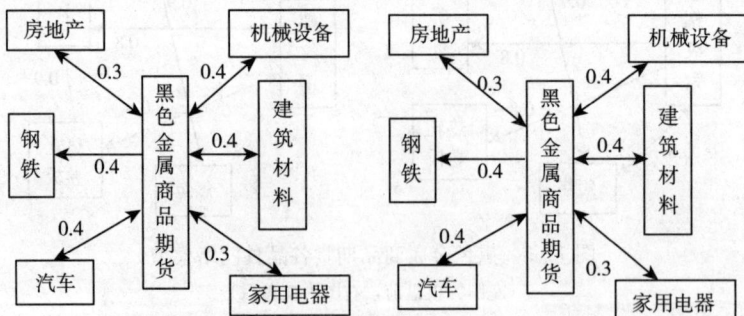

图7-5 黑色金属商品期货与证券市场相关板块网络模型
（左图为夜盘前，右图为夜盘后）

$C_{ij} \geqslant 0.1$ 的状态下，各个品种之间的相关系数对比图。可以得出：第一，夜盘交易制度推出以后，黑色金属商品期货与证券市场房地产、机械设备、汽车三个行业板块指数之间的关联系数变为小于 0.1，黑色金属商品期货与这三个板块指数的关联关系微弱。第二，夜盘交易制度推出以后，黑色金属商品期货与证券市场钢铁、建筑材料、家用电器三个行业板块指数之间的关联系数虽然仍保持大于 0.1，但是黑色金属商品期货与三个板块指数的关联系数也出现不同程度减弱。总体而言，夜盘交易制度推出以后，黑色金属商品期货与证券市场相关行业板块指数的关联关系和波动溢出效应减弱。

## 7.4　夜盘前后信息效率及溢出效应变化原因分析

通过上述分析可知，夜盘交易制度的推出使得热轧卷板、铁矿石和焦炭期货市场的信息效率得到了明显的提升，信息不对称现象得到了明显的改善。夜盘交易制度的推出，促进了螺纹钢和热轧卷期货市场均值溢出效应的显著改善和提升，螺纹钢和热轧卷期货的价格发现功能显著增强。就波动溢出效应而言，夜盘交易制度的推出，使得螺纹钢期货、热轧卷板期货、铁矿石期货三者之间的关联和溢出效应增强；使得黑色金属商品期货对化工商品期货、能源类商品期货的溢出效应增强；然而，夜盘上市以后，黑色金属商品期货与证券市场相关行业板块指数的波动溢出效应减弱。

一项交易制度的变革往往会对资本市场产生一定程度的影响，黑色金属商品期货市场夜盘交易制度的推出，通过市场交易时段的大幅延长，不仅能为钢铁产业链的套期保值者提供更灵活的交易时间选择，而且有利于投资者进行衍生品市场行业板块之间的套利交易，从而提高了黑色金属商品期货市场投资者参与意愿，使其市场活跃度明显改善，因此，提出如下假设：

**H1：夜盘交易制度的实施，使交易量显著提升。**

交易量的提升，使得投资者可以根据夜盘市场国际、国内信息做出迅速的反应和决策，提高定价信息在国内期货市场的扩散与吸收速度，降低信息不对称程度。若交易制度的变革使得市场信息不对称程度下降，则会提升市场的活跃程度，提高流动性（才静涵和夏乐，2011）。因此，提出如下假设：

**H2：夜盘交易制度的实施，提高了黑色金属商品期货市场的流动性。**

期货市场信息不对称程度的降低和流动性的显著提高，可以使期货价格引导作用增强，提高黑色金属商品期货市场的定价效率，从而使期货市场均值溢出效应显著增强；同时，夜盘交易制度的推出，通过延长交易时间，使得国内不同板块的期货市场的交易时间更加趋同，从而促使不同市场信息传递的同步性，内外盘资本市场联系更加紧密，从而提高了黑色金属商品期货市场对其他联动市场的波动溢出效应。因此，提出如下假设：

**H3：夜盘交易制度的实施，使得黑色金属商品期货市场的波动性提升。**

为了进一步分析考察夜盘交易制度对黑色金属商品期货市场信息效率及溢出效应产生影响的原因，以及对黑色金属商品期货市场内部不同品种其信息效率及溢出效应在夜盘推出前后出现分化的现象进行对比，本节将从夜盘交易制度对交易量、流动性、波动率的影响三个方面进行详细阐述。

### 7.4.1 夜盘与黑色金属商品期货交易量的改变

**1. 时均交易量的定义和描述性统计**

根据 H1，夜盘交易制度的实施，使交易量显著提升。通过市场交易时段的大幅延长，使得投资者对黑色金属商品期货市场的参与程度提高，从而显著提升成交量，使其市场活跃度明显改善。考虑到夜盘交易的推出实质是直接延长了每日交易时间，直接研究期货市场的日均交易量，将忽略由于夜盘交易制度推出而导致的日度交易时长的改变，故本书引入了时均交易量这一概念，作为交易规模的衡量指标，以剔除夜盘交易制度对日度交易时长的影响。定义变量日均交易量（$tvolume$）、时均交易量（$tvolperhour$），由于黑色金属商品期货日盘交易时间为 9：00—10：15、10：30—11：30、13：30—15：00，故日盘交易总时长为 3.75 小时。螺纹钢和热轧卷板期货的时均成交量 $tvol_{perhour1}$、铁矿石和焦煤期货的时均成交量 $tvol_{perhour2}$、焦炭期货的时均成交量 $tvol_{perhour3}$ 定义分别如下所示

$$tvol_{perhour1} = \begin{cases} \dfrac{tvolume}{3.75} & \text{期货上市日至 2014 年 12 月 26 日} \\[2mm] \dfrac{tvolume}{7.75} & \text{2014 年 12 月 29 日至 2016 年 5 月 3 日} \\[2mm] \dfrac{tvolume}{5.75} & \text{2016 年 5 月 4 日至今} \end{cases}$$

$$tvol_{perhour2} = \begin{cases} \dfrac{tvolume}{3.75} & \text{期货上市日至 2014 年 12 月 26 日} \\[2mm] \dfrac{tvolume}{9.25} & \text{2014 年 12 月 29 日至 2015 年 5 月 8 日} \\[2mm] \dfrac{tvolume}{6.25} & \text{2015 年 5 月 11 日至今} \end{cases}$$

$$tvol_{perhour3} = \begin{cases} \dfrac{tvolume}{3.75} & \text{期货上市日至 2014 年 7 月 4 日} \\[2mm] \dfrac{tvolume}{9.25} & \text{2014 年 7 月 7 日至 2015 年 5 月 7 日} \\[2mm] \dfrac{tvolume}{6.25} & \text{2015 年 5 月 8 日至今} \end{cases}$$

在进行实证检验时，对时均交易量序列进行自然对数处理，即定义时均成

交量的对数 $\{ln\,(tvol_{perhour})\}$（表 7 - 8a、表 7 - 8b）。

**表 7 - 8a　螺纹钢、热轧卷板、铁矿石期货时均成交量描述性统计**

| | 螺纹钢期货 $\ln\,(tvol_{perhour1})$ | | 热轧卷板期货 $\ln\,(tvol_{perhour1})$ | | 铁矿石期货 $\ln\,(tvol_{perhour2})$ | |
|---|---|---|---|---|---|---|
| | 夜盘上市前 | 夜盘上市后 | 夜盘上市前 | 夜盘上市后 | 夜盘上市前 | 夜盘上市后 |
| 均值 | 12.659 | 13.417 | 7.670 | 10.258 | 11.448 | 12.527 |
| 中位数 | 12.850 | 13.440 | 7.651 | 11.062 | 11.985 | 12.626 |
| 最大值 | 14.702 | 14.875 | 10.820 | 12.800 | 13.075 | 14.001 |
| 最小值 | 8.922 | 11.232 | 5.017 | 6.106 | 8.413 | 9.228 |
| 标准差 | 0.961 | 0.509 | 0.825 | 1.842 | 1.152 | 0.629 |
| 偏度 | −0.674 | −0.635 | 0.323 | −0.886 | −0.793 | −1.234 |
| 峰度 | 3.150 | 4.597 | 4.722 | 2.199 | 2.217 | 6.044 |
| JB | 107.169 | 167.196 | 26.905 | 152.058 | 38.481 | 617.303 |
| P | 0.000 | 0.000 | 0.000 | 0.000 | 0.000 | 0.000 |
| 样本个数 | 1 399 | 964 | 191 | 965 | 295 | 965 |

**表 7 - 8b　焦煤、焦炭期货时均成交量描述性统计**

| | 焦煤期货 $\ln\,(tvol_{perhour2})$ | | 焦炭期货 $\ln\,(tvol_{perhour3})$ | |
|---|---|---|---|---|
| | 夜盘上市前 | 夜盘上市后 | 夜盘上市前 | 夜盘上市后 |
| 均值 | 11.309 0 | 10.389 4 | 10.231 6 | 10.472 9 |
| 中位数 | 11.314 0 | 10.574 6 | 11.561 2 | 10.566 8 |
| 最大值 | 12.709 0 | 12.393 7 | 13.361 7 | 12.867 0 |
| 最小值 | 9.169 0 | 7.162 0 | 5.091 7 | 7.390 4 |
| 标准差 | 0.669 9 | 0.833 6 | 2.366 0 | 0.916 7 |
| 偏度 | −0.171 9 | −0.776 7 | −0.522 3 | −0.568 0 |
| 峰度 | 2.495 5 | 3.473 9 | 1.664 7 | 3.154 9 |
| JB | 6.677 1 | 111.655 9 | 93.643 3 | 62.174 4 |
| P | 0.035 5 | 0.000 0 | 0.000 0 | 0.000 0 |
| 样本个数 | 430 | 1 016 | 782 | 1 135 |

　　如表 7 - 8 所示，与夜盘交易推出前相比，夜盘交易推出后，螺纹钢、热轧卷板、铁矿石期货的对数时均成交量的均值、中位数、最大值和最小值均明显增大，说明夜盘交易制度推出显著增大了螺纹钢、热轧卷板、铁矿石期货的时均交易量，市场参与度较夜盘交易制度推出前明显提高。然而，与夜盘交易制度推出之前相比，夜盘交易制度上市以后，焦煤和焦炭期货对数时均成交量

并没有显著增大。

**2. 夜盘交易制度前后时均交易量的对比**

为了考察夜盘交易制度的推出是否对黑色金属商品期货的交易量造成显著影响和改变，本章将时均成交量的对数 $\{\ln(tvol_{perhour})\}$ 作为被解释变量，将夜盘上市作为虚拟解释变量，构造回归方程，并运用最小二乘法进行估计。定义虚拟变量 $d_0$，夜盘交易机制推出前 $d_0=0$，夜盘交易机制推出后 $d_0=1$，时均成交量的对数 $\{\ln(tvol_{perhour})\}$ 与夜盘交易制度的回归方程

$$\{\ln(tvol_{perhour})\} = c + \lambda d_0 + u_t \quad (t = 1, 2, \cdots, n) \quad (7-3)$$

进一步对螺纹钢、热轧卷板、铁矿石、焦煤、焦炭期货时均交易量与夜盘交易制度二者构建公式 7-3 的最小二程回归，并引入短期、中期和长期的时间效应概念（表 7-9），以分析夜盘交易制度上市对黑色金属商品期货交易量的影响。

**表 7-9　夜盘交易机制时间效应定义**

|  | 短期效应 | 中期效应 | 长期效应 |
|---|---|---|---|
| $d_0=0$ | 夜盘推出前 3 个月 | 夜盘推出前 6 个月 | 夜盘推出前 24 个月 |
| $d_0=1$ | 夜盘推出后 3 个月 | 夜盘推出后 6 个月 | 夜盘推出后 24 个月 |

如表 7-9 所示，本章将夜盘推出前后 3 个月定义为短期效应时间，夜盘推出前后 6 个月定义为中期效应时间，夜盘推出前后 24 个月定义为长期效应时间，夜盘交易机制推出前 3 个月、6 个月、24 个月 $d_0$ 分别取值为 0，夜盘交易机制推出后 3 个月、6 个月、24 个月 $d_0$ 分别取值为 1。则公式 7-3 的最小二程回归结果见表 7-10。

**表 7-10　夜盘交易机制对交易量的影响回归结果**

|  | 效应周期 | 系数 | $t$ 值 | 调整 $R^2$ |
|---|---|---|---|---|
| 螺纹钢 | 短期效应 | -0.711 *** | -7.781 | 0.339 |
|  | 中期效应 | 0.056 *** | 2.981 | 0.205 |
|  | 长期效应 | 0.991 *** | 28.927 | 0.364 |
| 热轧卷板 | 短期效应 | 0.375 *** | 3.962 | 0.112 |
|  | 中期效应 | 0.372 *** | 5.738 | 0.116 |
|  | 长期效应 | 2.729 *** | 20.429 | 0.311 |
| 铁矿石 | 短期效应 | -0.546 *** | -6.085 | 0.240 |
|  | 中期效应 | 0.215 *** | 2.728 | 0.026 |
|  | 长期效应 | 1.684 *** | 30.585 | 0.484 |

（续）

|  | 效应周期 | 系数 | $t$ 值 | 调整 $R^2$ |
|---|---|---|---|---|
| 焦煤 | 短期效应 | −1.209*** | −9.705 | 0.445 |
|  | 中期效应 | −1.033*** | −10.709 | 0.318 |
|  | 长期效应 | −0.550 | −1.052 | 0.102 |
| 焦炭 | 短期效应 | −0.420*** | −6.236 | 0.238 |
|  | 中期效应 | −0.812*** | −11.569 | 0.355 |
|  | 长期效应 | 0.357 | 1.077 | 0.009 |

注："***"表示在1%的显著性水平下显著。

螺纹钢和铁矿石期货的短期效应、中期效应、长期效应结果表明，在短期效应阶段，夜盘交易的推出对螺纹钢和铁矿石期货的影响是显著负影响，说明夜盘交易的推出，在短期效应阶段使得螺纹钢、铁矿石期货的交易量下降。在中期和长期效应阶段，夜盘交易的推出对螺纹钢、铁矿石期货的影响是显著正影响，说明夜盘交易的推出，在中期和长期效应阶段使得螺纹钢、铁矿石期货的交易量上升。

热轧卷板期货的短期、中期和长期效应结果均表明，夜盘交易制度的推出使得热轧卷板的交易量显著上升。焦煤和焦炭期货的短期和中期效应结果显著为负数，这表明夜盘交易制度的推出，在短期和中期效应阶段使得焦煤和焦炭的交易量显著下降；而在长期效应阶段，夜盘交易的推出对焦煤和焦炭的影响均在1%显著性水平下不显著，这说明从长期来看，夜盘交易的推出对焦煤和焦炭期货的交易量并未产生显著的影响。

夜盘交易制度通过交易时段的大幅延长，使得螺纹钢、热轧卷板和铁矿石期货的投资者市场的参与程度明显提高，从而使得螺纹钢、热轧卷板和铁矿石期货的成交量显著提升，使其市场活跃度明显得到改善。

## 7.4.2  夜盘与黑色金属商品期货市场流动性的变化

基于 H2，为了验证夜盘交易制度的实施对黑色金属商品期货市场流动性的影响，本小节引入流动性比率这一指标。流动性比率，即将市场成交量和成交价格综合起来衡量市场流动性的指标，其可以衡量证券市场的交易行为对证券价格造成的影响程度，流动性越好，表明证券价格对市场交易带来的冲击的抵抗力越大。由于 Hui‐Heubel 流动性比率反映了金融资产的流动市值及市场成交情况，因此用该指标作为衡量期货市场流动性高低的参考指标较为合理，本书采用 Hui‐Heubel 流动性比率这一指标来测算黑色金属商品期货市场的流动性，该指标的表达式如下

$$L = \left| \frac{\ln(P_t) - \ln(P_{t-1})}{V_n / N_t} \right|$$

$\ln (P_t)$ 表示第 $t$ 期的对数期货价格，$\ln (P_{t-1})$ 表示第 $t-1$ 期的对数期货价格，则 $\ln (P_t) - \ln (P_{t-1})$ 即为期货市场的对数收益率；$V_n$ 表示第 $t-1$ 期至第 $t$ 期的期货市场成交量，$N_t$ 表示第 $t$ 期的期货市场的持仓总量，则 $V_n / N_t$ 即为期货市场的换手率。根据 Hui‑Heubel 流动性比率的表达式可推断出，当换手率固定时，第 $t-1$ 期与第 $t$ 期的价格差越大时，Hui‑Heubel 流动性比率这一指标越大，此时市场流动性越低；当第 $t-1$ 期与第 $t$ 期的价格波动既定时，换手率越高市场交易就越活跃，此时 Hui‑Heubel 流动性比率这一指标越小，市场的流动性越强。根据该公式，将黑色金属商品期货夜盘上市前后的 Hui‑Heubel 流动性比率进行对比，在夜盘交易启动后约 450 个交易日之内，螺纹钢期货市场的流动性显著上升，随后虽呈现下降趋势，但总体而言，夜盘交易制度使得螺纹钢期货的流动性得到改善；夜盘交易启动后，热轧卷板和铁矿石期货市场的流动性显著提高；而与此形成鲜明对比的是，在夜盘交易启动后，焦煤和焦炭期货市场的流动性显著下降。总体而言，夜盘交易启动对螺纹钢、热轧卷板和铁矿石期货市场流动性得到了显著的改善和提高，这将有利于螺纹钢、热轧卷板和铁矿石期货市场信息更充分地进行传导，从而显著降低螺纹钢、热轧卷板和铁矿石期货市场的信息不对称的程度。

### 7.4.3 夜盘与黑色金属商品期货市场波动性的变化

基于 H3 为了论证夜盘交易制度的实施，对黑色金属商品期货市场的波动性的影响，本小节基于日内开盘收盘价差收益率，在条件方差方程中，加入是否推出夜盘交易制度这一虚拟变量，构建 GARCH（1，1）模型，则

$$y_t = x'_t \gamma + u_t \quad (t = 1, 2, \cdots, T) \tag{7-4}$$

$$\sigma_t^2 = \omega + \lambda \delta + \alpha u_{t-1}^2 + \beta \sigma_{t-1}^2 \tag{7-5}$$

其中，$x_t = (x_{1t}, x_{2t}, \cdots, x_{kt})'$ 是解释变量向量，$\gamma = (\gamma_1, \gamma_2, \cdots, \gamma_k)'$ 是系数向量。公式 7-4 中给出的均值方程是一个带有扰动项的外生变量的函数。由于 $\sigma_t^2$ 是以前面信息为基础的一期向前预测方差，所以被称做条件方差，公式 7-5 也被称做条件方差方程。加入夜盘交易制度这一虚拟变量后 GARCH（1，1）模型估计结果见表 7-11。

表 7-11 加入虚拟变量的黑色金属商品期货 GARCH（1，1）模型估计

| | 效应周期 | $\omega$ | $\alpha$ | $\beta$ | $\delta$ | Log Likelihood |
|---|---|---|---|---|---|---|
| | 短期 | 0.000 087** | −0.095 6 | 0.404 5 | 0.000 004 | 359.3 |
| 螺纹钢 | 中期 | 0.000 01 | 0.061 9* | 0.851 6*** | −1.61E−06 | 765.6 |
| | 长期 | 1.67E−06 | 0.081 9 | 0.907 8 | 0.000 3*** | 4 267.1 |

（续）

| 效应周期 | | $\omega$ | $\alpha$ | $\beta$ | $\delta$ | Log Likelihood |
|---|---|---|---|---|---|---|
| 热轧卷板 | 短期 | 0.000 004 *** | −0.078 6 | 1.049 5 *** | −0.000 003 | 382.3 |
| | 中期 | 0.000 01 ** | 0.082 1 ** | 0.826 5 *** | −1.21E−06 | 786.4 |
| | 长期 | 0.000 001 * | 0.081 5 *** | 0.911 6 *** | 0.000 025 *** | 2 545.3 |
| 铁矿石 | 短期 | 0.000 05 | −0.053 2 | 0.916 9 *** | −0.000 02 | 309.1 |
| | 中期 | 0.000 4 *** | −0.038 1 | −0.503 6 | 0.000 1 | 632.6 |
| | 长期 | 0.000 2 ** | −0.022 7 | −0.164 | 0.000 6 ** | 2 374.9 |
| 焦炭 | 短期 | 0.000 005 *** | −0.075 | 1.055 *** | −0.000 000 9 | 373.7 |
| | 中期 | 0.000 08 *** | −0.083 | 1.024 8 *** | −0.000 005 | 730.3 |
| | 长期 | 0.000 004 * | 0.051 *** | 0.934 6 *** | 3.39E−07 | 3 929.2 |
| 焦煤 | 短期 | 0.000 002 *** | −0.052 | 1.054 5 *** | −0.000 003 | 374.4 |
| | 中期 | 0.000 006 *** | −0.062 | 1.021 3 *** | −0.000 002 | 773 |
| | 长期 | 2.01E−06 | 0.039 6 * | 0.952 7 *** | 0.000 002 * | 3 011.4 |

注："***""**""*"分别代表在1%、5%、10%的显著性水平下显著。

加入夜盘交易制度这一虚拟变量后 GARCH（1，1）模型估计结果显示，在5%的显著性水平下，螺纹钢期货、热轧卷板期货、铁矿石期货的虚拟变量 $\delta$ 在长期效应中起到显著的正向作用，即表明夜盘交易的推出，长期来看增加了螺纹钢期货、热轧卷板期货、铁矿石期货价格的平均波动幅度。在5%的显著性水平下，焦煤期货、焦炭期货的虚拟变量 $\delta$ 在长期效应中并不显著，即表明夜盘交易的推出，长期来看并没有使得焦煤期货、焦炭期货的价格的平均波动幅度显著提高。

### 7.4.4　稳健性检验

以黑色金属商品期货夜盘上市为断点，分为夜盘上市前和上市后两部分，分别对其进行基于 Chow 分割点检验的 Quandt－Andrews 检验，该检验方法能够在模型数据发生变异的位置未知的情况下，仍然能较为快速、准确地捕捉到结构突变的位置，从而克服了 Chow 检验需要已知分割点的缺陷。具体做法是：先对夜盘上市前和上市后的黑色金属商品期货日内收盘价、开盘价进行自相关分析，根据 ACF 和 PACF 的数值走势确定 ARMA 模型的滞后期，以每个时间序列的15%之后第一个值作为检验起始位置对每个数值依次进行检测，检验结果如表 7-12a、表 7-12b 所示。

**表 7 - 12a  黑色金属商品期货日度收盘价结构突变点的 Chow 检验结果**

| | 夜盘前（后） | 统计量 | 数值 | $P$ 值 |
|---|---|---|---|---|
| 螺纹钢期货 | 夜盘前 | Maximum LR F - statistic（OBS. 741） | 5.552 | 0.060 4 |
| | | Maximum Wald F - statistic（OBS. 371） | 9.206 | 0.130 2 |
| | 夜盘后 | Maximum LR F - statistic（OBS. 493） | 2.056 | 0.151 1 |
| | | Maximum Wald F - statistic（OBS. 493） | 6.958 | 0.109 8 |
| 热轧卷板期货 | 夜盘前 | Maximum LR F - statistic（OBS. 129） | 3.246 | 0.059 4 |
| | | Maximum Wald F - statistic（OBS. 78） | 5.226 | 0.095 2 |
| | 夜盘后 | Maximum LR F - statistic（OBS. 468） | 2.665 | 0.168 5 |
| | | Maximum Wald F - statistic（OBS. 490） | 4.464 | 0.105 0 |
| 铁矿石期货 | 夜盘前 | Maximum LR F - statistic（OBS. 249） | 5.113 | 0.086 2 |
| | | Maximum Wald F - statistic（OBS. 249） | 10.010 | 0.094 5 |
| | 夜盘后 | Maximum LR F - statistic（OBS. 479） | 2.232 | 0.181 0 |
| | | Maximum Wald F - statistic（OBS. 479） | 6.817 | 0.062 0 |
| 焦煤期货 | 夜盘前 | Maximum LR F - statistic（OBS. 174） | 4.319 | 0.051 0 |
| | | Maximum Wald F - statistic（OBS. 186） | 1.046 | 0.130 0 |
| | 夜盘后 | Maximum LR F - statistic（OBS. 511） | 2.995 | 0.050 0 |
| | | Maximum Wald F - statistic（OBS. 515） | 8.577 | 0.056 0 |
| 焦炭期货 | 夜盘前 | Maximum LR F - statistic（OBS. 245） | 3.300 | 0.219 1 |
| | | Maximum Wald F - statistic（OBS. 245） | 10.096 | 0.205 3 |
| | 夜盘后 | Maximum LR F - statistic（OBS. 261） | 0.771 | 0.654 0 |
| | | Maximum Wald F - statistic（OBS. 260） | 3.161 | 0.137 4 |

**表 7 - 12b  黑色金属商品期货日度开盘价结构突变点的 Chow 检验结果**

| | 夜盘前（后） | 统计量 | 数值 | $P$ 值 |
|---|---|---|---|---|
| 螺纹钢期货 | 夜盘前 | Maximum LR F - statistic（OBS. 742） | 5.506 | 0.063 1 |
| | | Maximum Wald F - statistic（OBS. 372） | 8.434 | 0.174 4 |
| | 夜盘后 | Maximum LR F - statistic（OBS. 493） | 2.151 | 0.134 4 |
| | | Maximum Wald F - statistic（OBS. 493） | 11.751 | 0.014 3 |
| 热轧卷板期货 | 夜盘前 | Maximum LR F - statistic（OBS. 121） | 3.446 | 0.147 1 |
| | | Maximum Wald F - statistic（OBS. 76） | 4.873 | 0.119 5 |
| | 夜盘后 | Maximum LR F - statistic（OBS. 501） | 3.778 | 0.172 2 |
| | | Maximum Wald F - statistic（OBS. 487） | 8.156 | 0.238 1 |

（续）

| 夜盘前（后） | | 统计量 | 数值 | $P$ 值 |
|---|---|---|---|---|
| 铁矿石期货 | 夜盘前 | Maximum LR F – statistic（OBS. 55） | 1. 922 | 0. 753 2 |
| | | Maximum Wald F – statistic（OBS. 83） | 5. 403 | 0. 497 2 |
| | 夜盘后 | Maximum LR F – statistic（OBS. 466） | 1. 854 | 0. 252 0 |
| | | Maximum Wald F – statistic（OBS. 249） | 4. 404 | 0. 185 0 |
| 焦煤期货 | 夜盘前 | Maximum LR F – statistic（OBS. 165） | 3. 117 | 0. 100 2 |
| | | Maximum Wald F – statistic（OBS. 183） | 2. 757 | 0. 199 1 |
| | 夜盘后 | Maximum LR F – statistic（OBS. 503） | 3. 112 | 0. 050 3 |
| | | Maximum Wald F – statistic（OBS. 499） | 9. 727 | 0. 049 9 |
| 焦炭期货 | 夜盘前 | Maximum LR F – statistic（OBS. 255） | 3. 009 | 0. 199 0 |
| | | Maximum Wald F – statistic（OBS. 253） | 7. 889 | 0. 188 2 |
| | 夜盘后 | Maximum LR F – statistic（OBS. 266） | 1. 887 | 0. 443 1 |
| | | Maximum Wald F – statistic（OBS. 268） | 3. 887 | 0. 187 9 |

从表 7 – 12a、表 7 – 12b 统计量的相伴概率 $P$ 值可知，在 5% 的显著性水平下，所有变量都不能拒绝夜盘上市前后黑色金属商品期货各个品种均不存在明显的结构突变点的原假设。这说明本章所分析的螺纹钢、热轧卷板、铁矿石、焦煤和焦炭期货在各自的研究期内都不存在结构突变点，这些研究期内所计算的所有指标的变动，均能够较为有效、合理地被夜盘交易制度这一政策变动所解释。

## 7.5　本章小结

### 7.5.1　夜盘交易制度前后变化总结

基于此，首先，本章运用经典的 R/S 分析法，对黑色金属商品期货市场夜盘交易制度推出前后的信息效率做了对比，探讨夜盘交易制度是否有效改善了黑色金属商品期货市场的信息效率；其次，运用 IS 模型和 PT 模型，对夜盘前后黑色金属商品期货市场对现货市场的均值溢出效应进行对比，探索夜盘交易制度是否有效提高了黑色金属商品期货市场在价格发现中的贡献度；最后，基于复杂网络模型，对夜盘前后黑色金属商品期货各个品种之间、黑色金属商品期货与其他商品期货板块之间、黑色金属商品期货与中国证券市场相关行业板块指数之间的相关程度及波动溢出效应的变化做了对比。

在此基础上，本章得出如下结论：首先，夜盘交易制度推出后，螺纹钢、热轧卷板、铁矿石、焦炭期货信息效率得到改善。其次，夜盘交易制度推出后，仅有螺纹钢和热轧卷板期货的均值溢出效应得到显著改善。最后，在波动溢出效应方面，就黑色金属商品期货内部不同品种之间而言，螺纹钢、热轧卷板、铁矿石期货三者之间的联动和溢出效应增强；就黑色金属商品期货与中国商品期货的其他板块而言，夜盘交易制度上市后，黑色金属商品期货对化工板块期货、能源板块期货的溢出效应增强；就黑色金属商品期货与中国证券市场相关行业板块而言，夜盘交易制度上市后，黑色金属商品期货与证券市场相关行业板块的波动溢出效应减弱。夜盘前后黑色金属商品期货信息效率及溢出效应变化如图 7-6 所示。

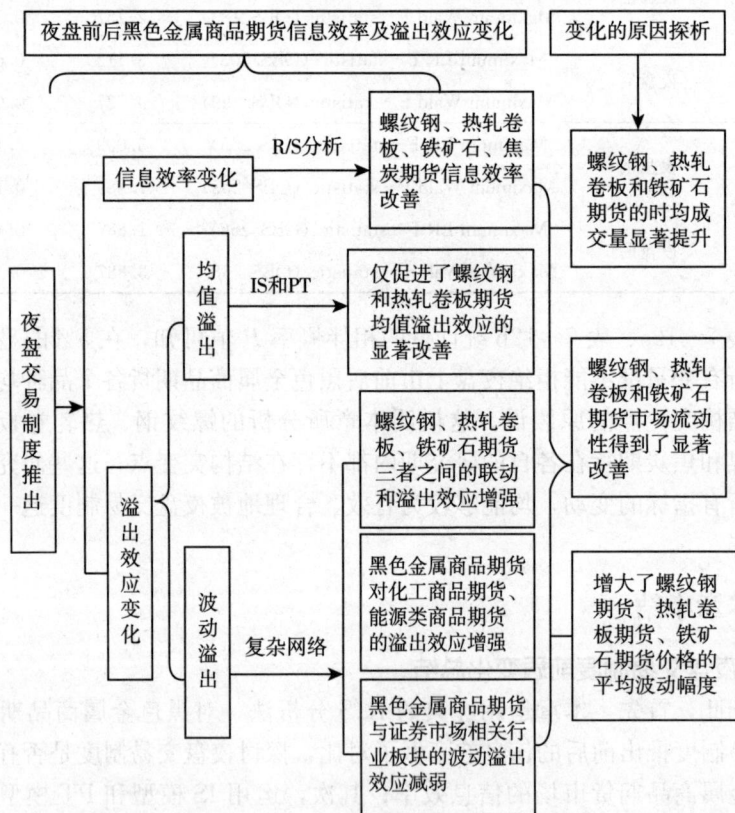

图 7-6  夜盘推出前后黑色金属商品期货信息效率及溢出效应变化框架

总结夜盘交易制度前后黑色金属商品期货市场的信息效率及溢出效应的变化，可以发现，夜盘交易制度推出明显地改善了螺纹钢、热轧卷板期货的信息效率，改善了螺纹钢、热轧卷板期货的均值溢出效应，同时二者之间的波动溢出及联动在夜盘上市以后得到加强。究其原因，夜盘交易制度使得螺纹钢、热轧卷板期货的交易量显著增大，投资者对螺纹钢、热轧卷板期货的参与程度提高，从而明显改善螺纹钢、热轧卷板期货市场的活跃程度；市场活跃度的提升，使得螺纹钢、热轧卷板期货的流动性显著提升，有利于市场信息更充分地进行传导，从而显著降低信息不对称的程度，从而改善其信息效率，提高二者在价格发现功能中的贡献度。螺纹钢、热轧卷板期货交易活跃程度的提升和流动性的改善，增强了二者之间的联动性，二者在夜盘交易制度上市后的价格波动幅度有所增大，这将加强二者之间的联动，增强其波动溢出效应。

就铁矿石期货而言，夜盘交易制度推出以后，其成交量也显著增大，市场活跃度提高，市场流动性也得到明显改善，价格的日内波动性也相应增大，这些改变也使得铁矿石期货在夜盘交易制度推出以后信息效率得到改善。但是，尚未发现夜盘交易制度对铁矿石期货在价格发现作用中的定价能力提高做出贡献。

焦煤和焦炭期货作为黑色金属板块中成交量较小的品种，夜盘交易制度的推出并没有使其成交量、流动性和波动性显著增大，因而其信息效率、均值溢出效率和波动溢出效率并没有因夜盘交易制度的上市而显著改变。

## 7.5.2　夜盘交易制度的启示

对任何一个资本市场而言，制度都是市场机制发挥作用的基石，其对市场安全与效率的提升均有着重要的影响，外部交易环境的改变可能会使一个市场的效率由高变低，也可能使一个低效率的市场在经历变革后在某些方面或整体上提高效率。对期货市场而言，交易制度的创新与变革都是提高市场效率、降低交易成本的有效途径（欧阳日辉，2005）。中国商品期货市场推出夜盘交易制度，是促进并加快中国商品期货市场与国际衍生品市场接轨的重要举措，其上市的初衷主要是提高中国商品期货市场在国际资本市场范围内的定价能力与国际影响力。

本章的研究表明，对于整个黑色金属商品期货板块而言，夜盘上市也进一步提高了其对化工期货板块和能源期货板块的溢出效应，夜盘交易制度推出增强了黑色金属商品期货与其他期货板块的联动。夜盘交易制度在黑色金属商品期货市场这个中国所独有的衍生品市场领域板块中，其发挥的作用以及起到的效果在黑色金属商品期货板块内部不同品种之间出现了分化。对于螺纹钢和热轧卷板期货这两个成交量大、市场参与度高、流动性好的品种而言，夜盘交易制度的推出，促进了其信息效率的改善和提高；进一步提升了螺纹钢和热轧卷板期货的价格发现贡献度；夜盘交易制度上市以后，螺纹钢期货、热轧卷板期货与铁矿石期货之间的相关程度和溢出效应增强。然而，在对于成交量较小、市场参与度不高、流动性并无明显改善的焦煤和焦炭期货而言，夜盘交易制度并没有有效改善其信息效率、定价效率及波动溢出效应。

## 7.5.3　改进对策

由本章的论证可得，夜盘交易制度的推出，只在部分期货品种中发挥了预期的效果。为了促进我国商品期货市场更健康的发展，发挥应有的风险规避和价格发现功能，应从如下三点对夜盘交易制度进行完善和改进。首先，推动黑色金属商品期货市场国际化。有关部门应加快对境外经纪机构和境外交易者参与中国期货交易的立法进程，通过降低境外投资者参与中国衍生品市场的进入门槛，吸引境外合格投资者在中国商品期货市场开展夜盘交易，继续推进衍生品市场的国际化，吸引更多的 QFII 进入中国衍生品市场，鼓励国际对冲基金等金融机构在中国与国外商品期货市场之间进行对冲，以此提高中国衍生品市场的活跃程度，提升中国商品期货市场的国际影响力，形成中国特色商品期货的国际定价中心。其次，合理延长夜盘交易时间，参考 LME 等全球知名衍生品交易市场的全天交易制度。通过缩短夜盘与日盘间隔时间，使国内衍生品市场对国际市场上的各种影响价格变动的因素有更充分的时间进行消化吸收。夜盘与日盘间隔时间的缩短，可以减少由于市场不同步导致的极端行情发生，减轻市场技术系统在开盘时段承受的峰值压力。最后，改善中国衍生品市场投资者结构。随着市场参与群者的增多、交易时间的大幅增加，逐步形成以各类券商、基金、保险、社保基金、大宗商品产业客户等机构客户为主的期货市场，形成健康、良性发展的衍生品市场。

# 第8章 研究结论、建议及展望

本书基于钢铁产业链的视角，将钢铁产业链相关的 8 个商品期货品种：螺纹钢、线材、热轧卷板、铁矿石、焦煤、焦炭、硅铁、锰硅，纳入一个研究体系框架。从时间和空间两个视角，对黑色金属商品期货信息效率、期货与现货之间的均值溢出效应、黑色金属商品期货与现货之间的波动溢出效应、黑色金属商品期货各品种之间的波动溢出效应、黑色金属商品期货市场与其他商品期货市场之间的波动溢出效应、黑色金属商品期货与相关证券市场板块之间的市场联动效应进行全面、系统性的分析和实证检验。在此基础上，对比夜盘交易制度推出前后，中国黑色金属商品期货市场信息效率及溢出效应的变化，以探索夜盘交易制度给黑色金属商品期货市场带来的改变。全书总结如下。

## 8.1 研究结论总结

### 8.1.1 关于黑色金属商品期货市场信息效率的结论

本书基于在金融市场领域具有重要地位的分形市场理论，利用经典的重标极差分析法（R/S 法），对螺纹钢、热轧卷板、线材、铁矿石、焦炭、焦煤、硅铁和锰硅期货的市场信息效率进行考察。通过对赫斯特指数、分形维度、长记忆特征的非循环周期长度分别进行精确计算，揭示黑色金属商品期货市场价格对过去信息的反馈机制。得出如下结论。

第一，黑色金属商品期货价格均具有显著的分形特征，价格波动服从分形布朗运动，今天或者未来的价格变动与初始状态之间并非相互独立而是相关的。其中，螺纹钢、热轧卷板、线材、焦煤、焦炭、硅铁、锰硅 7 个钢材期货品种，价格波动均具有趋势性、持续性和长记忆特征，期货价格的变化在前期状态的基础上增加与延续，可能呈现持续上涨、持续下跌或持续横盘的态势；而与之形成鲜明对比的是，铁矿石期货的赫斯特指数小于 0.5，与钢材期货相比，其价格波动表现出"均值回复"的特征，铁矿石价格序列存在内在的均衡机制。

第二，中国螺纹钢、热轧卷板、线材、焦煤、焦炭、硅铁、锰硅期货的长记忆性非循环周期长度，分别为 249、121、56、187、101、121、95 个交易日，即过去的价格信息沿着时间轴影响和扩散的有效时长。黑色金属商品期货市场分形理论的研究还处于起步阶段，运用分形理论所提供的信息特征，具体地应用于黑色金属商品期货市场风险管理和套期保值等金融实践，无疑具有相当重要的参考意义。

第三，由于信息以非线性的方式呈现，市场参与者也以非线性的方式做出反应，期货价格波动呈现非线性的特征。螺纹钢、热轧卷板、线材、焦煤、焦炭、硅铁、锰硅期货，现在的价格信息与未来价格的关联尺度分别为9.34%、9.25%、9.17%、9.13%、20.20%、31.33%、24.35%，历史信息对现在产生一定影响存在状态的持续性。形成对比的是，铁矿石期货现在的价格信息与未来价格的关联尺度为−0.64%，这表明现在信息对未来价格产生趋势相反的影响，即铁矿石期货表现出"均值回复"的特征。

### 8.1.2 关于黑色金属商品期货市场信息溢出效应的结论

首先，基于持有成本理论，综合运用向量误差修正模型和状态空间视角，通过协整检验、脉冲响应、方差分解、IS信息份额模型和卡尔曼滤波算法，由短期到长期、由静态视角扩展到动态视角，从期货与现货市场价格发现贡献程度的角度，对黑色金属期货市场与现货市场之间的均值溢出效应进行实证分析。研究结果表明，无论从短期信息冲击的反应视角还是从长期均衡的角度分析，螺纹钢、热轧卷板、铁矿石、焦炭、硅铁、锰硅期货市场已经具备较强的价格发现功能；然而，线材和焦煤期货市场暂时不具备价格发现功能。

其次，关于黑色金属商品期货与金融市场其他领域波动溢出效应方面。本书运用DCC‐GARCH和BEKK‐GARCH模型相结合的方法，从黑色金属商品期货与现货之间、黑色金属商品期货各个期货品种之间、黑色金属与其他板块商品期货之间、黑色金属与证券市场相关板块之间四个方面对黑色金属商品期货市场的波动溢出效应进行全面分析刻画。结果表明：铁矿石期货和现货之间、热轧卷板期货和现货之间、螺纹钢期货和现货之间波动溢出效应显著，然而线材期货和现货之间的波动溢出程度微弱；螺纹钢、热轧卷板、线材、铁矿石、焦煤、焦炭期货两两之间存在双向的波动溢出关系；黑色金属商品期货与有色金属商品期货之间存在显著的双向波动溢出效应；而黑色金属商品期货与贵金属商品期货之间，仅存在黑色金属商品期货对贵金属商品期货的单向波动溢出效应；黑色金属与能源类商品期货之间，黑色金属商品期货与化工商品期货之间，仅存在能源类商品期货、化工商品期货对黑色金属商品期货的单向波动溢出关系；黑色金属商品期货与钢铁板块股票指数之间，黑色金属商品期货与家用电器板块指数之间，分别存在显著的双向波动溢出效应；存在黑色金属商品期货对房地产板块股票价格指数的单向波动溢出；存在黑色金属商品期货对建筑材料板块指数的单向波动溢出效应；存在黑色金属商品期货对机械设备板块指数的单向波动溢出效应。

### 8.1.3 夜盘交易制度与信息效率和信息溢出效应

夜盘交易制度推出明显地改善了螺纹钢、热轧卷板期货的信息效率，改善了螺纹钢、热轧卷板期货的均值溢出效应，同时二者之间的波动溢出及联动在夜盘上市以后得到加强。究其原因，夜盘交易制度使得螺纹钢、热轧卷板期货的交易量显著增大，投资者对螺纹钢、热轧卷板期货的参与程度提高，从而明显改善螺纹钢、热轧卷板期货市场的活跃程度；市场活跃度的提升，使得螺纹钢、热轧卷板期货的流动性显著提升，有利于市场信息更充分地进行传导，从而显著降低信息不对称的程度，从而改善其信息效率，提高二者在价格发现功能中的贡献度。螺纹钢、热轧卷板期货交易活跃程度的提升和流动性的改善，增强了二者之间的联动性，二者在夜盘交易制度上市后的价格波动幅度有所增大，这将加强二者之间的联动，增强其波动溢出效应。

就铁矿石期货而言，夜盘交易制度推出以后，其成交量也显著增大，市场活跃度提高，市场流动性也得到明显改善，价格的日内波动性也相应增大，这些改变也使得铁矿石期货在夜盘交易制度推出以后信息效率得到改善。但是，尚未发现夜盘交易制度对铁矿石期货在价格发现作用中的定价能力提高做出贡献。

焦煤和焦炭期货作为黑色金属板块中成交量较小的品种，夜盘交易制度的推出并没有使其成交量、流动性和波动性显著增大，因而其信息效率、均值溢出效率和波动溢出效率并没有因夜盘交易制度的上市而显著改变。

## 8.2 黑色金属商品期货市场取得的成绩、不足及改进建议

### 8.2.1 成绩与不足

以往有关中国商品市场信息传递以及信息溢出效应的研究，都仅针对商品期货市场中的某一个单一品种或者研究具有局部性，研究内容不全面、不系统。本书将中国黑色金属商品期货市场纳入一个整体分析框架，综合运用多种实证方法，系统性地对中国黑色金属商品期货市场延时间维度的信息效率进行分析，随后对黑色金属商品期货市场与现货市场的均值溢出、黑色金属商品期货市场的波动溢出效应进行全面考察。经过实证检验发现，黑色金属商品期货各品种的信息效率及溢出效应出现分化。

首先，作为钢铁产业链成品材料的螺纹钢、热轧卷板、线材期货三个品种当中，螺纹钢期货、热轧卷板期货已经具备较好的价格发现功能，二者之间的波动溢出效应明显，并且对其他品种的溢出效应显著；与螺纹钢和热轧卷板期货形成鲜明对比的是线材期货，作为黑色金属商品期货中上市较早的品种，其成交量稀少，市场参与度非常少，目前仍不具备价格发现的基本功能。究其原因主要是由于线材期货与螺纹钢期货同属建筑用钢材类型，其市场供给量、需

求量均远低于螺纹钢，线材期货市场缺乏足够的具有套期保值动机的产业客户；同时，由于线材与螺纹钢期货相似度高，市场趋向于参与流通性好、交割量大的螺纹钢期货进行风险对冲。与线材期货形成鲜明对比的是直到 2014 年才上市的热轧卷板期货，作为汽车、船舶、机械等制造业的普遍通用钢材品种，热轧卷板期货虽然上市时间较晚，但它有效弥补了螺纹钢和线材期货局限于建筑领域的不足，使中国的钢材类期货品种既能覆盖房地产、基础建设等建筑领域，又能满足广大制造业领域企业利用期货进行风险对冲的需要。因此，为了充分发挥期货市场的价格发现和风险规避的功能，在今后的期货合约推出时，有关部门应对上市品种的选取、现货市场基础、期货合约交易门槛、期货交割制度设置、政策层面调控以及资金分流等因素进行充分考虑，应选择现货市场交易和需求量较大的品种，并对合约进行人性化设计，便于现货企业参与期货市场进行套期保值，以充分发挥期货市场的价格发现和风险规避的基本功能。

其次，作为钢铁产业链条中的上游原材料，铁矿石、焦煤、焦炭、硅铁、锰硅期货五个品种出现了分化。在这五个钢铁产业链的原材料期货当中，作为钢材成本占比最高的铁矿石，因其期货市场成交量巨大、市场流动性好，目前已具备了基本的价格发现功能，同时它与螺纹钢、热轧卷板期货具备较强的联动性。焦煤，作为焦炭的原材料，其期货价格与现货市场价格目前尚不存在协整关系，焦煤期货目前尚不具备价格发现功能，其波动溢出效应更多地体现在与焦炭期货之间。

### 8.2.2 改进建议

目前，黑色金属商品期货市场的构建和发展，是中国金融创新在衍生品领域的具体实践，虽然目前已取得一定成绩，但其交易制度构建方面仍存在一些不足，对此本书提出如下几点对黑色金属商品期货市场进行改进的建议：

首先，受中国商品期货市场的准入制度制约，境外机构并不能直接参与中国境内的铁矿石、螺纹钢、热轧卷板、焦煤、焦炭等期货交易，需提高期货市场的对外开放程度，吸引境外投资者，尤其是境外产业客户参与市场交易，增强中国的商品期货交易所的话语权，逐步培养中国的大宗商品定价中心地位。

其次，目前黑色金属商品期货以每年的 1 月、5 月、9 月或者 1 月、5 月、10 月三个合约为主力合约，期货市场 90％以上的成交量均由主力合约贡献；而剩余月份合约为非主力合约，成交量较少，使非主力合约丧失流动性。由于主力合约的非连续性，以及非主力合约较差的流动性，导致期货与现货市场价格的基差因距离交割月时间的不同而出现较大偏差，且基差呈现频繁波动的特点，加剧了市场的波动性。为了解决波动性过大这一问题，应通过建立做市商制度等交易机制建设，增加交易量，增强非主力合约的流动性。

最后，目前国内铁矿石、焦煤、焦炭等钢铁原材料的进口贸易仍然以美元计价，增大了交易结算中的汇率波动风险和被矿业巨头操纵的可能性，对中国铁矿石、焦煤、焦炭的进口企业十分不利。为了打破这一局面，应充分借鉴上海期货交易所沪铜、沪铝、沪锌等相对成熟的有色金属期货点价的现货结算模式，在今后的铁矿石、焦煤、焦炭的进口贸易中逐步推广以中国商品期货市场盘面价格为基准的点价的定价模式。点价，即以期货价格为计价基础，加上或者减去买卖双方协商一致的升贴水作为现货商品价格的交易方式，该贸易模式的定价基础依赖于期货交易价格，有利于增强中国商品期货市场的国际关注度和影响力。

## 8.3　研究展望

虽然本书从不同角度对中国黑色金属商品期货市场的信息效率及信息溢出效应进行了研究和探讨，但要想获得对中国黑色金属商品期货市场运行规律及性质更加全面的理解和把握，还需要完成很多的工作。在对中国黑色金属商品期货市场信息效率的研究中，本书基于分形市场理论，分析了黑色金属商品期货市场价格延时间维度对信息的反应和消化效率，但是对于市场结构、交易者行为以及期货市场的信息披露机制等问题并没有过多的涉及。对黑色金属商品期货市场均值溢出效应的研究中，本书基于持有成本理论，对期货和现货价格对信息的反应进行刻画，即从价格发现视角研究期货与现货之间的均值溢出效应。关于均值溢出效应的研究，可以有更多的分析视角，今后的研究中，可以尝试多角度对这一问题进行深度挖掘。此外，在对中国黑色金属商品期货市场的波动溢出效应进行研究时，本书使用了 DCC - GARCH 模型和 BEKK - GARCH 模型，但是描述价格波动和溢出效应同类型的模型还有很多，如 SV 模型、面板数据模型等。所以，今后也要进行这方面的相关研究。

要想对中国黑色金属商品期货市场价格与市场信息之间的传导机制做全方位、系统性的认识，今后还有不少的工作要开展。综上所述，虽然本书从多个角度对中国黑色金属商品期货市场的信息效率及信息溢出效应进行了相关研究和总结，但本书的结论和研究依然不是面面俱到的，还有不全面和空白的地方，这需要在今后的研究工作中，查缺补漏、不断完善，最终形成对中国黑色金属商品市场乃至整个中国商品期货市场全面、准确、可靠的研究体系。

# 第9章　中国商品期货和衍生品市场
## 高质量发展展望

近三年，随着全球新冠感染疫情持续影响和国际政治经济环境的多变，我国经济运行下行压力不断加大，大宗商品价格出现较大波动，企业经营面临成本上涨、物流受阻、库存高企、资金紧张等困境和难题。这些新情况从侧面反映出，在百年未有之大变局的时代背景和新的发展要求下，期货市场的功能定位、规范监管和创新发展都面临较大的机遇和风险挑战。"十四五"及今后一段时期，国内外经济形势依然错综复杂，经济运行中出现不平衡、不稳固和不确定的发展难题可能继续增多加大，大宗商品价格波动对国内经济运行产生的影响和风险仍应引起高度重视。

期货市场具有价格发现、风险管理、优化资源配置的基本功能。其价格发现功能，有利于提高价格信号的传导效率，引导现货市场合理定价；利用套期保值可以实现现货市场的风险对冲；期货特有的交割功能，将现货和期货市场有效衔接，优化资源配置，利用期货市场交割标准能够助推现货生产环节提高产品质量。作为中国特色现代资本市场的重要组成部分，期货和衍生品市场是中国特色市场经济创新的结果。经过了三十多年的发展，中国商品期货市场已经由初级阶段进入快速发展的新时期，面对国际、国内政治经济局势，需要提高期货市场的发展质量，高质量发展的期货市场是助推经济高质量发展的有力工具。

## 9.1　商品期货市场高质量发展的内涵

期货市场高质量发展的内涵涉及五个维度：高质量的产品和服务、合理的期货市场投资者结构、高效率的市场运行、市场自身的可持续发展、创新引领期货市场发展（图9-1）。

衡量商品期货市场高质量发展的五个维度分别从期货市场的产品、参与者、运行规则、可持续发展和创新五个方面对商品期货市场提出具体要求。其中，高质量的产品和服务是商品期货市场高质量发展的根本，合理的投资者结构是商品期货市场高质量发展的保障，高效率的市场运行是商品期货市场高质量发展的条件，可持续发展是高质量发展的目标，创新引领是商品期货市场高

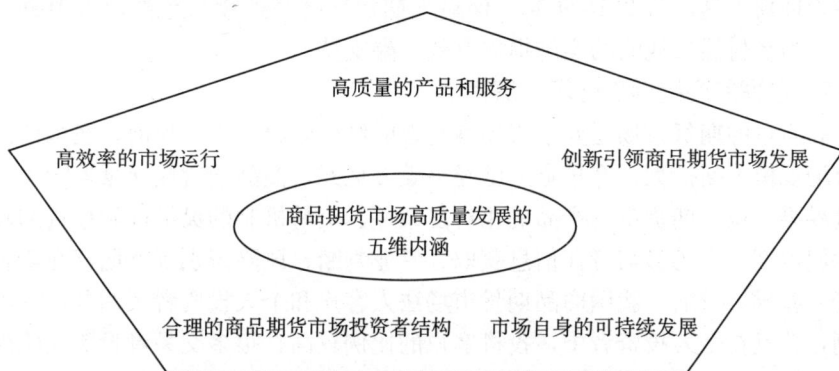

图 9-1　商品期货市场高质量发展的五维内涵

质量发展的灵魂。商品期货市场高质量发展的五维内涵是相辅相成、缺一不可的有机整体。商品期货市场高质量发展是贯彻金融业"十四五"发展规划，深化金融供给侧结构性改革，构建金融有效支持实体经济的题中之义。

### 9.1.1　提供高质量的产品和服务

截至 2022 年年底，中国商品期货共上市商品期货 65 个、商品期权 28 个，形成涵盖贵金属、有色金属、黑色金属、能源和化工产品、农副产品等为主的期货品种。2022 年，我国商品期货市场单边成交量 67.68 亿手，单边成交金额 534.9 万亿元，其中商品期货与期权品种成交量占全球总量的 72.3%。目前，我国衍生品市场已经形成从期货到期权、从场内到场外的多层次市场体系，覆盖能源、化工、建筑、农业、林业、畜牧业等重要产业领域，对我国经济的影响日益加深。

政府、企业、农民专业合作社、农户等是商品期货市场的主要关注主体，高质量的产品和服务要求商品期货市场满足不同主体的需求。对政府主体而言，希望商品期货市场充分发挥价格"晴雨表""信号器"的预期引导作用，为政府制定有效的宏观调控政策提供宏观数据参考，解决政策实施中的滞后性问题；同时，政府希望商品期货市场发挥价格"稳定器"的作用，充分对冲价格波动风险，保障经济平稳发展。对企业、农民专业合作社和农户而言，希望利用合适的期货品种进行套期保值，对冲生产经营中的价格波动风险，利用商品期货市场的交割功能，实现现货市场的优化配置。

高质量的产品和服务要求加快期货新品种的上市步伐，满足不同行业领域和不同层次的现货企业、农民专业合作社和农户的套期保值、风险对冲需求，例如，深化大蒜、鸡肉、葵花籽、马铃薯等期货新品种的调研；商品期货市场亦应合理配置期货、期权与互换等衍生工具之间的比例关系，适当增加商品期权和互换等衍生工具的比例；创新风险对冲工具，继续推广"保险＋期货"等风险管理新工具，自 2016 年起"保险＋期货"已经连续八年被写入中央 1 号文件，为乡村振兴战略的实施提供有效金融支持。

### 9.1.2 合理的商品期货市场投资者结构

高质量的期货市场还要求市场参与者的结构健康合理。目前，我国商品期货市场规模不断扩大，客户资产已经突破万亿元，商品期货成交量连续多年位居世界第一位。期货市场产品的相对复杂性、交易机制的灵活性和投资的高杠杆性使得期货市场参与者在信息获取、专业判断、风险识别等方面存在着较大的能力差异。目前，我国商品期货市场法人客户和个人投资者大约各占一半的比例，并且在个人投资者中，投机客户的比例较高，很多交易者投资经验尚不丰富，缺乏完备的期货专业知识。

合理的市场结构意味着期货市场参与主体应该多元化，期货市场参与者不仅包括自然人投资者，还应吸引期货相关的现货生产经营者，如加工制造类企业、仓储物流企业、现货贸易类企业、农民专业合作社等，进入期货市场进行现货市场的套期保值，从而对冲现货价格波动的风险。同时，还应广泛吸引各类投资机构，如投资基金、保险公司、证券公司、商业银行等参与到期货市场进行资产管理。此外，合理的市场结构意味着期货市场不同参与主体之间的比例要健康合理，投机客户不再成为市场交易的主导，进行套期保值等风险对冲业务的产业客户应占据重要比例，成为期货市场交易者中的重要力量。

### 9.1.3 市场运行的高效率

价格发现是期货交易最基本的市场功能，是高标准期货市场体系中不可或缺的重要组成部分。期货价格是反映和引导现货价格水平未来变化趋势的灵敏信号，具有更加丰富的交易变化形式，但商品期货价格与现货价格归根结底是由商品供求基本面决定的。期货市场的高效率运行，在价格发现功能方面应体现为，期货价格应以商品现货供给、需求基本面为基础，综合体现宏观经济形势、行业周期、产业政策、季节因素、天气情况等主客观因素，期货价格波动不应显著超出和偏离价格波动的合理区间，摒弃期货市场的过度投资炒作。

期货市场具有套期保值、管理风险的基本功能，可以通过提前锁定未来价格，对冲现货市场价格大幅波动可能造成的损失，从而增强战略储备的宏观效能，保持企业财务状况的风险最小化。高效率的市场运行要充分发挥期货市场在资源配置中的套期保值、风险管理功能，划清政府在期货市场监管中的边界，明晰政府的职能和作用。政府在期货市场中的主要职能是营造稳定的运营环境，为市场有序竞争和规范运营提供制度和立法保障。但在"三农"领域，某些特殊政策会影响市场经济规律的正常发挥，如对玉米、大豆等农产品的临时收储政策，对谷物、小麦等农作物的最低收购价政策。因此，如何处理好政府监管与市场作用的关系是影响期货市场运行效率的重要因素。

### 9.1.4　实现商品期货市场可持续发展

大宗商品处于现货产业链和供应链的最上游，是社会在生产中的基础性初级产品，包括主要的能源类产品、重要的基础性矿产品、重要的基础性农产品，大宗商品的供给量、需求量、贸易量和运输量规模都较大。由于大宗商品品种比较单一，同质性比较强，且易于标准化，成为期货市场的主要品种。期货市场作为资本市场的重要组成部分，将大宗商品赋予了金融属性，由于期货实行保证金交易和"T＋0"交易制度，资金可以进行当日买进和卖出，长期以来期货市场成为受投机因素影响较大的市场，具有高杠杆性和高风险性，导致期货市场经营发展具有波动性。1993 年，国务院发布《关于坚决制止期货市场盲目发展的通知》，期货市场进入清理整顿阶段。2004 年国务院发布的《国务院关于推进资本市场改革开放和稳定发展的若干意见》和 2014年国务院发布的《国务院关于进一步促进资本市场健康发展的若干意见》指出，可持续发展的期货市场，应为大宗商品生产者和消费者提供价格发现和套期保值功能，提升产业服务能力和配合资源性产品价格形成机制改革，以服务实体经济和国家战略为目标。可持续发展的商品期货市场，应立足服务实体经济的支点，提高我国商品期货市场的国际化水平，提高我国商品期货市场的国际定价话语权。

### 9.1.5　创新引领商品期货市场发展

自 1990 年 12 月郑州粮食批发市场以现货交易为基础引入期货交易机制起，我国商品期货市场历经初创阶段、治理整顿阶段、稳步发展阶段，进入创新发展阶段。具体而言，期货市场创新应从品种创新、业务创新、制度创新和技术创新四个方面全面开展。品种创新是指期货市场应根据社会经济发展需要，与时俱进地推出相应的期货、期权、互换等衍生品交易品种。例如，碳排放权是记载温室气体排放的权利凭证，推进碳排放权交易是落实国家"碳达峰、碳中和"战略目标的重要工具，碳排放权具有标准化、中远期使用、易存储等属性，这使得碳排放权具备金融化的条件。因此，我国商品期货市场应大胆创新，积极研发碳期货、碳期权、碳互换等金融衍生品。业务创新是指期货市场应根据投资需求及风险管理需求的变化，及时推出新的业务模式，在实践中期货公司应打破经纪类业务的局限，向期货资产管理和价格风险管理类业务转型。制度创新意味着随着产品和业务的创新，期货市场的各类交易规则、管理规章、法条法规需要随之做出相应调整。技术创新是指期货市场应顺应数字化浪潮，主动嵌入区块链、大数据、云计算、人工智能等新兴技术，保障期货市场平稳、高效运行。

## 9.2 《中华人民共和国期货和衍生品法》是中国商品期货市场高质量发展的基本保障

历经 30 多年发展，中国商品期货市场已经由规模扩张阶段转为寻求高质量发展阶段，然而目前中国商品期货市场仍然存在一些不足。例如，上市的品种结构尚不完善、投资者结构仍然需要改善、政府与期货市场的边界仍然不够清晰、期货市场的国际化水平不高等。《中华人民共和国期货和衍生品法》的出台为期货和衍生品市场发展提供固根本、稳预期、利长远的保障作用，是期货市场持续高质量发展的基本保障。

在"边试点边立法"的思路指导下，20 世纪 90 年代中期起，我国已着手规划期货领域的立法，1999 年国务院颁布的《期货交易管理暂行条例》（以下简称《条例》）奠定了我国商品期货市场监管的基础。2013 年期货法的制定工作正式启动，在经历了多次调研和探讨以后，2022 年 8 月 1 日经全国人大常委会表决通过的《中华人民共和国期货和衍生品法》（以下简称《期货和衍生品法》）正式实施，标志着商品期货市场建设将迎来加速发展的机遇期。《期货和衍生品法》的出台为期货和衍生品相关法治建设指明了发展方向，进一步明确了期货交易"发现价格、管理风险、配置资源"的核心功能，对期货市场法治建设具有里程碑意义。该法律是中国商品期货和衍生品行业翘首期盼多年的基本监管法，充分体现了"固化成功经验、消除发展障碍、强化顶层设计、预留发展空间"的立法思想，既强调法治又注重市场，既立足当下又着眼未来，既注重继承又体现创新，该法律对期货市场参与主体的权利和义务做了清晰界定，具有很强的实践性和创新性。《期货和衍生品法》对期货行业进行顶层设计，发挥法律的前瞻和先导作用，为市场高质量发展消除障碍、拓宽渠道，是期货市场高质量发展的法律保障，为期货市场高质量发展打开了新的空间。

第一，《期货和衍生品法》以法律的形式明确支持期货市场发展，有助于稳定期货行业预期，增强期货市场信心。《期货和衍生品法》开宗明义地指出，"国家支持期货市场健康发展，发挥价格发现、管理风险、配置资源的功能。国家鼓励利用期货市场和衍生品市场从事套期保值等风险管理活动。国家采取措施推动农产品期货市场和衍生品市场发展，引导国内农产品生产经营"。该法律明确期货市场发展具有国家战略高度，国家层面的"支持""鼓励""推动"既是对期货市场发展的肯定，也对期货市场服务实体经济、服务国家战略提出的新要求，法律的宣导作用有利于统一全社会对期货的认识，有助于增强投资者对期货市场的信心，稳定市场预期，进一步破除国有企业、上市公司、金融机构等参与期货交易的机制障碍，为更多的产业客户和金融机构参与期货市场奠定基础，从而优化期货市场参与者结构，更好发挥期货市场服务实体经济功能。

第二，《期货和衍生品法》突出市场化导向，守正创新，提升市场效率。《期货和衍生品法》坚持市场化理念，顺应市场主体多元化、组织形式多样化、业务领域延展化的发展趋势，大幅减少行政许可和限制性事项，为期货交易场所、期货结算机构、期货经营机构等市场主体创新发展预留制度空间，激发市场主体活力，为行业创新发展营造宽松环境。取消除信息技术服务机构之外的其他期货服务机构从事期货服务业务的备案管理措施，取消期货服务机构向国务院有关主管部门和期货监督管理机构"双重备案"的要求。将成熟的期货交易做市业务纳入期货公司，并预留了其他期货业务的空间，进一步拓宽了期货公司的业务范围，增强了期货公司的财富管理能力和风险管理能力，拓展了服务实体经济的深度。借鉴《中华人民共和国证券法》证券发行注册制改革的经验，《期货和衍生品法》改革优化期货品种上市程序，规定期货品种上市机制由并联审批模式改为实行交易场所申请、证监会注册的模式，这将有利于推动期货交易所场内新品种、新工具的推出，进一步拓展期货市场覆盖的范围。

第三，《期货和衍生品法》以法治化为导向，增强风险防范能力，加强对投资者的保护，促进期货和衍生品市场规范健康发展。由于采用保证金交易，期货市场具有高杠杆性和高风险性的特征，期货市场违法违规行为隐蔽性强、危害性大，容易引发系统性风险，全面从严监管是保障市场健康有序运行的必然要求。《期货和衍生品法》明确行政监管机构、自律组织各自监管职责，为期货市场"五位一体"监管体系和跨市场监管协作机制夯实基础。为增强紧急情况危机处理能力，明确提出建立和完善风险监测监控与化解处置制度机制，防范市场系统性风险；明确期货交易场所自律监管地位和风险处置措施，保障一线监管的时效性、有效性；明确期货结算机构的中央对手方地位，夯实以中央对手方制度为核心的风险管理体系；明确结算最终性原则、结算财产保护等结算保障机制，防范违约风险；明确账户实名制、实际控制关系账户管理等制度安排，压实穿透式监管的基础。

《期货和衍生品法》单设《期货交易者》一章，系统构建交易者保护制度。引导交易者增强风险意识，树立理性投资理念，按照期货市场统一立法、统一监管的思路，对境内和境外投资者的期货及其他衍生品交易行为进行监管。明确各类禁止行为，规定多种责任形式，明确期货市场内幕交易的构成要件，明确并丰富了期货市场操纵行为类型；完善操纵市场、内幕交易等典型违法行为的相关条款，以大幅提高行政罚没款金额等方式，提升对期货及其他衍生品市场违法行为的惩处力度，增加期货市场违规、违法成本，有效惩处、威慑违法行为；引入调解和代表人诉讼等纠纷解决机制，设立期货交易者保障基金，强化对投资者的保护，并在特定情况下采取举证责任倒置的原则；完善交易者适当性制度，区分专业交易者与普通交易者，给予普通交易者更高标准的保护，保障中小交易者利益。

第四，《期货和衍生品法》明确了期货及衍生品交易的相关概念，确立衍生品基本交易制度，明确基本监管框架。《期货和衍生品法》在重点规范期货市场的同时，兼顾衍生品市场发展，除了对期货交易进行定义外，还首次将衍生品交易纳入法律调整范围，规定了衍生品交易的定义，即"期货交易以外的，以互换合约、远期合约和非标准化期权合约及其组合为交易标的的交易活动"。《期货和衍生品法》以法律条文的形式，明确了远期合约、互换合约属于金融合约的属性，将互换合约定义为"约定在将来某一特定时间内相互交换特定标的物的金融合约"，所谓远期合约是指"期货合约以外的，约定在将来某一特定的时间和地点交割一定数量标的物的金融合约"。《期货和衍生品法》明确规定，衍生品市场由国务院期货监督管理机构或者国务院授权的部门按照职责分工实行监督管理，金融机构开展衍生品交易业务，应当依法经过批准或者核准，履行交易者适当性管理义务，并应当遵守国家有关监督管理规定。《期货和衍生品法》明确了衍生品主协议备案制度、质押方式的履约保障制度、明确结算机构的中央对手方地位、集中交易报告库等交易制度和监管框架。同时，《期货和衍生品法》完善了期货市场民事责任体系，明确了市场各参与主体的基本法律关系和民事权利义务，明晰期货经营机构间的权利边界和责任划分，保障交易者的知情权、风险提示权、财产安全权、信息安全权等各项权利。

第五，《期货和衍生品法》促进场内、场外衍生品市场协同发展，满足多层次风险管理需求。场内期货市场与场外衍生品市场互为补充，是现代风险管理市场不可或缺的两个组成部分。衍生品市场可以满足企业个性化风险管理需求，推动培育机构投资者，拓展期货市场服务实体经济的广度、深度，期货市场为衍生品市场提供参照价格和套期保值场所，两个市场协同发力共同提高风险管理适配性。《期货和衍生品法》将衍生品市场纳入调整范围，有利于维护金融市场完整性，促进场内场外联动发展；立足衍生品市场发展现状进行原则规定，确立单一主协议、终止净额结算、履约保障机制等核心交易制度，为市场运行提供法律保障的同时留足创新空间；规定金融机构开展衍生品交易业务的审核要求，建立衍生品交易报告库、集中清算等机制，强化场外监管防范金融风险。

第六，《期货和衍生品法》突出国际化导向，强化跨部门监管，促进市场与国际接轨。期货市场天然具有国际化属性，扩大开放是我国期货市场提高核心竞争力和国际影响力的必由之路。为适应扩大开放后维护国家经济安全的需要，《期货和衍生品法》在"长臂管辖"原则思想指导下确立了域外适用效力，拿出专门的章节对"跨境交易与监管协作"做了规定。《期货和衍生品法》顺应国际化趋势，助推联通国内、国际两个市场、两种资源。在"引进来"方面，我国商品期货市场仍较封闭，仅有七个商品期货以特定品种方式对外开放，《期货和衍生品法》遵循国际市场一般性规律，注重制度规则与国际对接，有利于吸引更多境外成熟机构来华投资，加快形成"中国价格""中国规则"。在"走出去"方面，近年境外市场纷纷推出基于中国金融资产的期货产品，我国面临争夺国际定价权和维护国家金融安全的形势日益严峻，《期货和衍生品法》对境内交易者参与境外交易、境外主体向境内交易者提供服务的路径、监管安排进行原则规定，保障境内交易者合法权益。

总之，《期货和衍生品法》的出台，从增强期货市场信心，提升期货市场运行效率，加强对投资者的保护，明确期货市场基本监管框架，促进衍生品市场协同发展，促进期货市场与国际接轨等方面做出重要贡献，该法律的出台必将为期货市场发展提供坚实的法律保障，助力我国逐步成为全球大宗商品定价中心、风险管理中心和资源配置中心，是促进中国期货和衍生品市场高质量发展的强心针。

## 9.3　进一步推动中国商品期货市场高质量发展的对策建议

《期货和衍生品法》的实施为期货市场高质量发展提供了基本法律保障，但是我国商品期货和衍生品市场起步较晚，在制度建设方面处于探索阶段。加之当前正处于百年未有之大变局和世纪疫情的叠加交织期，全球大宗商品供应链紊乱不畅，全球流动性仍然较为宽裕。复杂的国际经济政治局势，进一步放大了大宗商品价格的波动幅度，为促进期货和衍生品市场高质量发展，仍然需要从出台配套监管细则，加快与国际商品期货市场交易规则的接轨融合，打造具有国际影响力的国家级商品期货市场服务机构，进一步完善期货和衍生品市场投资者结构，引导并纠正社会各界对期货市场的认知偏见，加强对大宗商品市场价格和国际局势的研判和预警，夯实大宗商品供应基础，保持重要商品必要的自给率等方面做出改进。

第一，加快《期货和衍生品法》相关实施细则等系列法规的出台落实，形成完整且具有中国特色的期货和衍生品监管框架体系。《期货和衍生品法》的实施为期货市场高质量发展提供了基础法律保障，但是期货市场的监管是一个全方位、系统化、复杂的体系，需要在法律条文约束下，形成与之配套的实施细则、司法解释、部门规章、行政命令等监管框架。只有完善的监管框架，才能规范期货和衍生品市场投资者行为，保证期货和衍生品市场高效运行，保证市场健康、有序、可持续发展。在监管框架下，完善期货和衍生品市场的交易风险监测、监控、化解、处置机制，各相关部门应加强对市场运行风险的监测和预警，做好风险防范和处置，严厉打击内幕交易、操纵市场等违法行为。当监管部门意识到期货市场价格严重背离现货供求基本面，期货市场失灵时，可以通过提高临时保证金率以及限制开仓单数等方式，增加投机者的交易成本，限制过度投机行为。

第二，加快与国际期货交易规则的接轨融合，提高我国期货市场的国际影响力。目前，我国已实现原油、铁矿石期货等9个品种的对外开放，今后应加快与国际期货交易规则的接轨融合。例如，参考LME等全球知名衍生品交易市场的全天交易制度，通过延长我国期货夜盘交易时间，缩短夜盘与日盘交易的时间间隔，实现交易时间基本覆盖全球主要交易时段，使国内衍生品市场有更充分的时间对国际市场上影响价格变动的信息进行消化吸收，减少由于国内外市场交易时间不同步导致的信息差，避免极端行情发生，减轻市场技术系统在开盘时段承受的峰值压力，降低价格波动。交易规则的国际化接轨，有助于打造与我国经济规模和话语权相适应的全球期货交易中心，支持QFII等合格境外投资者参与国内商品期货交易，力争在原油、铁矿石、PTA、大豆、棕榈油等期货品种上实现亚洲时区的价格引领。

第三，积极打造具有国际影响力的国家级期货市场服务机构，增强期货中介机构的专业化服务能力。目前，我国的期货公司等市场中介服务机构的数量众多、规模较小，期货服务机构存在主体结构"小""弱""散"等竞争力和控制力偏弱的短板和不足，缺乏能够形成国际影响力的国家级期货市场服务机构。这一问题阻碍了我国商品期货和衍生品市场的"走出去"和"引进来"，不利于吸引境外投资者参与国内期货和衍生品交易，也给国内投资者参与国际期货和衍生品市场交易带来不便，对提高我国商品期货和衍生品市场的国际影响力形成掣肘，不利于我国争夺大宗商品的国际定价权，也不利于我国商品期货和衍生品市场的可持续发展。立足期货市场可持续发展与金融安全的战略高度，中国应积极培育并组建国家级期货公司，积极打造具有国际影响力的大型国家级期货做市商，形成中国的"期货航母"，壮大并提高中国期货服务机构的国际影响力和控制力。期货市场是企业进行价格风险管理的重要场所，为促进企业稳健运营，降低大宗商品价格波动对自身经营的影响，应积极支持和促进企业特别是中小企业更大程度参与期货交易，提高期货市场中介机构专业化服务能力。

第四，进一步完善期货和衍生品市场投资者结构。期货市场要充分发挥其价格发现功能，离不开现货产业链企业投资者的充分参与，离不开更加理性的投机交易者，因此应进一步优化投资者结构，壮大现货产业链企业、金融机构投资主体，形成以现货产业链法人企业、大型机构投资者为主体的投资者结构。完善现货产业链企业期货套期保值操作效果的评估机制，科学设置期货交易会计信息披露和国有企业风险管理成效考核机制，同时吸引国外有规模和实力、有价格风险管理需求的国外企业和金融机构参与中国期货和衍生品市场，增强国内期货市场的影响力。

第五，引导并纠正社会各界对期货市场的认知偏见。商品期货为服务实体经济而产生，是一个重要的风险管理金融工具。《期货和衍生品法》明确期货市场应当服务、服从于国民经济，从制度层面防止期货和衍生品异化沦为资本炒作的对象。由政府监管部门牵头，期货行业协会配合并分工负责，建立权威统一的期货和衍生品信息发布体系，定期发布大宗商品生产、消费、储备、流通、贸易、价格等市场信息，及时定期发布国内大宗商品相关的期货、期权和其他衍生品市场的持仓数据，为市场交易者提供公开、透明、准确、及时的数据信息服务。管理者应规范做好期货和现货市场预期的政策引导，对市场的主流观点和市场情绪有充分的认知和清楚的判断，通过官方媒体宣传、新闻客户端、新闻发布会等多种方式，及时发布政策信息，在官方媒体上及时发布查处涉嫌编造信息的违法行为，信息第一时间公开曝光，迅速纠正期货市场参与者不合理的预期冲动，引导市场主体树立正确的市场预期，维护期货和衍生品市场秩序，营造良好的市场舆论环境，消除对期货市场的认知偏见。

第六，加强对大宗商品市场价格和国际局势的研判和预警。提升对国际宏观经济形势的分析和研判能力，超前预判国际经济、政治大势，提前进行谋划部署，精准有效调控。建立跨部门的宏观经济、政治局势分析会商机制，重点研究全球主要经济体的货币政策、财政政策、全球经济增长情况、全球商品贸易投资情况、地缘政治经济风险、极端事件冲击等情况对大宗商品价格波动趋势的影响，提出务实性的举措，加强对大宗商品供需和价格预期的形势分析。完善大宗商品信息收集系统，密切跟踪并收集国内外大宗商品的生产、消费、库存、贸易、运输、价格等信息，重点对现货和期货市场之间的联动机制进行穿透式、一体化的监管，加快建立大宗商品现货价格趋势变动的预测和预警模型，制定合理的风险分级和有针对性的响应机制，构建高效的大宗商品现货和期货预警信息处理和报告系统，定期编制我国大宗商品供需平衡表。

第七，夯实大宗商品供应基础，保持重要商品必要的自给率。期货和衍生品作为重要的金融工具，是大宗商品的金融化，大宗商品是期货和衍生品的对应商品现货。大宗商品处于供应链和产业链的最上游，属于社会再生产中的基础性初级产品，包括主要的能源类产品、重要的基础性矿产品、战略性农产品等，其供给量、需求量、运输量和贸易量规模都较大。受资源禀赋制约和地缘经济政治关系的影响，大宗商品的供给和需求在世界各国存在明显的不平衡性。大宗商品与国际地缘和政治经济关系的关联性较强，国际地缘和政治经济关系中的重要目标，就是争夺大宗商品的控制权与定价权。因此，国际地缘和政治经济关系的风吹草动往往会影响到部分大宗商品供求格局。

中国在铁矿石、原油、镍矿、铜矿、大豆等重要大宗商品的需求上对进口的依赖度较高,这些大宗商品的国际价格波动将直接影响我国的宏观经济运行。储备是解决大宗商品供需矛盾,调节供需平衡的关键一环。为避免在战略性资源上的受制于人,保障大宗商品的供应安全,在"保供稳价"政策的落实中,应重点围绕对外依存度较高的战略初级产品,建立战略储备制度,科学设定战略物资的自给率目标,合理确定大宗商品的国内储备规模,统一研究制定政府和企业的储备发展战略。大宗商品价格通常具有周期性,在大宗商品价格跌至周期底部时,增加战略性大宗商品的储备规模。探索建立市场化的储备调节机制,通过主动规范地发布战略性大宗商品储备吞吐信息,有效引导市场主体的交易行为。研究将外汇储备与大宗商品储备相挂钩的机制,提高外汇储备的利用效率。此外,还应积极发挥"大国买家"的需求功能和体制优势,在大宗商品周期底部区域积极储备海外权益资源,通过资金和技术入股、产能合作等多种互利共赢的模式,加强与大宗商品原材料供应国的战略合作。鼓励并支持从事大宗商品勘探、开采、加工、储运、技术服务等相关业务的中国企业开拓国际市场,巩固并增强海外大宗商品对中国的供应能力。

# 参 考 文 献

埃德加.E. 彼得斯，1999. 资本市场的混沌与秩序 [M]. 王小东，译. 北京：经济科学出版社.

埃德加.E. 彼得斯，2002. 分形市场分析——将混沌理论应用到投资与经济理论上 [M]. 储海林，殷勤，译. 北京：经济科学出版社.

曹广喜，2009. 我国股市收益的双长记性检验——基于 VaR 估计的 ARFIMA - HYGARCH - skt 模型 [J]. 数理统计与管理 (1)：167 - 174.

曹广喜，史安娜，2006. 基于 R/S 分析的上海证券市场的指数和交易量的分形特征分析 [J]. 华东经济管理 (7)：5.

曹婷婷，葛永波，2018. 中国金融扶贫的创新举措——以苹果"保险＋期货＋银行"为例 [J]. 金融理论与实践 (12)：90 - 96.

曹婷婷，葛永波，2022. 夜盘交易对我国黑色金属期货市场信息溢出效应研究 [J]. 价格理论与实践 (4)：137 - 140.

常明健，徐强，2007. 我国期货市场弱式效率的实证研究——基于随机游走模型细分视角的研究 [J]. 工业技术经济 (12)：88 - 90.

陈克禄，2009. 我国国债期货市场价格收益 SEMIFAR 模型的估计与预测 [J]. 中国证券期货 (11)：18 - 19.

陈梦根，2003. 股票价格分形特征的实证研究：修正 R/S 分析 [J]. 统计研究 (4)：57 - 60.

陈梦根，2003. 中国股市长期记忆效应的实证研究 [J]. 经济研究 (3)：70 - 78.

陈鹏，郑曼娴，2018. 国际大宗商品价格波动多重分形特征及传导效应研究 [J]. 价格理论与实践 (10)：81 - 84.

陈秋雨，2011. 中国黄金期货市场特征及风险控制 [D]. 杭州：浙江大学.

程慧，黄健柏，郭尧琦，2012. 我国有色金属价格波动周期性研究—基于铜、铝价格波动的实证分析 [J]. 价格理论与实践 (9)：50 - 51.

程可胜，2009. 随机游走与期货市场有效性检验——以郑州棉花期货为例 [J]. 华东经济管理 (1)：73 - 77.

程雄飞，2005. 中国农产品期货市场有效性实证研究 [D]. 武汉：武汉大学.

戴国强，徐龙炳，陆蓉，1999. 经济系统的非线性：混沌与分形 [J]. 财经研究 (9)：29 - 34.

党的十九大报告辅导读本编写组，2017. 党的十九大报告辅导读本 [M]. 北京：人民出版社.

党慧青，2018. 螺纹钢期货市场价格发现的动态效率研究 [D]. 哈尔滨：哈尔滨工业大学.

邓露，2014. 短期噪声下两种长记忆性判别方法的小样本比较 [J]. 数理统计与管理 (2)：276 - 285.

翟莹，2016. 中国农产品期货市场信息效率分析 [D]. 长春：吉林农业大学.

傅强，季俊伟，钟浩月，2017. 连续交易制度与价格发现功能——基于我国黄金期货市场的实证研究 [J]. 数理统计与管理（2）：13-19.

高路，2010. 基于分形市场理论的中国证券市场实证研究 [D]. 沈阳：东北财经大学.

葛永波，曹婷婷，2017. 农产品价格风险管理新模式探析：基于棉花"保险＋期货"的案例分析 [J]. 价格理论与实践（10）：119-121.

葛永波，曹婷婷，2019. 我国衍生品市场投资者适当性管理制度体系解读及评价 [J]. 武汉金融（5）：45-48.

葛永波，曹婷婷，陈磊，2017. 农商行小微贷款风险评估及其预警——基于经济新常态背景的研究 [J]. 农业技术经济（9）：105-115.

葛永波，曹婷婷，朱蓉，2019. 中国黑色金属期货市场分形特征的研究 [J]. 价格理论与实践（1）：101-104.

韩冰，田洪，唐莉，2005. 中国期货市场有效性及风险的实证研究 [J]. 统计与决策（6）：90-92.

何德旭，苗文龙，2015. 国际金融市场波动溢出效应与动态相关性 [J]. 数量经济技术经济研究（11）：23-40.

何兴强，2005. 沪深 A、B 股市场收益的长期记忆——基于修正 R/S 和 GPH 的经验分析 [J]. 中山大学学报（社会科学版）（2）：104-108.

胡杰，庞新波，2010. 中国大豆期货市场弱式有效性实证分析 [J]. 陕西教育学院学报（4）：28-33.

胡平，崔海蓉，吴有华，等，2009. 我国期货市场波动率长记忆性的实证研究 [J]. 西安电子科技大学学报（社会科学版）（11）：10-14.

胡彦梅，张卫国，陈建忠，2006. 中国股市长记忆的修正 R/S 分析 [J]. 数理统计与管理（1）：73-77.

华仁海，陈百助，2004. 国内、国际期货市场期货价格之间的关联研究 [J]. 经济学（季刊）（2）：727-742.

华仁海，仲伟俊，2003. 上海期货交易所期货价格有效性的实证检验 [J]. 数量经济技术经济研究（1）：133-136.

孔东民，孔高文，刘莎莎，2015. 机构投资者、流动性与信息效率 [J]. 管理科学学报（3）：1-15.

孔东民，庞立让，2014. 资本市场信息效率：评述、前沿与展望 [J]. 华中科技大学学报（社会科学版）（2）：60-67.

李汉东，张世英，2000. 自回归条件异方差的持续性研究 [J]. 预测（1）：51-54.

李江，邹凯，2007. 中国期货市场分形结构的实证分析 [J]. 浙江金融（8）：38-39.

李锬，齐中英，牛洪源，2005. 沪铜期货价格时间序列 R/S 分析 [J]. 管理科学（3）：87-92.

李艳，吴亮，2016. 沪深 300 股指期货极差波动率的分布特征和长记忆性分析——基于频域的检验方法 [J]. 渭南师范学院学报（10）：75-80.

李增泉，2005. 所有权安排与股票价格的同步性——来自中国股票市场的证据 [A]. 中国会计学会、中国会计学会教育分会. 中国会计学会 2005 年学术年会论文集（下）[C].

中国会计学会、中国会计学会教育分会：13.

刘笃池，2014. 中国金属商品市场信息传递与溢出效应研究 [D]. 长沙：中南大学.

刘红，郑玉航，2018. 我国焦煤焦炭期现货价格的动态关系研究——基于 MS - VARR 模型的分析 [J]. 价格理论与实践（10）：89 - 92.

刘洪，王江涛，2015. 价格持续期的 SEMIFAR - ACD 模型 [J]. 统计研究（1）：88 - 94.

刘强，2022. 推进期货市场高质量发展加快高标准市场体系建设 [J]. 宏观经济研究（11）：12 - 18，28.

刘湘云，卞悦，2011. 我国农产品期货的长记忆研究：基于 GPH 与修正 R/S 实证检验 [J]. 南京财经大学学报（3）：57 - 63.

刘向丽，庞淑娟，汪寿阳，2011. 中国期货市场高频波动率的长记忆性 [J]. 系统工程理论与实践（6）：1039 - 1044.

刘晓彬，李瑜，2012. 股指期货与现货市场间波动溢出效应研究 [J]. 宏观经济研究（7）：80 - 86.

刘晓雪，王誓言，2018. 中国农产品期货市场效率问题研究——基于社会福利损失模型的实证分析 [J]. 价格理论与实践（4）：102 - 105.

刘志新，薛云燕，2007. 中国商品期货市场中"即日交易者"过度自信的实证检验 [J]. 软科学（3）：30 - 33.

马超群，刘超，李红权，2009. 上海金属期货市场的非线性波动特征研究 [J]. 财经理论与实践（30）：36 - 40.

缪晓波，冯用富，刘学，等，2008. 股指期货对现货市场信息效率影响的实证研究 [J]. 四川大学学报（哲学社会科学版）（6）：129 - 135.

庞淑娟，刘向丽，汪寿阳，2011. 中国期货市场高频波动率的长记忆性 [J]. 系统工程理论与实践（6）：1039 - 1044.

齐明亮，2004. 郑州期货市场有效性的实证研究 [J]. 华中科技大学学报（自然科学版）（7）：57 - 59.

冉茂盛，张宗益，陈茸，2001. 运用 R/S 方法研究中国股票市场有效性 [J]. 重庆大学学报（自然科学版）（6）：92 - 95.

人民日报，2017. 服务实体经济防控金融风险深化金融改革 促进经济和金融良性循环健康发展 [N]. 人民日报，07 - 16.

任燕燕，李学，2006. 股指期货与现货之间超前滞后关系的研究 [J]. 山东大学学报（哲学社会科学版）（5）：86 - 89.

商如斌，伍旋，2000. 期货市场有效性理论与实证研究 [J]. 管理工程学报（4）：83 - 85.

施红俊，马玉林，陈伟忠，2004. 中国股市长记忆性实证研究 [J]. 同济大学学报（自然科学版）（3）：416 - 420.

石宝峰，李爱文，王静，2018. 中国螺纹钢期货市场价格发现功能研究 [J]. 运筹与管理（6）：162 - 171.

石泽龙，程岩，2013. 基于 ARFIMA - HYGARCH - M - VaR 模型的亚洲汇率市场均值和波动过程的双长期记忆性测度研究 [J]. 经济数学（1）：67 - 72.

史永东，2000. 上海证券市场的分形结构 [J]. 预测（5）：78 - 80.

宋耀，田华，2004. 国际汇率分形特征的实证研究：修正的 R/S 分析 [J]. 河北大学学报（哲学社会科学版）(4)：93 - 96.

苏民，2016. 我国股指期货市场价格发现功能研究——基于上升、下跌和震荡状态下的分析 [J]. 南方经济（12）：43 - 55.

孙雪，2018. 中证 500 股指期货与现货市场间波动溢出效应研究 [D]. 北京：首都经济贸易大学.

泰君安钢材期货研究中心，2011. 钢材期货投资手册 [M]. 上海：上海财经大学出版社.

汤果，何晓群，顾岚，1999. FIGARCH 模型对股市收益长记忆性的实证分析 [J]. 统计研究（7）：39 - 42.

唐衍伟，陈刚，张晨宏，2005. 中国农产品期货市场价格波动的长程相关性研究 [J]. 系统工程（12）：79 - 84.

宛莹，庄新田，金秀，2010. 期货价格收益序列的多重分形统计描述及成因分析 [J]. 东北大学学报（自然科学版）(4)：42 - 47.

王柏杰，李爱文，2016. 夜盘交易与期货市场效率 [J]. 证券市场导报（4）：63 - 70.

王柏杰，李爱文，2016. 夜盘交易与中美期货市场联动——基于波动溢出与动态关联视角 [J]. 金融经济学研究（9）：65 - 74.

王柏杰，李爱文，2017. 夜盘交易对中国农产品期货市场定价权的影响 [J]. 西北农林科技大学学报（社会科学版）(11)：91 - 99.

王春峰，张庆翠，2004. 中国股市波动性过程中的长期记忆性实证研究 [J]. 系统工程（1）：78 - 83.

王春峰，张庆翠，李刚，2003. 中国股票市场收益的长期记忆性研究 [J]. 系统工程（1）：22 - 28.

王赛德，潘瑞娇，2004. 中国小麦期货市场效率的协整检验 [J]. 财贸研究（6）：31 - 35，62.

王咏梅，王亚平，2011. 机构投资者如何影响市场的信息效率——来自中国的经验证据 [J]. 金融研究（10）：112 - 126.

魏建国，李小雪，2016. 基于 VECM - PT - IS 模型的我国三大股指期货价格发现功能对比研究 [J]. 武汉理工大学学报（社会科学版）(5)：354 - 360.

吴冲锋，王海成，幸云，1997. 期铜价格引导关系和互谐关系实证研究 [J]. 系统工程理论方法应用（2）：1 - 9.

吴蕾，马君潞，2013. 价格发现度量方法评价 [J]. 经济学（季刊）(10)：399 - 424.

吴亮，邓明，2014. 分整阶数半参数估计的有限样本性质研究 [J]. 数量经济技术经济研究（12）：142 - 158.

吴诗雨，2017. 波动溢出视角下的我国大宗商品现货市场金融化问题研究 [D]. 大连：东北财经大学.

吴世农，1996. 我国证券市场效率的分析 [J]. 经济研究（4）：13 - 19.

习近平，2017. 决胜全面建成小康社会夺取新时代中国特色社会主义伟大胜利——在中国共产党第十九次全国代表大会上的报告 [M]. 北京：人民出版社.

谢赤，岳汉奇，2012. 汇率收益率及其收益波动率存在长记忆性吗？ [J]. 经济评论（4）：135-144.

邢精平，周伍阳，季峰，2011. 我国股指期货与现货市场信息传递与波动溢出关系研究 [J]. 证券市场导报（2）：13-19.

熊熊，王芳，2008. 我国沪深 300 股指期货仿真交易的价格发现分析 [J]. 天津大学学报（社会科学版）（4）：321-325.

徐德财，2015. 中国证券市场信息效率研究 [D]. 长春：吉林大学.

徐迪，吴世农，2002. 上海股票市场的分形结构分析 [J]. 中国经济问题（1）：27-33.

徐剑刚，1995. 中国期货市场有效性的实证研究 [J]. 财贸经济（8）：14-19.

徐龙炳，1999. 探讨资本市场有效性的一种有效方法：分形市场分析 [J]. 财经研究（1）：43-47.

徐龙炳，陆蓉，1999. R/S 分析探索中国股票市场的非线性 [J]. 预测（2）：4.

徐长生，饶珊珊，2018. 中国铁矿石期货市场价格的发现效率及其动态变化 [J]. 江西财经大学学报（1）：20-29.

许荣，刘成立，2018. 股指期货限制交易对定价效率影响研究——基于跨市场信息传递视角的实证 [J]. 经济理论与经济管理（1）：61-74.

许自坚，2012. 沪深 300 股指期货价格发现实证研究 [J]. 西南交通大学学报（社会科学版）（5）：127-131.

严健，2017. 我国大宗商品期货市场"羊群行为"的识别——基于 CSAD 的实证研究 [D]. 大连：东北财经大学.

严敏，巴曙松，吴博，2009. 我国股指期货市场的价格发现与波动溢出效应 [J]. 系统工程（10）：32-38.

颜虎，2012. 沪深股指期货市场有效性实证研究 [D]. 成都：西南财经大学.

杨凤华，2012. 经济发展与金融发展相互作用关系的一般分析 [J]. 南通大学学报·社会科学版（1）：113-120.

杨海文，王丹华，2011. 线性回归模型参数稳定性检验方法的对比分析 [J]. 井冈山大学学报（自然科学版）（9）：24-28.

杨海文，王丹华，2013. 线性回归模型参数稳定性的 Quandt-Andrews 检验法 [J]. 数理统计与管理（5）：823-828.

杨勇，达庆利，2008. 中国权证市场有效性的方差比检验 [J]. 经济经纬（1）：146-148.

余宇新，余宇莹，2011. 对人民币汇率冲击持续性效应的实证研究——基于 GPH 法和 HD 法的分析 [J]. 华东经济管理（1）：88-91.

俞乔，1994. 市场有效、周期异常与股价波动——对上海、深圳股票市场的实证分析 [J]. 经济研究（9）：43-50.

张国胜，刘晨，武晓婷，2021. 我国商品期货市场套期保值效率评价与提升对策 [J]. 中国流通经济（5）：42-51.

张金凤，马薇，2015. 中国股市长记忆性与趋势变化研究——基于 SEMIFAR-FIGARCH

模型 [J]. 求是学刊 (6): 55-61.

张丽哲, 2010. 上海证券市场基于修正 R/S 分析的长记忆研究 [J]. 统计与决策 (17): 148-149.

张世英, 刘菁, 1999. 长记忆性时间序列及其预测 [J]. 预测 (3): 49-50, 78.

张维, 黄兴, 2001. 沪深股市的 R/S 实证分析 [J]. 系统工程 (1): 1-5.

张卫国, 胡彦梅, 陈建忠, 2006. 中国股市收益及波动的 ARFIMA-FIGARCH 模型研究 [J]. 南方经济 (3): 108-112.

张文远, 王祯意, 孟楠丁, 2014. 基准风格资产的收益率长记忆性研究——基于修正的 R/S 模型 [J]. 经济问题 (2): 59-63.

张屹山, 方毅, 黄琨, 2006. 中国期货市场功能及国际影响的实证研究 [J]. 管理世界 (4): 28-34.

张亦春, 周颖刚, 2001. 中国股市弱式有效吗? [J]. 金融研究 (3): 34-40.

张宗成, 刘少华, 2010. 沪深 300 股指期货市场与现货市场联动性及引导关系实证分析 [J]. 中国证券期货 (5): 4-6.

赵进文, 2004. 中国期货市场与国际期货市场关联度分析与协整检验 [J]. 中国软科学 (5): 34-40.

郑雪峰, 陈铭新, 2012. 基于 SEMIFAR 模型的我国股市波动率的长记忆性研究 [J]. 南京财经大学学报 (3): 43-47.

周广, 2009. 中国农产品期货市场有效性问题的实证研究 [D]. 重庆: 重庆大学.

周俊梅, 张文, 2009. 基于修正的 R/S 分析法研究深圳股市大盘的记忆特征 [J]. 海南广播电视大学学报 (1): 126-128.

周志明, 唐元虎, 2006. 中国商品期货市场过度反应的实证研究 [J]. 上海交通大学学报 (4): 655-658.

朱芳菲, 2018. 国际原油市场的影响及溢出效应——基于隐含波动率的经验研究 [D]. 杭州: 浙江大学.

朱品品, 王绍锋, 2017. 中国创业板股票市场分形特征研究 [J]. 济宁学院学报 (10): 44-47.

庄新田, 田莹, 2003. Hurst 指数及股市的分形结构 [J]. 东北大学学报 (9): 13.

庄新田, 张鼎, 苑莹, 等, 2015. 中国股市复杂网络中的分形特征 [J]. 系统工程理论与实践 (2): 273-282.

邹新月, 蔡卫星, 潘成夫, 2018. 习近平新时代中国特色社会主义金融思想研究 [J]. 广东财经大学学报 (2): 4-8.

Andersen T., Bollerslev T., Diebold F. X., et al., 1999. Understanding, Optimizing Using and Forecasting Realized Volatility and Correlation [D]. Manuscript, Northwestern University, Duke University and University of Pennsylvania.

Anderson, T. W., 1985. An Introduction to Multivariate Statistical Analysis [M]. Newyork: John Wiley & Sone.

Antoniou, A., Pescetto, G., Violaris, A., 2003. Modeling International Price Relationships and Interdependencies between EU Stock Index and Stock Index Futures Markets: A

Multivariate Analysis [J]. Journal of Business Finance & Accounting (5): 645 – 667.

Bachelier, L., 1964. The Random Character of Stock Market Prices [M]. Cambridge: Massachusetts Institute of Technology Press.

Baillie R T, Geoffrey Booth G, Tse Y, et al., 2002. Price Discovery and Common Factor Models [J]. Journal of Financial Markets (3): 309 – 321.

Baillie R. T., Bollerslev T. Mikkelsen H. O., 1996. Fractionally integrated generalised autoregressive conditional heteroskedasticity [J]. Journal of Econometrics (1): 3 – 30.

Barberis, N., M. et al., 2009. Preferences with frames: a new utility specification that allows for the framing of risks [J]. Journal of Economic Dynamics and Control (8): 1555 – 1576.

Beran J., Ocker D., 2001. Volatility of Stock Market Indices – An Analysis Based on SEMI-FAR Models [J]. Journal of Business and Economic Statistics (1): 103 – 116.

Beran J., Yuan H. F., 2020. SEMIFAR models – a semiparametric approach to modelling trends, long – range dependence and nonstationarity [J]. Computational Statistics & Data Analysis (2): 393 – 419.

Bigman D, Goldfarb D, Schetchman E, 1983. Futures market effciency and the time content of the information sets [J]. The Journal of Futures Markets (2): 321 – 334.

Booth, G, So R W, et al., 1999. Price Discovery in the German Equity Index Derivatives Markets [J]. Journal of Futures Markets (6): 619 – 643.

Brooks C, Rew A G, Ritson S, 2001. A Trading Strategy Based on the Lead – lag Relationship between the Spot Index and Futures Contract for the FTSE 100 [J]. International Journal of Forecasting (1): 31 – 44.

Campbell, J. Y., Hamao, et al., 1992. Predictable Stock Returns in the United States and Japan: A Study of Long – Term Capital Market Integration [J]. Journal of Finance (1): 43 – 69.

Chen, H., 1998. Price Limits, Overreaction, and Price Resolution in Futures Markets [J]. The Journal of Futures Markets (3): 243 – 263.

Chueng Y. K., K. S. Lai, 1993. Do Gold Market Returns Have Long Memotry? [J]. The Financial Review (28): 181 – 202.

Corazza M, Malliaris A G, 1997. Searching for Fractal Stmclure in Agricultural Futrxres Markets [J]. The Journal of Fulures Market (4): 433 – 473.

Corazza M., Malliaris A., 2001. Multifractality in Foreign Currency Markets [J]. Social Science Electronic Publishing.

Coval, J., D. Hirshleifer, et al., 2005. Can individual investors beat the market? [M] Working paper, Harvard University.

Daniel R., 2012. Price discovery and volatility spillovers in the European Union emissions trading scheme: a high – frequency analysis [J]. Journal of Banking & Finance (3): 774 – 785.

Doukas. J., Rahman, A., 1987. Unit Root Tests: Evidence from the Foreign Exchange

Futures Markets [J]. Journal of Financial and Quantitative Analysis (22): 101 - 108.

Engle R. F. , Rusell J. R. , 1998. Auto - regressive conditional duration: a new model for ir-regular spaced transaction Date [J]. Econometrics (36): 1127 - 1162.

Eun, C. S. , Shim, S. , 1989. International Transmission of Stock Market Movements [J]. The Journal of Financial and Quantitative Analysis (2): 241 - 256.

Fama, Eugene F, 1976. Foundations of Finance [M]. New York: Basic Books.

Frank J. Fabozzi, Christopher K. , 1994. MA and James E. Holiday Trading in Futures Mar-kets [J]. The Journal of Finance (1): 307 - 324.

Froot, Kenneth A. , Scharfstein, et al. , 1992. Herd on the Street: Informational Inefficient in a Market with Short - Term Speculation [J]. Journal of Finance (3): 204 - 259.

Fung H G, Leung W K, Xu X E, 2006. Information Flows Between the U. S. and China Commodity Futures Trading [J]. Review of Quantitative Finance and Accounting (3): 267 - 285.

Fung H. G. , Lo W. , 1995. C. An Empirical Examination of the Ex Ante International Inter-est Rate Transmission [J]. Financial Review (30): 175 - 192.

Geweke J. , Porter - Hudak, S. , 1983. The estimation and application of long memory time series models [J]. Journal of Time Series Analysis (4): 221 - 237.

Ghosh A, 1993. Cointegration and Error Correction Models: Intertemporal Causality between Index and Futures prices [J]. Journal of Futures Markets (2): 193 - 198.

Golaka C. , Nath, 2001. Long Memory and Indian Stock Market - An Empirical Evidence [EB/OL]. www. utiicm. com.

Granger C. W. J. , Joyeux R. , 1980. An introduction to long memory time series models and fractional differencing [J]. Journal of Time Series Analysis (1): 15 - 29.

Gray H. L. , Zhang N - F. , WoodwardW. A. , 1989. On Generalized Fractional Process [J]. Journal of Time Series Analysis (3): 233 - 257.

Hasbrouck J, 1995. One Security, Many Markets: Determining the Contributions to Price Discovery [J]. The Journal of Finance (4): 1175 - 1199.

Hengguo Zhang, Tingting Cao, 2021. Dynamic measurement of news - driven information friction in China's Carbon market: Theory and evidence [J]. Energy Economics (95) .

Hosking J. R. M. , 1981. Fractional differencing [J]. Oxford Journal, Mathematics &. Physical Sciences, Biometrika (68): 165 - 176.

Hurvich C. , Deo R. , Brodsky J. , 1998. The mean squared error of Geweke and Porter - Hudak's estimator of the memory parameter of a long - memory time series [J]. Journal of Time Series Analysis (19): 19 - 46.

Johansen S. , 1988. Statistical analysis of co - integration vectors [J]. Journal of Economic Dynamics and Control (12): 231 - 254.

Kang, S. H. , Yoon, S - M. , 2006. Asymmetric Long Memory Feature in the Volatility of Asian Stock Markets [J]. In Asia - Pacific Journal of Financial Studies (35): 5.

Kawaller I G, Koch P D, Koch T W, 1987. The Temporal Price Relationship Between S&P 500 Futures and the S&P 500 Index [J]. The Journal of Finance (5): 1309 – 1329.

Kim, Yoon, 2003. Long memory and nonlinear mean reversion in Japanese yen – based real exchange rates [J]. Journal of International Money and Finance.

Kremer M, 2002. Pharmaceuticals and the developing world [J]. Journal of Economic Perspective (4): 67 – 90.

Le Roy Stephen, 1973. Risk Aversion and the Martingale Property of Stock Price [J]. International Economics Review (2): 436 – 446.

Lehmann B. N. , 2002. Some desiderata for the measurement of price discovery across markets [J]. Financ. Mark (5): 259 – 276.

Liang CC, Lin J B, Liang J M. , 2008. Nonlinear mean reversion and arbitrage in the gold futures market [J]. Economics Bulletin (9): 1 – 11.

Lien, D. , 2001. Futures Hedging under Disappointment Aversion [J]. The Journal of Futures Markets (11): 1029 – 1042.

Lin, W. L. , Engle, et al. , 1994. Do Bulls and Bears Move Across Borders? International Transmission of Stock Returns and Volatility [J]. Review of Financial Studies (3): 11.

Lo W C, 1989. Long – term memory in stock market prices [J]. Working papers.

Lucas and Robert E, 1978. Asset Prices in an Exchange Economy [J]. Econometrica (46): 1429 – 1445.

M. Garman, M. Klass, 1980. On the estimation of security price volatilities from historical data [J]. Journal of Business (1): 67 – 78.

M. Parkinson, 1980. The Extreme Value Method for Estimating the Variance of the Rate of Return [J]. Journal of Business (1): 61 – 65.

Maberly, E. D. , 1985. Testing futures market efficiency – A restatement [J]. Journal of Futures Markets (3): 425 – 432.

Mandelbrot B. B, 1972. Statistical Methodology for Nonperiodic Cycles: From Covariance to R/S Analysis [J]. Annals of Economic and SocialMeawrrenent (12): 257 – 288.

Michael D Mc Kenzie, 2001. Non – periodic Australian stock market cycles: evidencefromresealed range analysis [J]. The Economic Record (77): 393 – 406.

Philippe Gregoire, 2008. Announcements: the Mathieu Boucher, Maturity and storage of natural gas [J]. Business Forecasting and Marketing Intelligence (1): 21 – 29.

Porter Hudak, S. , 1990. An Application of the Seasonal Fractionally Differenced Model to the Monetary Aggregates [J]. Journal of the American Statistical Association (410): 338 – 344.

Praetz, P. D. , 1975. Testing the efficient markets theory on the Sydney Wool Futures Exchange [J]. Australian economic papers (25): 240 – 249.

Rausser, C. G, C. Carter, 1983. Futures Market Efficiency in the Soybean Complex [J]. Review of Economic and Statistics (65): 469 – 478.

Ross，S. A. ，1989. Information and Volatility：The No－Arbitrage Martingale Approach to Timing and Resolution Irrelevancy [J]. Journal of Finance (1)：1－17.

S. Alizadeh，M. W. Brandt，F. X. Diebold，2001. Range－based Estimation of Stochastic Volatility Models [J]. Journal of Finance (3)：1047－1091.

Semenov A. ，2008. Testing the Random Walk Hypothesis Through Robust Estimation of Correlation [J]. Computational Statistics & Data Analysis (5)：2504－2513.

Sibbertsen P，2004. Long memory in volatilities of German stock returns [J]. Empirical Economics (3)：477－488.

Soofi A. S. ，Sayeed Payesteh，2002. ARFIMA modeling and persistence of shocks to the exchange rate：does the optimal periodogram ordinate matter [J]. Advanced modeling and optimization (4)：57－63.

Stevenson，R. A. ，R. M. ，1970. Bear. Commodity futures：trends or random walks? [J]. the Journal of Finance (1)：65－81.

Taylor. S. J. ，1986. Modelling Financial Time Series [M]. Chichester：Wiley.

Theissen E，2000. Market structure，informational efficiency and liquidity：An experimental comparison of auction and dealer markets [J]. Journal of Financial Markets：333－363.

Tse，Y, K，1995. Lead－lag Relationship between Spot Index and Futures Price of the Nikkei Stock Average [J]. Journal of Forecasting (7)：553－563.

Vaga，T，1990. The coherent market hypothesis [J]. Financial Analysts Journal (6)：36－49.

Yang S. R. ，B. W. Brorsen，1993. Non－liear dynamics of daily cash prices：conditional heteroscedasticity or chaos [J]. The Journal of Futures Markets (13)：175－191.

Yongbo GE，Tingting Cao，Ruchuan Jiang，et al. ，2019. Does China Iron Ore Futures have a price discovery function? － Analysis based on the VECM and state－space erspective [J]. Journal Of Business Economics and Management (6)：1083－1101.

# 后　记

　　中国金融市场是全球金融体系中最具有增长潜力的一极，以习近平新时代中国特色社会主义思想为指导，以服务实体经济为主题宗旨，引导金融回归服务实体经济的本源，是中国金融市场开展创新活动的行为准则。本书的选题萌芽于2013—2017年，我在硕士毕业后进入大宗商品行业，担任大宗商品外贸经理和鲁证期货股份有限公司商品期货分析师。在这五年当中，恰逢中国的期货市场服务实体经济的实践不断探索、创新，中国钢铁产业链金融衍生产品快速发展，我有幸见证了焦煤期货、铁矿石期货在大连商品交易所上市，热轧卷板期货在上海期货交易所上市，硅铁期货和锰硅期货在郑州商品交易所上市，见证了"保险＋期货"首次被写入中央1号文件，"保险＋期货"试点工作开始展开，见证了中国的场外期权从无到有，发展壮大。

　　这五年的宝贵工作经历让我见证了中国商品期货市场的创新发展，为我之后重返校园攻读博士学位积累了研究思路和写作灵感，在之后的学习生涯中，这段金融业界的工作经历让我受益匪浅，让我能够将金融理论研究与金融业界实践紧密结合。当我提出想把金融衍生品领域的工作实践与博士阶段的理论研究相结合的想法时，得到了我的博士生导师——山东财经大学葛永波教授的认可和鼓励，葛教授从学术研究的视角，对我在金融衍生品领域的研究选题进行耐心指导。

　　信息效率和信息溢出效应是金融市场非常重要的概念，信息效率和信息溢出效应二者相结合，能够全方位衡量期货市场价格背后的信息能量。信息效率和信息溢出效应的高低，是衡量期货市场是否有效运行、是否能够充分发挥其价格发现和风险规避等基本功能的基础，是期货市场信息有效传播，实现资源优化配置的基础。中国黑色金属商品期货是中国衍生品领域的一大亮点，是深度服务钢铁产业链的基础上，结合中国国情推出的具有中国特色的商品期货品种，对于中国商品期货市场而言，黑色金属商品期货的产生代表着中国特色的金融创新实践。黑色金属板块商品期货在过去十几年发展历程中，交易规模、市场关注度等方面已逐渐超过传统的农产品、有色金属、能源化工类商品期货，成为商品期货领域关注度极高的明星。黑色金属商品期货作为钢铁产业从上游原材料到成材的全产业链期货品种，其上市以来是否已经具备一定的信息效率和信息溢出效应？基于此，本书在表象之外去粗取精、去伪存真，运用计量经济学的定量分析方法，实证检验中国黑色金属商品期货的信息效率，研究黑色金属商品期货市场与现货市场、相关的期货市场和股票市场之间的信息溢出效应，对于论证中国特色商品期货市场创新实践成效具有重要意义。

带着对上述问题的探索和求证，我在攻读博士学位的这段时期，孜孜不倦地求索。一杯咖啡，一支秃笔，寒窗数载，文章终成。在本书成稿之时，再次感谢葛永波教授，葛教授用渊博的学识和严谨治学的态度，鼓励并指引我，让我在知识的海洋中漫漫求索，他鱼渔双授、循循善诱的治学态度，使我能够在学术的道路上略窥殿堂之一二，感谢葛教授对本书中一些重要研究思路的精心指导。同时，对于所有曾经给予过我关心、帮助、鼓励和支持的老师、同学、家人、朋友表示深深的感激。

在本书写作过程中，我参阅了大量国内、国外学者的相关研究，各位作者的名字已经在本书的参考文献中一一列出，引用不当或遗漏之处敬请各位学者和专家批评指正。前辈们的成果为本书的研究奠定了基础，在此对这些学者和专家表示诚挚的敬意和衷心的感谢。最后，感谢中国农业出版社的编辑老师，没有你们的辛勤劳动以及对我的鞭策和鼓励，本书的出版是难以完成的。

曹婷婷

2022 年 12 月